सम्पूर्ण कविताएँ

श्रीनरेश मेहता

समिधा-१

सम्पूर्ण कविताएँ

श्रीनरेश मेहता

समिधा-१

लोकभारती प्रकाशन

लोकभारती प्रकाशन
पहली मंजिल, दरबारी बिल्डिंग, महात्मा गाँधी मार्ग
इलाहाबाद-211 001211 001
वेबसाइट : www.lokbhartiprakashan.com
ईमेल : info@lokbhartiprakashan.com
शाखाएँ : 1-बी, नेताजी सुभाष मार्ग, दरियागंज
नयी दिल्ली-110 002
अशोक राजपथ, साइंस कॉलेज के सामने
पटना-800 006 (बिहार)
36-ए, शेक्सपियर सरणी
कोलकाता-700 017

प्रथम संस्करण : 2017

नितिन प्रिंटर्स, इलाहाबाद
द्वारा मुद्रित

SAMPOORN KAVITAYEN-1
by Shrinaresh Mehta

ISBN : 978-93-5221-140-1

दो खण्डों का संयुक्त
मूल्य : ₹ 1500

शीर्षबन्ध

अपनी काव्य-दृष्टि के बारे में अपने कई काव्य-संकलनों में विस्तार के साथ भूमिकाओं में स्पष्ट किया है साथ ही अन्यत्र भी कहा-सुना है। संकलनों की वे भूमिकाएँ इस समग्र संकलन के परिशिष्ट में दी जा रही हैं इसलिए कम से कम इन कविताओं के बारे में अतिरिक्त कहने की कोई आवश्यकता नहीं लगती। भविष्य में नई परिवर्तित होते जाने वाली काव्य-दृष्टि के बारे में उपयुक्त समय पर ही कहना चाहूँगा, आज नहीं।

मेरी कविताओं को समग्र रूप में पाकर शायद आपको भी संतुष्टि मिलेगी।

इति नमस्कारांते।

१०५-बी, संगम नगर
इंदौर (म०प्र०)

—श्रीनरेश मेहता

अनुक्रम

बोलने दो चीड़ को

मेरा समर्पित एकांत

समिधा

तथागत

(काशी विश्वविद्यालय
के विद्यार्थी कवियों का संकलन)

[रचनाकाल : १९४४]

◆ निर्वाण-गीत

निर्वाण–गीत

श्रीघन ! सजल, परिनिर्वाण !!
शालवन के देव ! उपवत्तन हुआ निर्वाण !!
भू को तीर्थ, नभ को गान !!
समय के स्तूप की
क्या साँस तेरी वंदिनी हो?
चैत्य में वह खोजती ध्वनि,
शाप की ही नन्दिनी हो?

तिमिर–कर के नख–किरण से, चरण का आलोक फूटा;
व्यथित नभ के प्राण के हित, क्षितिज का बन्धान छूटा;
शरण का संकल्प ले,
घिरते चले तूफान !!
ओ वट वृक्ष ! कह निर्वाण !!
आँसुओं के नयन में यह
डूबता तारक–सवेरा;
आज किसको खोजता
वह 'मुकुट बन्धन' का अँधेरा;

स्वाति की पावस–दिशा में, चातकी के भाग जागे;
सृजन का परिणाम सुन ही, नाश के ये राग जागे;
एक चितवन कर रही
शत् भिक्षु का निर्माण !!
बोधीसत्व ! चिर निर्वाण !!

ध्वंस की मृदु चाप सुन
सब श्वास तृण-कण में समाई;
अंक ले अभिनव शिरा,
पद से विगत आहट मिटाई;

नियति ने बाँधा सभी यह श्याम उजली रेख से था,
जो न प्रस्तर बोलते तो शेष किसके लेख से था?
पीत वस्त्रों ने लिया
निर्वाण था पहचान !!
मानवमय हुआ निर्वाण !!
दीप-लौ सी पुतलियों में
शमन बन जागी ऋचायें;
खोलती हैं अर्गला ये
ज्ञान की किसकी दिशायें?

चीर कर भू की व्यथा को, व्योम हो जिसकी कहानी;
यह उपल की वर्णमाला, मध्यमा प्रतिपदा वाणी;
वह सुजाता-क्षीर का
गीला रहा आख्यान !!
नारी मूर्तिमय, निर्वाण !!
सत्व-रज की सन्धि लिख
वह अचल हिमगिरि-शिखर रोया;
क्रूर 'अंगुलिमाल' की असि-धार
ने शत्-रक्त धोया;

प्रलय, विद्युत-उँगलियों से लिख चला जय की कथाएँ;
हार की ही धूलि ले, चिर 'मार' की रोई व्यथायें;
सत्य-वंशी, हृदय-वन
करती चली लयवान !!
तुषित के सूर्य ! परिनिर्वाण !!

समय की बाँहें उठी हों
पुण्यव्रत का ले सहारा,
पुतलियों के द्वीप से ले
मुक्ति-इंगित, अरुण-तारा;

भूल आया हो स्वयं का आज युग इतिहास जैसे;
ठहर जाता दिवस का रथ पर, कटें युग-पाश कैसे?
सो गई भू के अधर
पर स्वर्ग की मुस्कान !!
जातक के मधुर निर्वाण !!
स्वर्णभद्रा-उर्मियाँ, उपकूल
पर रीती पड़ी हैं;
चंचला वैशाख की वे
पूर्णिमा बीती पड़ी हैं;

अब धरित्री-ज्योत्स्ना की वह जली मत राख देखो;
करुण श्यामा चाँदनी का, लोकजित् ! मत पाख देखो;
यह अनामा पन्थ हो
औ' अपरिचित अवसान !!
सम्बल निष्क्रमण, निर्वाण !!
भिक्षु ! यह ध्वनि की घटा
क्या लुम्बिनी-वन की पहेली?
एक ऋतु सी डोलती फिरती
रही अब तक अकेली;

चातकी के प्राण किससे पूछते थे अवधि कितनी;
छू जिन्हें वे प्यास-लहरें, रच रही थीं दूरि जितनी;
मुक्त उसकी आज ममता
के सभी व्यवधान !!
दुख के छन्द ! परिनिर्वाण !!

अमर चल-क्षण पीठिका पर
आँसुओं का श्लोक पहला;
आम्रपाली के हृदय की
धूलि से आदर्श निकला;

अतल सागर के हृदय में रो रहा है, शंख का स्वन,
रंगमय किसकी प्रतीक्षा में खड़े वानीर के वन;
चिनगारियों के फूल !
दीपक-सीपि ! चल अभियान !!
शूलों की शिखा, निर्वाण !!
श्रीघन ! सजल परिनिर्वाण !![१]

२

गोधूलि के गीत, देव ! मुझको तो भाते !!
अम्बर का इतिहास, बना सपने की रेखा;
दीपक ने क्षण भर जीना जलने में देखा;

क्षण भर के विश्वास मुझे जीवन दे जाते !!
हीरक से ये अश्रु बने करुणा के मोती;
मानस की अंतिम गाथा ले पीड़ा रोती;

विस्मृति के ये शूल, मुझे फूलों से भाते !!
मुझको तो अभिशाप मिला सुख में दुख में भी;
निर्झर का जीवन तो उसके झरने में ही;

---

१. कुशीनगर के शालवन उपवत्तन वाले चैत्य को भगवान् की निर्वाणप्रतिमा के प्रति; जिसका दर्शन १० फरवरी, ४५ को किया था।—ले०

मेरे निर्मोही क्षण मेरी जीवन-धूल उड़ाते आते !!
अपना जीवन आज मुझे लगता है सीमा
साँसों के पथ में कोई पग धरता धीमा
इन प्राणों का दान मुझे शत् शत् दे जाते !!

३

क्या प्रभाती तक सजल यह दीप मेरा जल सकेगा?
निठुर मेरी रागिनी में लय विकम्पित, स्वर सशंकित;
मिट गये मेरी कहानी के तिमिरमय सर्ग अंकित;
मैं किसे उपहार या सन्देश भेजूँ?
मूक ध्वनि का गान किसके देश भेजूँ?
मोम का यह देवता, चिनगारियों पर चल सकेगा?

सो चुका दीपक, पुजारी! और इसकी तम-कहानी;
जलन के संकेत पर ही थी इसे निधियाँ लुटानी
तरल विद्युत से भरा आकाश मेरा;
आज प्रिय के पंथ में तम का सवेरा;
धूम्र का बन्दी कहो अंगार में भी घुल सकेगा?

जो कहा मेरे गगन ने, प्रलय ने स्वीकृति सुनाई;
ज्वाल-श्वासों में पिघल किसने इसे गाथा लिखाई;
प्राण मेरे चल पड़े अज्ञात इंगित को रिझाने;
मत कहो कितने मुझे वे शेष क्षण अब भी बिताने;
यह तुम्हारा मेघ क्या मेरे लिए भी गल सकेगा?

कह चुकी अपनी कथा जो, मैं वही भूली दिशा हूँ;
जो अधर को चूमते ही बुझ गई, मैं वह तृषा हूँ;
यह समय की भूल का है चिर उजेला,
वायु की हिचकी हुई होगी इसे संपूर्ण वेला,
यह अवधि का प्रश्न मुझमें अब कहाँ तक पल सकेगा?

४

मेरे चरण में पथ शेष
अंचल में विरह का दीप !!

तुम्हारे आदि मेरे अन्त से इस विश्व का निर्माण होता,
तिमिर की मुस्कान का आलोकमय बलिदान होता,
शत प्रलय की चितवनों से बिजलियों का दान होता,
पुजारी! क्या कथा की बात;
घिरने दे व्यथा की रात;
विरह का क्या शेष, मेरे मिलन झञ्झावात !
अथक श्वासें मेघ बन बन घेरतीं नव द्वीप !!

कहो मत अर्चना की अँगुलियों से वंशरी के रन्ध्र रोये,
ओ किरण की कहानी ! अज्ञात ने सपने जगाये,
व्योम बन आया भिखारी, अधर ने तब कोष खोये,
विवशता के पलक हैं इतिहास;
होता स्वप्न ही परिहास;
मुझको व्यंग कब नक्षत्र औ' कब प्रश्न यह आकाश;
स्वाती बन गये हैं अश्रु, खिलते वेदना के सीप !!
मेरे चरण में पथ शेष
अंचल में विरह का दीप !!

५

मेरी वह पहचान बना क्यों?
नभ का राजकुमार, आज फिर मुझको ही अभिमान बना क्यों?
रजकण का आकाश बन गया, स्वर्ण-सार्थ की शेष कहानी;
दो तीरों पर सिसक रही है, ज्वारों की वह ध्वंस निशानी;
लौह-लेखनी से पुराण भी, आज हुआ पारस-पाषाणी;
इस विनाश के प्रहरी को ही, साँसों का व्यवधान बना क्यों?

पथ, चरणों को प्रश्न, व्यंगमय अक्षय-वट का दीप उजेला;
नभ का अमर प्रणाम धरा को, नत था सप्तऋषी का मेला;
मेघ घिरे आँखों की ऋतु में, पारावार पलक में खेला;
स्वाती तो अभिशाप, किन्तु चातक को ही वरदान बना क्यों?

संझा के अर्चन-शंखों को, सुन प्रातः ने रथ लौटाये;
पर मेरे प्रसाद के याचक, बन कर वे न तथागत आये;
आज धूलि की पृष्ठभूमि पर, किरणों के शतदल मुसकाये;
मिटना है जब अन्त, आज फिर खँडहर का निर्माण बना क्यों?

तू, अन्तिम प्रहरों में किसके, इंगित से छू मुझको पाया;
शेष निकट थी अवधि शिखा की, तब इसका क्यों व्योम बढ़ाया;
यहाँ श्याम थे प्राण, वहाँ तब; अधर नींद के थे मुसकाये;
झुलसे प्राणों का क्रन्दन ही, दीपक का आख्यान बना क्यों?

६

देव ! रहने दो अधूरी ही कहानी !!

साँझ कहती प्रात लिखता
तिमिर-लेखों की कथायें;

हैं अभी तक चिर अपरिचित
मरण जीवन की प्रथायें;

नभ-धरा की पीठिका पर चरण ने संकेत आँके;
आज वासन्ती बनाती जा रही हूँ चिर व्यथायें;
राख मत कह, सुरभिमय है, स्नेह की मेरी निशानी !!

नयन में तम-सिन्धु उमड़ा
पलक में जागा सवेरा;
दुख-विहग में कौनसा दूँ
अब तुझे मीठा बसेरा;

साँझ का कलरव अधर पर जागरण कर सो गया;
किरण का मत नाम ले, तेरा अमर संगी अँधेरा;
एक मिटती साँस से, यह साँस-सीमा भी मिटानी !!

ज्वाल-देशी! क्या, लिखूँ मैं?
श्वास भूली भूमिका ही;
खोज दो संगीत, झञ्झा !
अश्रु के आषाढ़ का ही;

नींद-सागर में डुबा आई पलक, पर छाँह प्यासी;
प्रलय को वरदान दो, उत्सव मना ले नाश का ही,
भिक्षु ! आँसू देश मेरा, सिसकियों की राजधानी !!

गगन का निर्माल्य मेरा
धूप में मुरझा न जाये;
धूलि की कलिका सलोनी
दीप बन वह खिल न जाये;

मदिर दीपक धूप में इन ताम्र-लेखों को सुखा दो;
आज का संवत् कहीं इतिहास बन कर खो न जाये;
निमिष बन संसृति मिटे, बनकर अमर मेरी कहानी !!

७

काव्य के शत श्लोक का वन्दन तुम्हें !
धरणि-वैदिक श्वास पाकर भी गगन शापित रहेगा?
वज्र-शम्पा के प्रहारों को हिमालय सह सकेगा?
　　　　कण्ठ में उलझी ऋचायें;
　　　　सूत्रमय हों सब शिरायें;
एक ध्रुव का सूर्य ही केवल प्रलय तक चल सकेगा;
सप्त ऋषि ले, मेघ-अञ्जलि कर रहे अर्चन तुम्हें !
सृष्टि के सब व्यंग, मानव-कोष के अनमोल तारे;
तम मिटा पाया न ये, मन्वन्तरों के लेख सारे;
　　　　तिमिर तट पर सो गया है;
　　　　दिवस, किसमें खो गया है?
एक प्रतिध्वनि लिख रही, चिर आदि से ही सर्ग सारे;
आज नूतन सर्जना में, विश्व-अभिनन्दन तुम्हें !
चरण को छू, आज युग के उपल में भी प्राण जागे;
मोघ पा उपवास को, संहार ने भी कुलिश त्यागे;
　　　　सृजन का जागे सवेरा;
　　　　आज बन्दीगृह बसेरा;
शक्ति के संकेत देते, खादियों के रजत धागे;
कोटि जन के हृद्कमल का अगरुमय चन्दन तुम्हें !

आज पश्चिम की दिशा ने पूर्व से रवि-ग्रंथ पाया;
गूँजता पाताल-नभ तक, जो अमर सन्देश गाया;

अमर ऊषा की दिशा हो;
सरल सन्ध्या की तृषा हो;

जो न संवत् धो सकें वह नील कुंकुम दान पाया;
सौर-मण्डल कर रहा, हे विश्वगुरु ! वन्दन तुम्हें !

(गाँधीजी के प्रति)

दूसरा सप्तक में सम्मिलित

[रचनाकाल : १९४५ से १९५१]

- चाहता मन
- अहं
- किरन धेनुएँ
- उषस्—१
- उषस्—२
- उषस्—३
- उषस्—४
- जन गरबा-चरैवेति
- उषस् : अश्व की वल्गा
- समय-देवता

चाहता मन

गोमती तट,
दूर पेन्सिल-रेख-सा वह बाँस झुरमुट
शरद् दुपहर के कपोलों पर उड़ी वह धूप की लट,
जल के नग्न ठण्डे बदन पर कुहरा झुका
लहर पीना चाहता है।
सामने के शीत नभ में
आयरन ब्रिज की कमानी बाँह मस्जिद की बिछी है।
धोबियों की हाँक
वट की डालियाँ दुहरा रही हैं।
अभी उड़कर गया है वह छतरमंजिल का कबूतर झुण्ड।
तुम यहाँ बैठी हुई थीं अभी उस दिन
सेब-सी बन लाल,
चिकने चीड़-सी वह बाँह अपनी टेक पृथ्वी पर यहाँ।
इस पेड़ जड़ पर बैठ,
मेरी राह में, इस धूप में।
बह गया वह नीर,
जिस को पदों से तुमने छुआ था।
कौन जाने धूप उस दिन की कहाँ है,
जो तुम्हारे कुन्तलों में गरम, फूली धुली,धौली लग रही थी।
चाहता मन
तुम यहाँ बैठी रहो,
उड़ता रहे चिड़ियों सरीखा वह तुम्हारा श्वेत आँचल;
किन्तु अब तो ग्रीष्म
तुम भी दूर 'औ' ये लू।

अहं

अहं की चट्टान को यह फोड़ती
आ रही आवाज़ किस की?
एक गहरी चुप सभी के ओठ सीखें।
बाँसुरी की क़ब्र पर चुप का कफ़न में।
मुट्ठियाँ, पत्थर किये हैं बन्द।
कौन?
चुप के वस्त्र को,
तेज़ सूई की तरह है छेदता?
विश्व के इस रेत वन पर
मैं अहं का मेघ हूँ।
उन दिशा की दासियों के संगमरमर के करों में,
जय वस्त्र मेरा है थमा।
कौन हो तुम?
चाोहते किस के पलक असगुन?
क्या नहीं तुम देखते?
आज मेरे अहं कन्धों पर गगन बैठा हुआ।
अहं पर ये अश्रु किस के?
हुंकार से मैं घाटियों की गोद को भरता रहूँगा
जब तलक इस प्रश्न का उत्तर न होगा।
क्या?
मेरे अहं की मीनार की ही नींव में
पत्थर हिचकियाँ है ले रहा
एक हिचकी !
प्रतिध्वनित हो चाहती इतिहास होना?
आह ! मैं ऊँचा गगन,
औ' नींव का पाताल, आँसू की नदी में।

किरन धेनुएँ

उदयाचल से किरन-धेनुएँ,
हाँक ला रहा वह प्रभाव का ग्वाला !

पूँछ उठाये, चली आ रही
क्षितिज जंगलों से टोली,
दिखा रहे पथ,इस भूमा का
सारस सुना-सुना बोली,

गिरता जाता फेन मुखों से
नभ में बादल बन तिरता,
किरन धेनुओं का समूह
यह आया अन्धकार चरता,
नभ के आम्र छाँह में बैठा, बजा रहा वंशी रखवाला !

ग्वालिन-सी ले दूब मधुर
वसुधा हँस-हँस कर गले मिली,
चमका अपने स्वर्ण सींग वे
अब शैलों से उतर चलीं,

बरस रहा आलोक दूध है,
खेतों खलिहानों में,
जीवन की नव किरन फूटती
मकई के धानों में,

सरिताओं में सोम दुह रहा, वह अहीर मतवाला !

•

उषस्—१

नीलम वंशी में से कुंकुम के स्वर गूँज रहे !

अभी महल का चाँद,
किसी आलिंगन में ही डूबा होगा
कहीं नींद का फूल मृदुल,
बाँहों में मुसकाता ही होगा,
नींद-भरे पथ में वैतालिक के स्वर मुखर रहे !

अमराई में दमयन्ती-सी
पीली पूनम काँप रही है,
अभी गयी-सी गाड़ी के
बैलों की घण्टी बोल रही है,
गगन घाटियों से चर कर ये निशिचर उतर रहे !

अन्धकार के शिखरों पर से
दूर सूचना तूर्य बज रहा,
श्याम कपोलों पर चुम्बन का
केसर-सा पदचिह्न चल रहा,
राधा की दो पंखुरियों में मधुबन झीम रहे !

भिनसारे में चक्की के सँग
फैल रहीं गीतों की किरनें,
पास हृदय छाया लेटी है,
देख रही मोती के सपने,
गीत न टूटे जीवन का यह कंगन बोल रहे !

उषस्—२

हिमालय के तब आँगन में!
झील में लगा बरसने स्वर्ग,
पिघलते हिमवानों के बीच,
खिलखिला उठा दूब का वर्ण;
शुक्र छाया में सूना कूल
देख उतरे थे प्यासे मेघ,
तभी सुन किरनाश्वों की टाप,
भर गयी उन नयनों में बात,
हो उठे उन के अंचल लाल,
लाल कुंकुम में डूबे गाल,
गिरी जब इन्द्र दिशा से देवि !
सोम रंजित नयनों की छाँह,
रूप के उस वृन्दावन में !

व्योम का ज्यों अरण्य हो शान्त,
मृगी शावक-सा अंचल थाम,
तुम्हें मुनि-कन्या-सा घन क्लान्त
तुम्हारी चम्पक बाँहों बीच,
हठीला लेता आँखें मींच,
लहर को स्वर्ण कमल की नाल,
समझ कर पकड़ रहे गज-बाल,
तुम्हारे उत्तरीय के रंग,
किरन फैला आती हिम-शृंग,
हँसा जब इन्द्र दिशा से देवि !
सोम-रंजित नयनों की छाँह,
मलय के चन्दन-कानन में !

उषस्—३

थके गगन में उषा गान !

तम की अँधियारी अलकों में
कुंकुम की पतली-सी रेख
दिवस-देवता का लहरों के
सिंहासन पर हो अभिषेक,
सब दिशि के तोरण-वन्दनवारों पर किरणों की मुसकान !

प्राची के दिक्पाल इन्द्र ने
छिटका सोने का आलोक
विहगों के शिशु-गन्धर्वों के
कण्ठों में फूटे मधु श्लोक,
वसुधा करने लगी मन्त्र से वासन्ती रथ का आह्वान !

नाल पत्र-सो ग्रीवा वाले
हंस मिथुन के मीठे बोल,
सप्त सिन्धु में घिरें मेघ से
करें उर्वरा दें रस घोल,
उतरें कंचन-सी बाली में, बरस पड़ें मोती के धान !

तिमिर दैत्य के नील दुर्ग पर
फहराया तुम ने केतन,
परिपन्थी पर हमें विजय दो
स्वस्थ बने मानव जीवन,
इन्द्र हमारे रक्षक होंगे, खेतों-खेतों औ' खलिहान !

सुख, यश, श्री बरसाती आओ
व्योम-कन्यके ! सरल नवल,

अरुण अश्व ले जायँ तुम्हें
उस सोमदेव के राजमहल,
नयन रागमय, अधर गीतमय,बने सोम का कर फिर पान !

उषस्—४

किरन मयी! तुम स्वर्ण वेश में !
स्वर्ण देश में !

सिंचित है केसर के जल से
इन्द्र-लोक की सीमा,
आने दो सैन्धव घोड़ों का
रथ कुछ हल्के धीमा,
पूषा के नभ के मन्दिर में
वरुणदेव को नींद आ रही,
आज अलकनन्दा, किरनों की
वंशी का संगीत गा रही,
अभी निशा का छन्द शेष है, अलसाये नभ के प्रदेश में !

विजन घाटियों में अब भी
तम सोया होगा, फैला कर पर,
तृषित कण्ठ ले मेघों के शिशु
उतरे आज विपाशा-तट पर,
शुक्र लोक के नीचे ही
मेरी धरती का गगन-लोक है,
पृथ्वी की इन खेत बाँह में

फसलों का संगीत-लोक है,
नभ गंगा की छाँह,ओस का उत्सव रचती दूब देश में !

नभ से उतरो कल्याणी किरनो !
गिरि, वन-उपवन में,
कम्पन से भर दो बाली मुख
रस ऋतु, मानव मन में,
सदा तुम्हारा कंचन-रथ यह
ऋतुओं के सँग आये,
अनागता! यह क्षितिज हमारा
भिनसारा नित गाये,
रैन डूँगरी उतर गये, सप्तर्षी अपने वरुण देश में !

जन गरबा-चरैवेति

चलते चलो, चलते चलो !
सूरज के संग-संग चलते चलो; चलते चलो !
तम के जो बन्दी थे
सूरज ने मुक्त किये
किरनों से गगन पोंछ
धरती को रंग दिये

सूरज को विजय मिली, ऋतुओं की रात हुई।
कह दो इन तारों से चन्दा के संग-संग चलते चलो !

रत्नमयी वसुधा पर
चलने को चरण दिये

बैठी उस क्षितिज पार
लक्ष्मी श्रृंगार किये,

आज तुम्हें मुक्ति मिली, कौन तुम्हें दास कहे ?
स्वामी तुम रितुओं के संवत् के संग-संग चलते चलो !

नदियों ने चल कर ही
सागर का रूप लिया
मेघों ने चल कर ही
धरती को गर्भ दिया

रुकने का मरण नाम, पीछे सब प्रस्तर हैं।
आगे हैं रंग-महल, युग के ही संग-संग चलते चलो !

मानव जिस ओर गया
नगर बने, तीर्थ बने,
तुम से है कौन बड़ा?
गगन-सिन्धु मित्र बने,

भूमा का भोगो सुख, नदियों का सोम पियो
त्यागो सब जीर्ण वसन, नूतन के संग-संग चलते चलो !

●

उषस् : अश्व की वल्गा

अश्व की वल्गा लो अब थाम,
दिख रहा मानसरोवर कूल !!

गौर कन्धों पर ग्रीवा डाल,
पूछते हंसों के ये बाल—

स्वर्ग से दिखती है यह झील,
हिमालय लगता होगा पाल?
तुम्हें वे यक्ष-पत्नियाँ देख, करेंगी गीत सुना अनुकूल !!

तराई वन जब कर लो पार,
वहीं हैं नगर ग्राम औ' खेत,
कहीं तट की मृदु बाँहें डाल,
सो रहीं होंगी यमुना रेत,
साँझ हम गंगा-जल से किरन-कलश फिर भर देंगे इस कूल !!

कहीं शिप्रा में श्रद्धा एक
अर्घ्य दे गुनती होगी श्लोक
रंगमय लहरों को कर देवि!
माँग भर देना रथ को रोक,
गगन का श्रेष्ठि खड़ा है नील बाँह में लिये भोर का फूल!!

पुष्ट चिट्टे वृषभों को देख
लगेगा दिन बन आया बैल,
चीर भूमा का उर आधार,
उगे सीता में जीवन बेल,
पुष्पवती पृथ्वी को देना धाम, हँसे अंचल के चावल फूल !!

समय-देवता

सोने की वह मेघ-चील
अपने चमकीले पंखों में ले अन्धकार अब बैठ गयी दिन के अंडे पर।
नदी-वधू की नथ का मोती चील ले गयी।

गगन-बीड़ से सूरज-ग्वाला हाँक रहा है दिन की गायें।
नभ का नीलापन चुप है दिशि के कंधों पर सिर धर।
इस उतराई मार्ग दिवस के सैन्धव नतशिर हो कर उतरे, सधे चरण से,
चमक रही पीले बालों वाली अयाल उन के गर्दन की।
साँझ, दिवस की पत्नी, अपने नील महल में बैठी कात रही है बादल,
दिशि की चारों कन्याएँ हैं माँग रहीं तारों की गुड़ियाँ।
अभी बादलों के परबत पर खेल रही थी दिन की लड़की स्वर्ण-किरण वह,
नहीं पास में पिता देख चौंकी थी, मेले में खोये बालक सी।
दूर आल्प्स के पार, किरन गायों की घंटी सुन कर दौड़ रही है,
तिब्बत की ठण्ढी छतें लाँघ वह।
पूरब दिशि में हड्डी के रंगवाला बादल लेटा है पेड़ों के ऊपर गगन खेत में
दिन का श्वेत अश्व मार्ग के श्रम से थक कर मरा पड़ा ज्यों।
समय देवता !
हटा ले गये तुम अपनी आलोक-भुजा बरसा कर दिन का पानी।
अब नील तुम्हारी ग्रहण-भुजा की श्याम अँगुलियाँ
पृथ्वी की सारस ग्रीवा पर फौलादी बन बैठ गयी हैं।
यूनानी मुनि प्लेटो की मुद्रा में बैठे समय सनातन !
घूम रही मेरी धरती में आँख गड़ाये देख रहे क्या ?
बिछा हुआ है देव ! तुम्हारी प्रलय-सृजन की आँखों का आकाश हमारे
देशान्तर औ' अक्षांशों के इन लम्बे बाँसों पर।
सविता, वरुण, जहाँ छह-छह माहों तक अतिथि बने बैठे रहते हैं,
उस प्रदेश का मैं एस्कीमो,
मेरी बाँहों में बर्फ भरी
मैं सदा खींचता आया यह हड्डी की गाड़ी असुर बर्फ के सीने पर।
चौड़े कंधों के रेनडियर
बिजली जिन टाँगों की गति हो।
मुझको मेरा टण्ड्रा प्रिय है।

इन बर्फ जंगलों में कोई भी पेड़ नहीं,
जिसकी छाया छूने से ठंडा मन होवे तिमिरमान,
दूर आर्कटिक के खेतों में मछली की खेती होती है।
मेरी पत्नी उस बर्फ गुफा में बैठी होगी आग जलाए,
श्वेत रीछ की आशा में ही मांस गंध साकार हो गयी होगी।
मुझको उसकी आँखें प्रिय हैं।
जीवन की बर्फ़ीली निर्जनता में जैसे उग आयी हँस-मुख हरियाली।
छह महीने तक जम जाता है देव ! हमारे गगन खेत में जल, किरनों का
जाने किन स्लेजों पर चढ़कर छह माहों तक अन्धकार आता ही रहता।
लगता जैसे,
सूर्या को ही ब्याह दिया दिन ने अपने प्रिय मित्र वरुण को।
बिदा हो गयी कन्या की,
सब रिक्त हो गये दिग्पालों के अन्न-भांड वे।
सुनसान पड़ा है नभ का मण्डप, जिसमें लग्नयज्ञ का धूम घिर रहा गाढ़ा होकर
समय देवता !
उन नीचे के गरम देश में उतर चलो अब,
कहीं न जम जाएँ संवत् रथ, वर्ष अश्व सब, नील रेशमी क्षण की वल्गा।
यह नीले सूरज की धरती, नील कमल-सी शुभदा होवे,
ऋतु के बर्फ फूल चमेली से मंगल हों।
होते हैं प्रारम्भ यहाँ से मनुज पदों के रक्त चिह्न,
जो किसी सदी में कभी चले थे, अग्नि भूख की प्यास मिटाने।
समय देवता! मनुज निष्क्रमण की है यह प्राचीन कथा।
किन्तु सामने आ पहुँची है कर्मभूमि यह उस सरिता की जिसको सब कहते हैं वोल्गा।
यह यौवन की भूमि सोवियत,
जहाँ मनुज की, उसके श्रम की होती पूजा।
पूँजी औ' साम्राज्यवाद की तोड़ बेड़ियाँ,
हाथों में नवजीवन की उल्काएँ लेकर मनुज खड़ा है कुतुब सरीखा।
उसके चलने में लोहा है,

कौन रोक सकता है मानव को चलने से जिसके सँग-सँग आदि काल से
इन्द्र चल रहा।
मनुज चल सके इसीलिए तो अन्धकार में सूर्य जल रहा।
जहाँ गया मनु-पुत्र नदी ने जल पहुँचाया।
रत्नभरा धरा ने मानव को शत-शत हीरों से लादा।
मनुज चला तो सृष्टि चली, अन्यथा पूर्व थी मात्र प्रकृति।
सबसे प्रथम इसी भूमि पर श्रम की जय-जयकार हुई है,
एक पुरुष लेनिन की वाणी शतकंठी हुंकार हुई है।
धीमे बोलो समय देवता! उसी पुरुष की यह समाधि है,
अभी-अभी जो कर्म निरत था,
अब आँखें आकाश मींच कर श्रम के सपने देख रही हैं।
सदा मेघ आशीष लिये आयें बिजली के रथ पर,
ऋतुओं के रंगों के चामर स्वर्ग रचें इस भू पर।
वह जो पीली भूमि दिख रही देव ! वही है पीत सूर्य की पीली वसुधा,
जिसका होता कहवा मीठा।
श्रमण चीन का पीला चीवर अल्ताई पर बिछा हुआ है।
वे अफीम के खेत उदुम्बर रंगों में डूबे सोये हैं।
मोरपंख-सी सजी रमणियाँ,
तितली से रंगीन शरद, मेघों से हल्के उनके पंखे, यात्रा का श्रम-ताप हरेंगे।
सीक्यांग नदी, मीठे जल से है भरी हुई।
ये चीड़ पेड़ की नौकाएँ, सन्ध्या-विहार में अभी देव को डुबा सकेंगी।
किन्तु आज तो चीन देश की वसुधा माता झुलसी हुई मृतप्राय है।
वे विदेश पूँजी की कीलें जो छाती में ठुकी हुई थीं,
तीस साल के बाद आज वे उखड़ रहीं हैं।
मेरी चीनी माता की आँखों में कोई भाव नहीं है,
राग-प्रेम कुछ नहीं बचा है, केवल
नयन-गगन में भूख-प्यास की चीलें मँडराती हैं।
समय देवता ! बम के गोलों से भी धरती बाँझ हुई है ?
चीन देश के नगर-ग्राम, घाटी-जंगल में भरा हुआ धूआँ ही धूआँ,
गोबी की मंगोल रेत पर युद्ध लाश दुर्गन्ध दे रही।

पेकिंग की चिकनी सड़कों पर पिछला जीवन मरा पड़ा है,
नवजीवन के हाथों में गुस्से की मुट्ठी तनी हुई है,
पेशानी पर किसी आक्रमण की चिन्ता है,
दौड़-दौड़ कर चरण देश के द्वार बन्द करने में रत हैं,
आज वर्दियाँ तीस वर्ष के बाद उतरतीं,
लगातार बारूद उगलते बन्दूकें भी हाँफ रही हैं।
पिछली सारी फसलों के वे महल जल गये,
उन फसलों के हरे गलों में टँगे हुए ताबीज गुलामी झूल रहे हैं।
जाओ कालिदास के बादल ! चीनी धरती बुला रही है,
जाओ हे सतरंगी सूरज, चीन देश में भोर हुई है।
दक्षिण दिशि में देव ! देखते हैं वह धरती के सिकुड़न-सी लम्बी रेखा,
राजनीति की फसल सरीखी खड़ी हुई दीवार चीन की,
रुक जाये इतिहासों की जिससे सेनाएँ,
मनुज बाँटने चाहा ऊँचे बुर्ज बना कर मिची आँख के सम्राटों ने।
चीन देश की वसुधा अपने स्तन से दूध पिलाती उस टापू को,
ज्वालामुखि मस्तक है जिसका,
दूर छिपकली-सा वह छोटा टापू है जापान देश का,
जो कि मर चुका एटम बम से।
डूब गयी बूटों की टापें; सिसक रहा कोढ़ी-सा जीवन,
विज्ञान, धुएँ के अजगर-सा है लील रहा सब रंग रेशमी मनु-श्रद्धा का।
हिरोशिमा में मनुज मर गया।
वही मनुज, जिसके सिर पर यह गगन मुकुट है,
अन्धकार सूरज मशाल ले किरनों का केसर देने को साथ चल रहा,
और जिसे, वह दिन की चिड़िया गगन आम पर दिन भर बैठी
धूप सुनाती,
वही सृष्टि-श्री मनुज आज विज्ञान-कब्र में मरा पड़ा है।
दौड़ रही हैं गंधक और फासफोरस की पीली लपटें,
जिसमें उस जापान देश का सदियों का संगीत जल गया,
महल फैक्टरी सभी बुझ गये।
झुलसी हुई पलक नारी की, मेघ भरी वे भावहीन जापानी आँखें,

शिशु के हाथों में हड्डी की गुड़िया।
सुदूर पैसिफिक हरी झील में देव ! हँस रहे वे धरती के द्वीप कमल हैं।
समय देवता ! यह तिब्बत है,
यहाँ मनुज लामा होता है,
चावल और धान धरती की यह बर्फीली छत है सोयी।
किन्तु आज नवक्रान्ति, बन्द इसके दरवाजों पर आवाज लगाती।
यह सम्मुख धरती का पति हिमगिरी आ पहुँचा,
इसकी मैत्री सुखकर होती समय देवता !
जो प्रणाम करता है इसको श्वेत हरिण देता यह उसको।
सबसे पहले किरन इसी से लग्न रचाती,
अपनी गायें छोड़ धरा पर सूरज इससे गोधूली तक बातें करता।
याक बैल पर बर्फ ओढ़ कर हिमगिरि को अच्छा लगता है ब्रह्म देश
तक चलते जाना।
हिमगिरि की ही हँसी बह रही गंगा बन कर
मुस्कानों से यमुना जन्मी,
ब्रह्मपुत्र कब उतर गयी घाटी से इसको पता नहीं है।
दोपहरी में मानसरोवर झील किनारे हंसों को नहलाता इसको देख सकोगे।
दूर द्रोणियाँ, मुनि-पत्नी-सी, देवदार के देश सुनहले सुखा रही हैं।
चले आ रहे वे किरात, जो काँधों पर साँभर लटकाये—
कहते हैं हिमगिरि-विवाह में इनने मीठे गीत सुनाये।
यह केसर सूरज की धरती, भरत भूमि,
इस स्वर्ण धूप में मन्त्रपाठ-सी करती लगती।
वे संथाली गीत, असम के जंगल गाते,
बंग देश की वंशी को वह अण्डमान सुनता आया है,
गोदावरी का गीत उठ रहा और त्रिवेन्द्रम के कूलों पर खिली पड़ रही
वह धीवर की वंशी।
विन्ध्या के घर बादल आये, रेवा गाती सोहर,
राजपूतनी ऊँटों को नूपुर पहना कर रेत वनों में हरी दूब-सी चमकी
पड़ती।
अमराई में बौर आ गये, लाज आ गयी,

मेरे उस जलते बिहार को ताड़ों ने हँस छाया कर दी,
उज्जयिनी को खोजा करते मेघदूत सन्देश कलश ले समय देवता !
वही अजन्ता, जिसकी पत्थर की पलकों में अभी तलक भी,
एक आँख में भोग, एक में मुक्ति योग के सपने हँसते।
वह इमली का देश,
जहाँ कावेरी को वे लहर चूड़ियाँ सिन्धु पिन्हाता,
अन्तरीप पर बैठी पत्नी पारवती वह ज्वार मृदंगम् बजा रही है।
किन्तु आज तो शस्य-श्यामला इस धरती पर
फसल जल रही, मनुज मर रहा।
कलकत्ते के फुटपाथों पर,
मनुज खून में लथपथ डूबा, अपनी सारी संस्कृतियों से ऊबा-ऊबा
आसमान का गट्ठर बाँधे, चला आ रहा पूर्व क्षितिज में,
शुतुरमुर्ग की टाँगों जैसा नंगा-नंगा,
धर्म-घृणा की इस ज्वाला में जले-भुने वे देव स्वर्ग में, मनुज धरा पर,
आज मात्र शरणार्थि बन गये।
लगी हुई है आग आज आसाम वनों में,
सदियों से जो बन्द पड़े थे, बर्फ और हिम के दरवाजे
नयी हवा के भूकम्पों में काँप रहे हैं, टूट रहे हैं।
नव निर्माण तुझे करना है, नहीं चाहिए जीर्ण पुरातन,
बासी लहरों से सरिता का कभी नहीं शृंगार हुआ है।
जीर्ण पूज्य है,
वर्तमान मेरी बाँहें हैं, मैं भावी की नींव धर रहा।
पैगोडा से भरी भूमि यह ब्रह्मदेश है,
सीप सरीखी आँखों वाली ब्रह्म युवतियाँ,
अपने मनु के विश्वासों का दीप सँजोये इरावदी सँग-सँग चलतीं।
हिन्द चीन औ' ब्रह्म देश में धुआँ उठ रहा,
सागौन जंगलों में जीवन की आग लगी है।
नव जीवन के हाथों में विश्वास खड्ग है, और अँधेरे नीरो का गिर
रहा मुकुट है।

कितना श्रम करता है सूरज, इसीलिए वह आदि श्रमिक है,
कर्मशील हैं उसके रथ के रंग अश्व सब,
श्रम की विजय दिवस कहलाती।
सिन्धुराज यह महा पैसिफिक,
ध्रुव से ध्रुव तक नील बिछे हैं, गगन मित्र है केवल इनका।
डमरू जैसा देश दिख रहा अमरीका का,
कोलम्बस के पोत लगे थे इसके तट पर, उपनिवेश औ' शोषण के हित।
गगन विचुम्बित इन महलों की मनुज नींव है जिनमें पैसे का निवास है।
एटम औ' उद्रजन बम हैं नभगामी महलों के कर में,
चाह रहे जो सृष्टि धरा को केवल हिरोशिमा कर देना।
इसने पैसों की ईंटों से चाहा ऊँचे महल बनाना,
किन्तु बन गये आज दैत्य वे, खड़े हुए हुंकार भर रहे,
जिनकी अन्धकार की लम्बी परछाईं से अटलान्टिक औ' महा पैसिफिक
काँप रहे हैं।
स्वयं मनुज ही द्रोही उसका,
देव बनाना चाह रहा था दैत्य बन गया।
व्यर्थ बह गया मनुज रक्त का अथक परिश्रम,
कुहरे में बन्दी हैं किरनें और रात के परवत दुर्गम,
मनुज बाँसुरी पर बजती है दानव की लोहे की सरगम।
धन्य धान का वसुधा यौवन, लौह पटरियों की कीलों में बँधा हुआ है।
विश्व-शांति का आह्वान इन राजनीति के भवनों में तो सदा असम्भव,
वह जन-रव से दूर हँस रही दूब बिछाये धरती माता,
विश्वम्भरा रूपमयी वह,
सरित सोम के कलश भरे बैठी पुत्रों की आस लगाये।
मनुज धरा में बीज डाल कर चल देता है किन्तु,
खेत में बैठ धरा तो दिन भर धूप घाम पीती है,
एक बीज से फसल उगाने।
अटलान्तिक में पोत बहुत धीमे चलते हैं,
इसका जल सोता रहता है,

वह देखो उस अन्धकार की कुहर बाँह में नींद भरा जल साँस ले रहा।
यह नीले सूरज की धरती मेरा योरेप,
आसमान का संजय जिसके युद्धों का इतिहास कह रहा।
समय देवता ! केथेड्रल के घंटों की है गजर चार की डूब रही।
यह धरती के मस्तक जैसा शेक्सपियर का देश आ गया,
जिसकी भाषा की बाँहों में धरा बँधी है।
सेक्सन संस्कृति के इन सदनों पर रात बहुत ठण्डी होकर पिछले
प्रहरों में स्वयं नींद से भर जाती जब,
उतरा करते क्रिसमस बच्चे डरकर दुष्ट तिमिर चाचा से।
वे स्काटी मानसून-भरी घाटियाँ, हँसतीं धरती के मंगल-सी।
नीचा मुख कर भेड़ें चरतीं
ऊँचा मुख कर वह स्काटी लम्बा ग्वाला देखा करता कृपाशील उस
नील गगन को,
जो उसके घर पर है छाया।
पीछे छूट गयीं पर्वत की घनी श्रेणियाँ, सम्मुख पेनाइन पठार हैं
वस्त्र नगर मैनचेस्टर की वे दूर दिख रहीं बड़ी चिमनियाँ,
जहाँ बन रहे चन्दन रंगों वाले रेशम वस्त्र सजीले,
देश-देश की परिधानित होंगी कन्याएँ।
उतर चलो नीचे बर्मिंघम,
काला गगन, हवा साँवली, जहरीले धुएँ के बादल,
चीख रही सीटी जिनमें मिल।
भद्दी मोटी लालटेन ले घूम रहे गोदामों में ये मोटे वार्डर,
जाँच रहे रेलों के पहिये हथौड़ियों से घन-घन करके,
मोटे ओठों में चुरुट जल रहा।
आसमान की छाती में इंजन का सारा शोर भर रहा,
जाने किस राक्षस की आँखों जैसी लाल हरी लाइटें चमक रहीं
सिगनल खम्भों की।
लोहे के पाताल नगर में मानव जाने कहाँ खो गया।
कुछ हल्के से दीख रहे हैं पार्लमेंट के भवन सो रहे, नीले ठण्ढे।

उन भवनों में,
चमड़े की जिल्दों में बन्दी सदियों का इतिहास खून से लथपथ घायल सिसक रहा है।
देव! फ्रान्स के लिए पोत के लंगर खुलते,
कोमल लहरें विनयशील हो हँस-हँस खिल-खिल पोत बढ़ातीं।
अंगूरों का देश आ गया,
इस धरती के कण-कण तक को ड्यूकों ने मदिरा से सींचा।
खेतों की उन नहरों में से फ्रेंच युवती का रूप बह रहा।
वह बिस्के खाड़ी के ऊपर आसमान का ड्यूक हँस रहा,
जिसकी नीली फेल्ट-हेट से जल-कन्याएँ खेल रही हैं।
किसी फ्रेंच युवती-सा पेरिस, चमकीली किरनों का गाउन पहने सबसे पूछ रहा है,
कल की बासी छाया मेरे कुन्तल में तो शेष नहीं है ?
दूर कहीं यूकेलिप्टिस के पत्तों की गोरी छायाओं में से छन कर
चली आ रही नार्मण्डी के उस शैटो की नृत्य-गतें वे;
सीन नदी की लहर कमर में हाथ डाल कर नाच रहा है जिन तालों पर मेरा पेरिस।
इस विलास में डूबे पेरिस के रेशम-परदों के पीछे उच्च वर्ग का स्वार्थ मंत्रणा करने में रत।
फ्रान्स सदा युवती का जीवन आज तलक है जीता आया।
एक शराबी के शरीर-सा फ्रान्स बचा है,
जिसको हर बातों की आदत मात्र रह गयी।
किन्तु अभी नवजीवन में धरती की सोंधी गंध आ रही,
स्वस्थ नसों में सीन नदी के, जल की मीठी गंध महकती,
अंगूरों से ज्यादा मीठा वह मिट्टी का फूल जो कि अब धरती माता उगा रही है।
गगन गड़रिया अपने कुहरे फेल्ट हेट में जिसे खोंस कर
बैठा हुआ आल्प्स पर्वत पर अपनी भेड़ें चरा रहा है।
स्विटजरलैण्ड का स्वर्ग दिख रहा,
झीलों के जो नील कमल के सपनों में ही डूबा रहता,

सुनता रहता बम के गोले।
नारसीसस यह आल्प्स,
बर्फ की बाँह घाटियों में झीलों के गीत गा रहा।
हरी झील में पीत किरन चिड़ियाँ जब पीने आतीं पानी,
उन कतार में लगे सनोवर फूलों की रंगीन घाटियाँ,
सान्ध्य गगन के नील चर्च में इन्हें बुलातीं।
मोरपंख से उन चिड़ियों के हल्के डैने,
हेलेन-सी डैन्यूब किनारे, गाउन जैसे बिछ जाते हैं।
नाइटिंगेल बैठी पाइन पर,
किसी कीट्स की आशा से ही अपने छोटे रंग कण्ठ से माउथ-आर्गन
छेड़ रही है।
रंग घंटियों की वह सरगम,
नयी वधू के श्वेत स्कर्ट-सी हिम पर बिछने-बिछने को है।
और रात की नीली रेशम वाले परदे,
आल्प्स परवतों के महलों में जब गिर जाते,
अंधकार के नील वनों में लार्क-कंठ तब डूबा-डूबा उठने लगता।
तम का वैरी तारों की वे मोमबत्तियाँ जला कहीं फिर चल देता है।
केवल पीले बालों वाली सन्ध्या का वह गगन पियानो बहुत रात तक
बजता रहता।
और मुझे तब लगने लगती मेरी यह योरप की धरती हरी झील में नील
फूल हो।
यह मानव का ज्वालामुखि जर्मन प्रदेश है।
राइन ने कविता दी इसको,
युद्ध बनी डैन्यूब तलहटी,
राइन के जलकंठों में गेटे ने गाया,
और हिटलरी फौजी बूटों ने कुचला डैन्यूब लहर को।
संगीनों से कभी नहीं गेहूँ उगता है।
कल पुरजों के खेतों में ही बम की फसल हुआ करती है।
खाकी वर्दी का युग मेरा,
मेरे इस जर्मन प्रदेश में घर का कोई नाम नहीं है।

बनी हुईं बैरक ही बैरक,
वसुन्धरा से धरा बना दी गयी आज है फौजी नक्शा।
मनुज नहीं कैडेट चलता है,
नाजी जर्मन बूटों की क्लिक था।
किन्तु जोन,बैरा की लड़की,
तब भी भूखी ही मरी हुई थी,
एक नहीं, लाखों ऐसे थे जिनकी छाती पर वे नाजी ठुके हुए थे।
यह बर्लिन का शहर आज नाजी-पागल सा युद्ध चुरट पी चुका स्वयं के कपड़े में ही
आग लगा कर।
जलीं वर्दियाँ,धुँआधार फौजी नक्शों में आग लग गयी,
न्यूरेम्बर्ग मे गुलेटिनों की आती रहीं कई आवाजें।
अब तो मेरे इस प्रदेश को कहना होगा बूचड़खाना।
जले खेत हैं, वृद्धा-सी हो गयीं बालियाँ
जिनमें नहीं एक भी दाना।
जला हुआ था, जला जा रहा।
मेरा यह जर्मन प्रदेश तो अब भी फौजी केम्प लगे हैं।
कहने को बन्दूक नयी हैं,
किन्तु वही बारूद पुरानी,
चाल पुरानी, मार पुरानी,
अपने सिर पर आल्प्स मुकुट धर पोप रोम में राज कर रहे।
इटली इस भूमध्य सिन्धु में नहा रहा है।
समय देवता !
मेरी धरती अगर कहीं मीठा गाती है तो वह वेनिस का ही स्वर है।
द्वीपों का यह नगर मुझे सबसे प्रिय लगता।
नील नयन वाले यौवन की वे मधुर युवतियाँ
रोमन सुख के मोर पंख बिनती रहती हैं।
जलदेवों की कृपा सदा इस पर है छायी।
पीटर की वे चर्च घंटियाँ बजते-बजते कथा बन गयीं।
धार्मिक घंटों के ये स्वर सम्राट रहे थे,

उनके उन जलयानों पर वे रोमन केतन विश्व विजय की इच्छाओं में लहराते थे,
किन्तु रोम तो आज तलक जलता ही आया।
मरा पड़ा है एल्बा बनकर मूक समाधी।
नेपल्स, रोम के राजाओं की तरह विलासी,
बैठा अपने ज्वालामुखि पर टिरेनियन को घूर रहा है।
मुसोलिनी के मर जाने का सबसे अधिक दुःख इसको है,
बदले की इच्छा का धुआँ घुटा पड़ रहा
पम्पियाइ की कब्रगाह पर चील सरीखा।
नील गगन अपनी परछाईं आज देखने उतरा बैठा सिसली के उस लघु टापू पर,
साथ सेकता जाता अपने शीत परों को गरम धूप में।
भूमध्य सिन्धु में इतिहासों का जल चमकीला।
कितना वृद्ध सिन्धु यह मेरा, युद्धों में घायल लथपथ-सा।
इसीलिए तट के अधरों पर आतप लाली।
दिन बाँहों की यौवन ज्वाला,
आलिंगन में बद्ध प्रेयसी वसुधा उत्तप्त गात है,
नहीं दिखेगा हरी दूब का अंचल सोना।
योजन तक इन मील वनों में केवल गोरी रेत भरी है
ज्यों आलोक हंस के झड़ कर हल्के छोटे पंख गिरे हों।
नील नदी की लड़की मिस्त्र भूमि आ गयी।
पिता नील का यह प्रदेश है,
जिनने चलकर मृत्यु रेत पर हरे चरण से, पुष्पवती धरती को कर दी।
बुला रही जो निज खजूर बाँहों को ऊँचे उठा-उठा कर
थके ऊँट, प्यासे पुत्रों को।
पानी पी कर रेत रुई का फूल बन गयी।
ताड़-खजूरों के इन चिकने पत्तों की पूजा करता हूँ, समय देवता!
बचा रहे मेरे मानव को आँधी की रेतीली साँसों के डसने से।
मेरे पूर्वज पिरेमिडों पर उतर रहा है,
दोपहरी का दैत्य स्वयं के अंगारे के लाल-पुंज ले।

चाह रहा जो ममी चुरा कर ले जाना,
वह दुष्ट सहारा भेजा करता ड्रेगन अपने युगों-युगों से।
पिरेमिडों का अपना ऊँचा कूबड़ कर के,
देव! सहारा ऊँट स्वयं भी अपना चलना बन्द किये है,
जिसके गर्दन की आँधी की घंटी भी तो मौन हो गयी।
रेत पर्वतों को हम छोड़ चुके हैं समय देवता !
रीछ सरीखा खड़ा हुआ है यह कांगो का काला जंगल।
अंधकार इसका स्वामी है।
पेड़ों के नीचे की वह धरती अब तक क्वाँरी है,
पुरुष सूर्य की छाया से भी बची हुई है।
नदियाँ डरते-डरते वन को जल दे जातीं।
जैसे सारा अंधकार इस पृथ्वी पर का
काँगो के जंगल में आकर हाँफ रहा है।
आदि जीव के वंशज अब भी किसी गुफा में अंधकार से बातें करते।
काँगो के इन तम महलों की गुर्राहट को दूर खड़ा वह मेडागास्कर
सुनता रहता।
इस दक्षिण के अफ्रीका में श्वेत-श्याम में युद्ध हो रहा
मनुज-मनुज की घृणा जल रही,
और जल रहा जीवन का सुख।
यह गुडहोप दिखायी पड़ता,
जहाँ कभी वास्कोडिगामा भूला-भटका आन लगा था।
प्रकृति दत्त अफ्रीका जेबरा
अतलान्टिक औ' हिन्द-महासागर में बैठा हाँफ रहा।
सफेद सूरज की धरती आस्ट्रेलिया है।
यूकैलिप्टिस के वे गोरे जंगल श्वेत हँसी में डूबे रहते।
इन गोरे जंगल में मेरी नयी-नयी ही संस्कृति फैली।
समय देवता ! कंगारू का यह प्रदेश है।
गेहूँ के सोने के जल पर 'केरल सी' की वहा तैरती।
घोड़े की छाती तक ऊँची स्वर्ण बालियाँ,
श्वेत सूर्य से बात कर रहीं।

मीलों लम्बे चरागाह में ऊन लपेटे भेड़ों का दल चला आ रहा।
क्वीन्सलैण्ड की नसों सरीखी इन नदियों में जल का यौवन गंधमान हो
बहता आया।
मुझको भेड़ें लिये देख इन चरागाह ने दूब बिछा दी।
अब पृथ्वी पर साँझ हो रही,
मौन खड़ा यह सिडनी बन्दर देख रहा इस पिता सिन्धु को।
समय देवता !
ऐसे समय तुम्हें मेरी पृथ्वी का परिचय प्राप्त हुआ है।
जब कि युद्ध की चीलों के मुँह से हड्डी की गंध आ रही।
युद्धों के दर्रों में मानव लुटा हुआ सा आज एक मैदान चाहता
और चाहता देश-देश की अपनी कटी हुई नदियों का जोड़
खेत में पानी देना।
धुएँ की चिड़िया धरती का धान खा रहीं।
पिछले सारे सूर्यों ने मेरे खेतों में अपनी किरनें बोकर जीवन-दान
दिया था।
चाँदी के चंदा ने पूनम-दूध पिला कर
मेरे जामुन-अंगूरों को नव रसवान बनाया।
आओ ऋतुपति चंद्र-सूर्य तुम
अपनी धूप-चाँदनी के सौ-सौ चीवर फैलाते।
मनुज घाव पर चैत शरद की चाँदनियों की रेशम पलकें हवा कर सकें।
गगन आम पर स्वर्ग कहीं बैठा-बैठा तारों की वंशी मुझे सुनाये।
धरती नीले तारों का परिवार बन सके,
इसीलिए खेतों में संध्या केसर बरसे।
ज्वारों के सिंहासन पर तुम बैठे हुए महासिन्धुओ !
बहो ध्रुवों तक, चलो तटों तक,
अपने शत उपहारों से मानव को लादो।
नये मनुज के हाथों में श्रम की रेखाएँ
आल्प्स रचेगा नये रूप में,

राइन, वोल्गा, गंगा के वह इस धरती पर नये जल-छन्द
लिखेगा।
उसके श्रम के नवल क्षितिज की ओर दौड़ते सूरज घोड़े आलोकों की
उल्काएँ ले।
समय देवता ! आज विदा लो,
किन्तु तुम्हारे रेशम के इस चमक वस्त्र में मिट्टी का विश्वास बाँध कर
भेज रहा हूँ।
मेरी धरती पुष्पवती है,
और मनुज़ की पेशानी के चरागाह पर दौड़ रही हैं तूफानों की
नयी हवाएँ।

●

[रचनाकाल मार्च '४९ दिल्ली]

बनपाखी! सुनो!!

[रचनाकाल : १९५३ से १९५७]

- प्रार्थना
- ये हरिण सी बदलियाँ
- ज्वार गया, जलयान गये
- तीर्थजल
- एक बोध
- बीमार साँझ के किनारे
- डाकती संझा, बनपाखी! सुनो!!
- चन्द्रमायनी
- वर्षा भीगा शहर
- मेघ, मैं
- प्रार्थना
- वनघासें
- समय का भिक्षु
- पुनः भिक्षु
- मित्र हूँ, प्रियम्वद् हूँ
- निवेदनम
- डार बिछुड़ा मृग
- मेघ पाहुन द्वार
- पीले फूल कनेर के
- उदयन है यशवंशी
- मेघ से पहले
- वचन का बकुल
- समय का जल
- मालवी फाल्गुन
- यहीं कहीं
- देवकृपाएँ

श्रीमती महिमा मेहता को

प्रार्थना

वहन करो,
ओ मन ! वहन करो,
सहन करो पीड़ा !!

यह अंकुर है,
उस विशाल वेदना की—
वेणुवन दावा-सी थी
तुममें जो जन्मजात—
आत्मज है
स्नेह करो, अंचल से ढँककर रक्षण दो,
वरण करो,
ओ मन ! वहन करो पीड़ा !!

सृष्टिप्रिया पीड़ा है
कल्पवृक्ष—
दान समझ, शीश झुका
स्वीकारो—
ओ मन करपात्री ! मधुकरि स्वीकारो !!
वहन करो, सहन करो,
ओ मन ! वरण करो पीड़ा !!

ये हरिण सी बदलियाँ

थी घिरीं उस साँझ भी कबरी हरिण सी बदलियाँ !!

आज तक हैं कह रहे

ये घाट के पत्थर,
लहर जल, ककड़ियों के खेत—
झुरमुटों पर मृगनयन-सी तितलियाँ उड़ती हुई,
साँझिल हवा—
सब कह रही हैं—
पकड़ने सूर्यास्त बढ़ते चरण चिह्नों को हमारे
यह समेटे आज तक लेटी हुई है
गोमती की रेत।
दूर उस आकाश के पीपल तले
हवाओं के नील डैने थे खुले,
छू तुम्हारा लाल अंचल मृदु झकोरे
संग चलने के लिए करते सदा थे मृग-निहोरे।
पन्थ की पसली सरीखी यह उभरती जड़
जहाँ हम बैठते थे,
कह रही है—
हम मिले थे, साँझ थी, तट था यही, थीं कदलियाँ !!
थीं घिरीं उस साँझ भी कबरी हरिण सी बदलियाँ !!

वर्ष बीते,
हम समय की घाटियाँ उतरे
बहुत उतरे—
दूब भी सूखी,
पठारों भरे तट छितरे—
अर्द्ध डूबा बुर्ज धँसता गया होगा और भी गहरे।
मैं विरह के शाप का पहने मुकुट
सहसा गया उस रात,
था चँदीले वर्क में लिपटा पड़ा
तन्वंगिनी उस गोमती का गात,
कुहर भीगे गाछ—
रस्सियों में नाव बाँधे थे पड़े चुपचाप लेटे पाट-

पंख तौले पत्तियाँ झरनी शुरू थीं—
किनारों की जलभरी जड़खाइयों में
उनींदी लहरें भरी थीं—
फुनगियों पर कपोती सी चाँदनी अलसा रही थी—
एक गहरी शान्ति,
नीली शान्ति—
तुम्हारी उर-झील में जो समाहित हो न पायी
जल रही है आज तक मेरे हृदय में
वही पहली भ्रान्ति!!
मेरी भ्रान्ति !!
कहो तो स्वीकार लूँ अपनी पराजय,
क्योंकि,
सत्य है अब—
हम अलग हैं, रात है,
उस बाँध पर बंसी लगाये एक मछुआ गा रहा है कजलियाँ !!
थी घिरीं उस साँझ भी कबरी हरिण सी बदलियाँ !!

ज्वार गया, जलयान गये

हमारे तट पर के जलयान
सदा को किसी दिशा के होकर
चले गये अब ।
जल है,
तट है,
शंख सीपियों बीच
समुद्री झरबेरी से हम

अब भी भीगी पलक
अधूरे वाक्य कण्ठ में लिये खड़े हैं।
ज्वार गया, जलयान गये—

इस बालू घिरे जल को हम कितने दिन तक
सिन्धु कहेंगे ?
क्षितिज पार जब डूब रहे थे
हंसपाल वे,
हम पैरों लिपटे पृथिवी के भुजंग से रहे जूझते
चले गये उन धावमान के सँग में
लंगर विश्वासों के।
ओ खाड़ी के ज्वार !
उन जलयानों को तट पहुँचाना
जो कि हमारे जल में छाँहें छोड़ गये हैं—
गोरज रँगे अकास बीच वे चले गये—
कूलगाछ सा हमें समझ
उस सूर्यछाँह में,
ज्वार गया, जलयान गये
सँझवायी लहरों पर गतिशील सदा को चले गये।
तिरते फेनफूल का जल है,
मुँहधेरे का निर्जन तट है
पोतहीन पर—
हम विकल्प के वल्कल में संशय-विष पीड़ित
किसी भग्न मस्तूल सरीखे खड़े हुए हैं
वृक्षभाव से,
संकल्पहीन पर—
अब भी हममें प्रश्न शेष हैं—
कहो क्या करें मुट्ठी में इस कसी रेत का ?
किसे जलायें ?
कहो क्या करें खुले हुए इस अग्निनेत्र का ?—(क्योंकि)

हमारे संकल्पित इस तीर्थकुण्ड से लपट उठ रही,
सती उठाये हम पूरी प्रदक्षिणा करके लौटे—
किन्तु हमारे मन का
संशय, दर्प और विद्रोह वही है
कैसे हम तब झुकते
ओ मेरी गति !
कैसे अब झुक पायें !!

फिर से लौट लौट आने को ज्वार गये वे,
उर का घाव गहन करने
जलयान गये वे,

स्वीकारो यह शंखजल देय हमारा—
हम ज्वारों से वंचित,
अकिंचन जलयानों से,
खण्डित पाथर-तट का प्रेय हमारा।

तीर्थजल

हमें शेष से जोड़ो—

काटो ये काई के बन्धन,
भाँगो सुन्दर महराबों की पाथरकारा।
नवजल के उत्सों की गति को छोड़
भटक आयी जलधारा—
बन्दी पाखी सा एकाकीपन
घायल स्वर में शतः निनादित—

"हमें शेष से जोड़ो,
जोड़ो, जोड़ो"—

सहज भाव के पिताजलों से दूर
हमारी यह जलधारा,
अन्धकार में अन्धसर्प सी पथ टटोलती
(इस) कुण्ड बीच आ समा गयी है—
घाट घेरकर खड़े हो गये
वट की सर्पिल छाँहें जल में देख
धूप कतरा जाती हैं।
अब न हमारी
पिताजलों सी माटी सनी देह होती है।
अपना कल्मष धोने को
इस भटके जल को तीर्थ पुकारा
तुमने—
गति मर कर अथाह हो गयी,
स्रोत स्वयं का पीकर हम
निर्वंश हो गये—
कल्मष धोते-धोते अब हम जल न रह सके।
पुण्य हमारा लेकर वे यात्रीजन
इन घाटों पर जीर्ण वस्त्र से
स्नेह धर गये।
कहीं हमारे जल में फिर से
परम्परागत ज्वार न आये,
पिताजलों की भाँति कहीं हम
सिन्धुक्रोड़ के लिए न हों फिर से उत्कण्ठित,
तुमने ये अभिषिक्त शिलाएँ रख कर
हमको उद्‌गमहीन कर दिया
सदा-सदा को

अब भी अधर आचमन को लालायित ओ यात्रीजन ?
हटो, हमारे गति के बाधक !
जलजिह्वाएँ ज्वार उगलतीं—
तोड़ो, तोड़ो,
इन पाथरी चीवरों के उस पाऽऽर
पिताजलों का पुण्यलोक है
जिनके गतिरथ नदियाँ लिखते।

एक बोध

अब मिहिर सिर आ गया
तपने लगी यह रेत—
रह गये पीछे
जिनके कुन्तलों की छाँह में
हुआ सूर्योदय हमारा।
बहुत कुछ छूटा,
और टूटा भी—
हम असंगी,
स्मरण-बैसाखी सहारे चल रहे।
रेत के पदचिह्न ही क्या ??
ये ही हमारे लिए अनुधावित रहे
इनकी मैत्री क्या??

अब हमारे और उस छूटे विगत के बीच
सम्बन्ध है तो यह कि
हम प्रव्रजावसित हैं—

ऋतु-अभिषेक सिर पर झेलते,
भाल पर संकोच रेखा—
विवशताएँ कण्ठ में—
अनागत यात्रा, सम्मुख तवे सी जल रही,
हम आयु के अश्वत्थ—
अपनी छाँह भी स्वीकार जिसको है नहीं।

बीमार साँझ के किनारे

चीन के मन्दे पीले लालटेन—उत्सव की तरह
जर्द रेशम की गरम बाँह में लिपटी
समुद्रि साँऽऽझ बेहोश
अपने बीमार विचारों में सुना करती है—
तम की,
साबुन की झाग सी नरम
किन् किन् किन्
झिम् झिम् झाँझें।
टेशोकोटो के सुरों सी हल्की
जापान के किसी गीत को टाइप करती लहरें
मद्धिम लहरें—
काँच की चूड़ी की तरह गोऽल गोऽल
आऽरहीं आऽरहीं—
झाग का क्लिप खोंसे
साँझ की बीमार छाँहों के तले।

आज तो चट्टान की पत्थर की हथेली है गरम,
आज तो किनारे के ये चिकने भूरे कंकर भी गरम,
क्योंकि गन्धक की तरह तेज हवा दिन में चली
जल गयीं फूल की बारीक नसें
जिनसे होकर के ये पानी की रंगिम लहरें
फूल बनीं, पेड़ बनीं।

अपने बीमार जले पंख लिये
नारियल पेड़—
मैकबैथ की चुड़ैलों की तरह
बीमार साँझ के सिरहने चुप हैं।
दूर के उस फीके-फीके—
एल्युमीनम की तरह हल्के नभ में
पोत बन्दर के
खड़े क्रेन—
पसलियाँ भूत की जैसे हों खड़ीं,
साँझ के बीमार के पैरों की तरफ।
पश्चिम की गगन खिड़की के उन नील धुले शीशों पर
आज की बीमार, बुझी
साँझ की ये रोशनियाँ—
पीले टिंचर की तरह
फैल रहीं, फैल गयीं।

आज तो बीमार सभी,
बेहोश सभी,
सबके दिमागों में भरा
क्लोरोफार्म की महक की तरह तेज
यह अँधेरा, वो अँधेरा—
वो अँधेरा—

निज पथ

हम झुका कर माथ
सब स्वीकार लेंगे
(पर) पथ यहाँ से अलग होता है !!

जो देय था वह दे चुके,
जो गेय था, छन्दित चुके;
हम मानते आकाशगंगा हैं तुम्हें
पर क्या करें ??
रख नहीं सकते क्षितिज पर एक भी सोपान—
(यह) नभ यहाँ से अलग होता है !!
(पर) पथ यहाँ से अलग होता है !!

राजपथ रथ के लिए,
पगवाट है पग के लिए;
सब मार्ग की अपनी दिशा, अपने क्षितिज
हम क्या करें ??
आग्रह करो मत इस तुम्हारे द्वार को ही मान लें भगवान्—
(यह) जन यहाँ से अलग होता है !!
(पर) पथ यहाँ से अलग होता है !!

डाकती संझा, बनपाखी! सुनो!!

डाकती संझा, बनपाखी ! सुनो !!
नारिकेलों पर थमे हैं
भाद्रपद के मेघ कजरारे,
नील आकाशे खिंचे हैं
जलधुले नव क्षितिज उजियारे;

दीर्घपर्णी गुछैले सागौनकुल के बीच
उत्सवप्रिया इन द्रोणियों में झिरनरेखा खींच
ऽविनम्री बादल, प्रणत लौ से।
गुरुजनों सी शाल की ये पक्तियाँ,
मित्रबाँहों सी उठीं वनघाटियाँ;
सीख देती हैं हमें—
यह आयु का अभिषेक है
स्वीकारती संझा, बनपाखी ! सुनो !!
डाकती संझा, बनपाखी ! सुनो !!

चरण में दाबे क्षितिज ये
पंक्तिबद्ध चिनार,
मेघकपिला दुह रहे ये
देवचरितों के देवदार उदार;
गिलहरी सी चंचला वनवाट दूबों बीच,
हंसदेशों ओर ले जाती हमें यह खींच,
हेमलोकी यही हंसद्वार—
शिखर वस्त्रित वायु की वनबोलियाँ,
सांझ संगीता भरी घन घण्टियाँ,
सुनो यात्रिक ! सुनो
शेष गायन गा रहे सुधिहंस
सहसंगीतती संझा, बनपाखी ! सुनो !!
डाकती संझा, बनपाखी ! सुनो !!

चन्द्रमायनी

वह सोनजुही सी चाँदनी !!
नव नीलम पंख कुहर खोंसे
मोरपंखिया चाँदनी !!

नीले अकास में अमलतास
झर झर गोरी छवि की कपास
किसलयित गेरुआ वन पलास
किसमिसी मेघ चीवर विलास
मन-बरफ शिखर पर नैनप्रिया
किन्नर रम्भा चाँदनी!!

मधु चन्दन चर्चित वक्षदेश
मुखदूज ढँके मावसी केश
दो हंस बसे कर नैन-वेश
अभिसार अँजी पल्कें अशेष
मन-ज्वालामुखी पर कामप्रिया
चँवर डुलाती चाँदनी !!

गौरा अधरों पर लाल हुई
कल मुझको मिलन गुलाल हुई
आलिंगन बँधी रसाल हुई
सूने वन में करताल हुई
मन-नारिकेल पर गीतप्रिया
बनपाखी सी चाँदनी !!

वर्षा भीगा शहर

साँझ का झुटपुट
खड़े चुपचाप भीगे गाछ—
राख रंग के दही जैसा मेघ का परिवार
—अब बरसकर हो गया चुपचाप—

हरी दूबों भरा उस मैदान का विस्तार,
क्लर्क लड़की के रिबन सी
क्षीण काया सड़क
भीगी, मौन—
चढ़ गयी है सामने की टेकरी पर
देखने सतपुड़ा वन का निर्जनी
सूर्यास्त !!

हवाओं की नील गीली पन्नियाँ
उड़ रहीं भीगे, सँझाए शहर-शिखरों पर;
मोमकपड़े सी सड़क पर लाइटें
पीत फीतों सी
दुहरने अब लगीं।
अभी की भीगी हुई खपरैल से
धुआँ हिचकोला लिये है उठ रहा—
चाय का अदहन
फिर तरकारियों की गन्ध,
थकी दिन भर की रगों में
चाय का यह गरम इन्जेक्शन।
चल पड़ेगी जिन्दगी की धार
रुक गयी थी जो कि बारिश सँग।
अभी के भीगे हुए इस शहर पर
झुक गयी है वक्ष जननी सी
यह राख रंग की साँझ—
बेलन,
लोइयाँ फैला रहे होंगे,
आँच
माथे पर तवा रख रोटियों के फूल बेचेगी अभी।
शाम जो वर्षा हुई थी
पोस्टरों सी लग रही दीवार पर—

सूख जाएँगे सुबह ये धूप में

अभी का भीगा शहर यह
भोर तक
प्रार्थना करता रहेगा धूप की।

मेघ मैं

मैं नतशिर
थे नैनमेघ भी झुके हुए,
हरियाली पर रथ उतारने के पहले
ज्यों पूछा करते मेघ, गगन से—
कितने योजन का जल पृथ्वी तक है गहरा ?

दूर कहीं
नीचे बाँसों के जंगल की घाटी में कोई हवा भर गयी—
ग्वाले की वंशी सी गाती हवा जंगली
टेर रही बदली की गायें।

तन मन जिसका बिजली हो वह
हरिण मेघ मैं—
कब मोहित हो नीचे उतर रहा था
(मुझको) ज्ञात नहीं था।

मुझे लगा नीचे धरती पर कोई बादल उतर चुका है,
मैंने रुकने की आज्ञा दी—

मेरी गर्जन गूँज बन गयी,
मेरे सारे नील देश में दौड़ गये गर्जन के घोड़े !!

वह विद्युत् भुजबन्ध कसे, था गरज रहा मुझ जैसा ही,
मैं शम्पा का कशाघात देने को ही था—
झील हँसी
लावण्य सिमट आया था भूमी का,
झरनों का पानी बनकर।
मैं मोहित हो गया स्वयं की उस सोनी छाया पर—
मैं नारसीसस !!

दूर आक के पत्तों से था दूध झर रहा
वह सफेद थी हँसी व्यंग्य की
पेड़ों पर का लगा गोंद वे भूरे बन्दर
नोंच-नोंच कर चबा रहे थे,
तभी अचानक हाथी के कानों से बड़े-बड़े सागौनी पत्ते लगे बदन में।
दूब, बूँद का मुकुट बाँध उत्सव लगती थी।

× × ×

उतर रही थी घोषमयी वह पर्वतीय रेवा आँधी सी
अन्तर में कंकर स्वर भर कर—
उतर रही हो कोई अश्वपंक्ति पर्वत से टाप बजाती।
हिमकन्या यमुना की सारी चंचलता अब कहाँ गयी ?

वह मन्द-मन्द मैदान सींचती—
लगता जैसे ब्याह हो गया उसका इस मैदान देश से,
इसीलिए वह अंग चुराती।

कल जब बरस गया था मैं पानी-पानी हो
मुझे लहर की जलकन्याएँ मोहित करके
चाह रही हैं बहा-बहा कर ले जाना

उन दूर खजूरों के निर्जन कुञ्जों में,
बेबस बेचारा मैं पानी।

मैं प्रवाह में कहीं न घर से दूर बहा दूँ
इसीलिए वह धीवरपत्नी मनु के खातिर
बाँस पिटारी में दिया धर
नारियल की डोरी से है संकेत चढ़ाती—
उस पाऽऽर,
दूऽर के निचले तट से
मुँह पर हाथों का घेरा दे
कोई खड़ा टेरता जाता अपनी श्रद्धा।

श्रद्धा तक आने के पहले टेर हवा के सँग उड़ जाती—
मैं सरिता,
मेरी पानी की छाती पर से स्वर चिड़ियाँ
चीं चीं चीं चीं कर उड़ी जा रहीं
श्रद्धा के बहरे कानों तक—
जिनमें उस ऊँचे प्रपात के घोर नाद का भरा हुआ है
पिघला सीसा—
उस ऊँचे प्रपात से जैसे चट्टानें ही अहरह गिरतीं।

मीलों की वेकुअम गुफा में
जैसे केवल शब्द भरे हों, नाद भरा हो।
वह जीवन की टेर
मरण हुंकार पी गयी,
शायद एस्कीमो सा लड़ता होगा मछुआ
शब्द ह्वेल से।

× × ×

मुझमें तीर्थों का जल विचरण करता आया,
रात वरुण के नील महल में पूषा ने था सोम पिलाया—

''क्या मैंने है सोम पिया ?
ताड़ तुम्हारी शाखों पर हम नहीं रुकेंगे
इन मँडराती चीलों से कह दो हट जाएँ—
ऐंऽऽ
क्या मैंने है सोम पिया ?
किन्तु न जाने क्यों ये गायें
मुझे मारने सींग तानती दौड़ रही हैं मैदानों में।''

कल का बादल आज बरस कर हरा हो गया—
मैं जब उतरा रेत देश में,
सूखे थे नैनों के ओसिस
चमड़े की मश्कें थी प्यासीं....'
मैं यदि उसकी दो चमड़े की गागर भर दूँ
तो पनीर वह मुझे खिलाये
ऊँट पालने वाले की ईरानी लड़की।

मैं जब उतरा प्यासे थे जंगल-के-जंगल,
चावल की घाटी सूखी थी,
फटी बिवाई सी नदियों की गोद बिछी थी।
मैं तराइयाँ लाँघ जरा कुछ नीचे उतरा
लगे उलझने विद्युचरण पेड़ों काँटों में,
किन्तु आज मन आलोकित था
घेर-घेर कर बेर, झाड़ियाँ, ताड़, नारियल
अपनी झुलसी पीली पल्कें मिचका-मिचका लगे टोकने—

''मेघहंस....! तुम अब न लौटना मानसरोवर
अपने जलकलशों की छाया इस चौमासे हम पर करना''—
भुज भर मिलीं नर्मदा-गंगा
लगे पकड़ने मेरी छाया, खेत सलोने।
गाम गोयरे पहुँचा ही था

"पानीराजा ! पानीबाबा !"
कह के लगे माँगने ककड़ी भुट्टे
नाच नाच कर वे सन्थाली, भील-भिलाले लड़की-लड़के।

बैलों ने पहली फुहार को शिवा समझकर
नन्दी-सी निज पीठ बढ़ा दी।
मैदान देश की वधुसरिताएँ भारनता सी क्यों चलती हैं ?
शायद पानी का शिशु कन्धे पर है सोया।

मैं लौटा था गगनलोक का स्वर्ग देखकर
एकाकी, निर्जन उजाड़ जो,
स्वर्गलोक में कल्पवृक्ष का ठूँठ खड़ा है,
गगन पिरेमिड में रम्भा की ममी सो रही,
दरवाजों पर हड्डी का ताला लटका है।

गगनबिहारी कल का
आज नीम सा लहर रहा हूँ,
रात रात तक बोलूँगा अब गाम किनारे के पीपल का पत्ता बनकर,
पहरू जैसा।
मुझे द्वार पर लता रूप में उगा देखकर
किसी वधू ने मेरी लता अँगुली में था जीवन बाँस थमाया।

ईंट पत्थरों की बाँहों से मुझे घेर लो
मैं न चाहता और भटकना शून्यलोक में—
बरस रहा हूँ चट्टानों पर, खलिहानों में,
नगर, ग्राम के मन आँगन पर,
मैं पृथ्वी का सदा पुत्र हूँ
है धरती ही माता मेरी !!

प्रार्थना

प्रभु मोर कण्ठ के
बल देवो, घोष देवो, न्याय देवो !!

जानी हमीं कवि नहीं,
जानी हमीं ऋषी नहीं,
हमीं संगीतहारा, पथहारा—
कोटिजन संगे पिसि गिये पूँजीरथे,
हमीं एक जन बिचारा
प्यासहीन, डाकहीन—
बस प्रभु ! एक गान लिखी चाई
जन-जन जीके गाई !!

हमीं स्मरणीय नहीं,
हमीं वरणीय नहीं,
अन्याय अन्धारे हमीं लघु ध्रुवतारा,
तार-तार वेषे हमीं
लड़ी जावे युगपथे
एकदिन निश्चित करिबे
जनता क भिनसारा।
बस प्रभु ! रक्त से लिखि जाई
वोई गान जन गाई !!

वनघासें

वनघासें हम
उन सबकी हैं सखा
सखाहीन जो !!

क्योंकि नहीं बरजा है हमने
अपना हृदय प्रदेश,
क्षितिजछलों के चरण चाँपने
स्वागत करता
खुले खेत सा हम बौनों का देश,—
शिशिरकाँस हम
उन सबकी हैं सखा
सखाहीन जो !!

तुम कुलशीलों से मण्डित
आकाश खिंचे,
सम्पदा विश्व की धार
क्षितिज में कीर्तिबाण से उगे,
सब गर्वों की नियति गगन है—
त्रैलोक्यजयी !
ओ श्रेष्ठलोक !
तुम यशपिनाक !!

पर हम कुलशीलों से वंचित
क्षुद्र दूब—
बन शिशिरकाँस
यहाँ वहाँ यों ही उग आने वाली घासें
स्वत्वहीन,
हम अपात्र को बड़े भाग से यही एक कर्तव्य मिला है—
उग आयें,
ढँक दें
धरती के नग्न जघन को,
खूँद गया है जिसे तुम्हारा यश महान।
हरियायीं तँबियायीं, झुलसीं,
समय रेंगतीं

वनघासें हम
हरी चींटियाँ—
लाज बुन रहीं उघड़े तन पर,
बम गोलों से तुम उघाड़ कर
दावा करते निर्माणों का।
कहाँ तुम्हारी श्रेष्ठ शक्ति
औ क्षुद्रकर्म हम वनघासों का—
सब विनयों की नियति धरा को
ओसवती दूबों से मण्डित करने—
गिरि, वन, मरुथल, नगर, ढूह
हम नाप रही हैं आदिकाल से।
समय चींटियाँ—
वनघासें हम—
नैनपर्व की संज्ञा देने—
लाँघ कँटीले तार पार्क के,
सब चरणों के मार्ग सजाने,
जले क्षितिज पर दूब-अल्पना
स्वप्न लिये
हम रेंग रहीं
फुटपाथों की आज्ञा में रहकर
कालदूरियाँ !!

●

समय का भिक्षु

द्वार पर भिक्षुक पुकारा एक—
''आज है एकादशी माँ ! कुछ मिले'' —की टेक।

किस अनामा भूमि का यह भिक्षुजन ?
कौन कुल ?
किस ग्राम का ?
किस पीर ने
व्यक्ति
वैतालिक बनाया ? कि—
नित सकारे,
सभी द्वारे,
तिथि उचारे,
नित नया दिन खोल जाता क्षिति किनारे....'

"ओ पाण्डुखौरी ! सर्वसमभावी ! पात्र फैलाओ—
तुम्हारे तिथिपात्र का ही देय था
यह आयुफल—
ओ समय के भिक्षु !
कल फिर डाकना तिथि द्वादशी !!"

पुनः भिक्षु

"द्वारे एक भिक्षुक बोले माँ !
दान देबो, आज के प्रदोष आछे—"
"सत्कारो बेटी ! अन्न दे भिक्षुक के—"
"ना माँ ! अन्नप्रियी नेही वो—"
"मुद्रा सँग श्रीफल दे तुष्ट करो—"
"ना माँ ! वह वीतरागि स्वीकारे यह भी ना—"
"तो वह इस ड्योढ़ी से क्या चाहे बोले ?"

"क्या जाने, ऐसे ही बोला वह—
अपने को वर दे, श्रेष्ठ ! तू अपने को वर दे—"
"पामर को देखूँ तो भिक्षु बड़ा...."

द्वार का भिक्षुक था चला गया—
कंचन से कुन्तल उस मोड़ झलमला गये—
"बेटी ! वह यौवन था वरने को आया—"

यौवन भी भिक्षुक है—
तिथि सा जो आता है, वरने को—
अपने को दोगे ?
देना है कठिन !!

मित्र हूँ, प्रियम्वद् हूँ

इस अपमानित मुखवाले दिन का
मैं मित्र हूँ, प्रियम्वद् हूँ !!

जिसके आलोक में
सौम्य चीड़ पंक्तियों ने
छालों औ' फूलों की भिक्षा ली,
छतनारे देवदार गाछों ने
पर्णहीन पतझर से
वासन्ती चीवर की दीक्षा ली।
सीतापति खेत हुए,
टेसू में तिथियाँ सब सुलग उठीं—

देवों के यश सा यह उजला दिन
उत्सव है !!
जात्रा है !!

किन्तु तुम उदास बने बैठे रहे
अपने विकल्प सने,
कीर्तिप्रिया इन बाहुओं को
ऋतु के पहले ही झुका लिया—
कर्म की हत्या की।
तुमने तिरस्कृत किया
दिन को
उसकी महत्ता को—
ओ हतभागो ! आओ स्वीकारो,
बाँसों के फूलों से विनयी हो—
खोजो,
उस दिन को
जो सम्यक है—
पश्चिम तट खोजो,
मत जाने दो अपमानित, उपेक्षित, तिरस्कृत
देवों के यश से उजले उस दिन को—
डाको,
विनयो—
''लौटो,
ओ सम्यक् दिन ! लौटो,
हमें आलोको
हमारी रचनाओं को दूबों का शील दो—
हमारी मृत चेतनाओं को धेनु करो,
धूपाभिषिक्त करो''—

आओ हम सरपत का शील वरें,
ओ झील की सी शान्तिमुखवाले सम्यक दिन !
हम मित्र हैं, प्रियम्वद् हैं !!

निवेदनम

समर्पण को व्यक्तिवेदी दो !!
बिना जिसके
गर्व है यह माथ,
स्कन्ध का आधार दो—
व्यक्तिवेदी दो समर्पण को !!

पथलिपे वन बुझ रहे वे,
शुभ संकल्प से सब गाछ
दुःख दुहरा रहे वे,
वेदना के स्मरण से
कुछ शेष आँधारे शिखर—
आकाश के अध्याय बाँचूँगा
सुनो—
सूर्यास्त है—
झेल लो तुम क्षितिज बनकर,
साँझ संज्ञा दो
संज्ञा दो सूर्य को—
हलद्‌दैना चाँदनी !
वचनजल में दुखबलाका तैर जाने दो !!
समर्पण को व्यक्तिवेदी दो !!

प्रति सूर्य का तिथिदीप
मेरी आयुतुलसी सम्मुखे
बुहर जाता—
कल जिसे मैंने जिया—
खोल जाता अर्थ सा आठों दिशा—
पर व्यर्थ है यह गगन-कलशी
धूप का अभिषेक—
खींचती है मृत्तिका सब स्वत्व,
इस संघर्ष पार्थिव को
बाहुओं की जलाधारी दो !!
समर्पण को व्यक्तिवेदी दो !!

डार बिछुड़ा मृग

डार बिछुड़ा मृग
कौन वन भटके, न भटके !!

यमदिशा सी यात्राएँ वर्जिता
हो गये पथ तक अहेरी,
हैं यहाँ भी वन
कमल के, कदलियों के—
स्मरण सी सरिता खिंची है आक्षितिज
पर नहीं वह जहाँ सँग-सँग जल पिये री।
क्षिप्रचरणा !
क्वाँर से बचना
अधिक श्यामा न हो जाना,
कोपलों हित बेंत के विजनों न जाना

वहीं लगते बाण री—
डार से कहना
हमें डाके,
कदाचित्
कोई अयाचित्र मलय ले आये
डारडाकों सँग तुम्हारी चम्पई तनगन्ध—
वही तो देगी दिशा
इस यात्रा की ग्रहण-ग्रसिता चेतना को।
मृगकान्ता !
विकलता शोभा नहीं देगी तुम्हें,
उन तालगाछों के तले
आँधियाँ लिपटी हुईं
ध्रुव बनी रहना वहीं—
कदाचित्
कोई अयाचित फिर अहेरी
बाध्य कर दे
लाँघने को चित्र-सी धौली कछारें
अपरिचित यह भद्रवन,
दी हमें जिसने शरण
परिवास में।
शाल के एकान्त में डूबी कछारों का,
पत्नियों सी लज्जिता
सारसप्रिया इन शालकुञ्जों का
कृतज्ञी हूँ, रहूँगा भी—
घनेरी साँझों सरीखे मुक्त मित्राचार के
तीर्थवत् ये बन्धु हैं—
किन्तु
मुझे अपनी मरीचिका घेरे हुए है,

मिथ्या सही
पर वही मेरी डारयात्रा है,
नियति है,
क्वाँर की श्यामामृगी है !!

मेघपाहुन द्वार

पश्चिमे यामे पधारे
नतनयन के मेघपाहुन
मुझ अकिंचन द्वार !!

मेघराजा !
यह अपात्री जलकृपा किस जोट बाँधे ?
किस खेत को अपना बता
मेड़ बाँधे,
हर्ष से विनये—
ओ देववर्षा !
इन आँगने, खेते अमृत बरसो।
एक भी पोखर नहीं
जो राजपाहुन को पुकारे—
प्रतीक्षा होली हुई,
सब तृप्तियाँ पथरा चुकीं,
क्यों मुझे लज्जित किया इतनी कृपा ले ??

क्या कहेंगे
जब सुनेंगे शेष पुरवासी—

—बड़ सकारे
अभागे के द्वार थे ठाकुर पधारे—
लौटा दिया इस अपशकुन ने,
आँगने पीपल कहीं का—

स्वर्गराजा !
सो न होगा,
कुलदेवता, कुलअम्बिका से
पुरजनों के खेत-पोखर जहाँ फैले
चलो अमृत करो ठाकुर !
इस सहज परिवार को
अपनी कृपाएँ ब्याह दो,
मनुज के सम्बन्ध से सब स्वर्ग है,
छू जिसे पाथर अहल्या तक हुए—

मेघराजा !
जलों को छोड़ो,
धरा को तीर्थ करने
अकिंचन पार्थिव खड़ा है
केश खोले—
भले ही गल जाय,
पर धारनी है धार
मुक्ति की इस बार !!

●

पीले फूल कनेर के

पीले फूल कनेर के !!
पथ अँगोरते

सिन्दूरी बडरी अँखियन के
फूले फूल दुपेर के !!

दौड़ी हिरना
बन बन अँगना—
बेंतवनों की चोर मुरलिया
समय-सँकेत सुनाये,
नाम बजाये;
साँझ सकारे
कोयल-तोतों के सँग हारे
ये रतनारे—
खोजे कूप, बावली, झाऊ,
बाट, बटोही, जमुन कछारें—
कहाँ रास के मधु पलास हैं ??
बटशाखों पे सगुन डाकते मेरे मिथुन बटेर के !!
पीले फूल कनेर के !!

पाट पट गये,
कगराये तट,
सरसों घेरे खड़ी हिलाती पीत-चँवरिया सूनी पगवट,
सखि ! फागुन की आया मन पे हलद चढ़ गयी—
मँहदी महुए की पछुआ में
नींद सरीखी लाज उड़ गयी—
कागा बोले मोर अटरिया
इस पाहुन बेला में तूने
चौमासा क्यों किया पिया ?
क्यों किया पिया ??
यह टेसू सी नील गगन में हलद चाँदनी उग आयी री—
उग आयी री—
पर अभी न लौटे उस दिन गये सवेर के !!
पीले फूल कनेर के !!

उदयन है यशवंशी

ओ उदयन! उधर नहीं,
वहाँ पितर अस्ताये!!

मत पूजो अस्ताचल,
खण्डित की पूजा ही वर्जित है।
कुल का मत मोह करो
तुम हो यशवंशी,
माथे पर उत्सव लिख भेजा है तुमको ही
दिन बनने,
धूपों का प्रिय बनने।
अपने को दे दो इस पृथिवी को
यही तुम्हें धारेगी—
यश की यह पत्नी है।
ओ उदयन !
दान हमें कालजयी करता है
मृत्यु नहीं वर पाती
उसकी ही कीर्तियाँ दिशा चीर जाती हैं—
ओ उदयन !
सत्य यही जिस द्वारे उदयाये,
उधर नहीं
वहाँ पितर अस्ताये !!

●

मेघ से पहले

मेघ से पहले मेघछायाएँ
लीपतीं वन-बाट;
गाछ सोनाले, उजाले घाट;

प्रतीक्षा मेघ की
दिशा पर्यन्त—
मेघ से पहले मेघछायाएँ !!

केलदल झुक झूम हर्षाभार,
खिल उठे हैं धुली धूपों में
वृद्ध वट विस्तार—
स्नात सागर कूल, फैली बालु
पार के भी पाऽऽर—
शोभा है प्रतीक्षा की,
मेघ से पहले मेघछाया की !!

प्रतीती दे रहा यह नारियल परिवार
शंख-सीपी-संशयों को—
ये जलवंशियाँ ही मुक्ति हैं,
मेघ का ही आगमन बनफूल है,
आ गये हैं मेघ,
काँकड़ पहुँचते ही हैं,
देवता, विश्वास है—
जो भी पात्र होंगे,
सुकृत जिनके नाम आगे लिखा होगा
जल उन्हें चीवर बनेगा,
वृष्टि चूमेगी उन्हीं के जयभाल !!

ओ सुपात्री !
क्या हुए विश्वास के वे
कुम्भपोखर, ताम्रघट, संकल्पिकाएँ ??
क्षण मिला है—
उजालो निज पात्र अपने,
मेघ से पहले मेघछायाएँ झुकी हैं
कृतिपात्रों के लिए !!

वचन का बकुल

केतकी में आ गये
फिर फूल पत्ते
सब नये—
वचन के इस बकुल को
पर क्या हुआ
जो हमें तुम दे गये ?

●

समय का जल

आओ इस झील को अमर कर दें—
छू कर नहीं,
किनारे बैठ कर भी नहीं,
एक सँग झाँक इस दर्पण में
अपने का दे दें हम,
इस जल को—
जो समय है !!

●

मालवी फाल्गुन

फागुनमासे अमलतास सम
उघड़े नील अकास !!

खुले ताल जलधुली आँख से,
दिन उजलाने हंसपाँख से,
बनघासों में खड़ी खजूरों
संगे होली नदी बाँक से;

टेसू सुलगे शुक-चोंचों से
सिंदुरे सभी पलास !!

ईखफूल खेतों इँगुराने,
झाल-झाल पल्लव तँबियाने,
बनधतुरे के पीले फूलों
गरवट संगे माल सजाने

क्यों विधवा सी माघमास की
काँकड़ खड़ी कपास !!

काली माटी सरसों फूली,
फागपाग में नाचे ढूली,
खिरनी जंगल, हिरनी चंचल,
फागुआ चलती ज्यों बट भूली,

खुले खेत कोयल कूकें सुन
सेमल करे विलास !!

बड़भागों बौरीं अमराई
महुआ फूला, बेरें आई
साँझ पड़े, जाती दमनी की
आती झिम्-झिम्-झिम्-झिम झाँई

उगे टीमरू सा फगचन्दा
जगरे हलद प्रकास !!

फागुनमासे अमलतास सम
उघड़े नील अकास !!

यहीं कहीं

डूबा है सूर्य अभी यहीं कहीं !!
जंगल से लौटते
पशुओं के खुरों से जो उड़ी धूल
छा रही सभी कहीं !!
खेत में लिखी जो
हल ने व्यथा—
रंगफसल बनने तक पड़ी वहीं !!

किरन जो डूबी उस डूँगर पार
चीं-चीं कर गोल बना
लट सी वह
पश्चिम में उड़ी रंगपाँती
क्योंकि वेदना सही नहीं !!

धूप चाँदनी का
सहारा ले जिया जो मन
अंधकार सरपत की धार उसे छुई नहीं !!

अंधकार, प्रियजन की सुधियों सा
बेर जालियों से वह उलझ-उलझ,
उतरा है
मुँह धोता पोखर में यहीं कहीं !!
डूबा है सूर्य अभी यहीं कहीं

देवकृपाएँ

जाने-अनजाने योग दिया जिनने—
वे सब वरेण्य हैं,
मुझ अपात्र के निर्माता हैं,
मनुजदेह में वे सम्यक् हैं !!

किसी स्नेह ने
झोर झोर झकझोर सिखायी
पीपल की कम्पन विनम्रता,
हमें वर गये हैं विराट स्वर, पर
गाने को अपनी अपात्रता—
मेरी वाणी !
सिन्धु दुहो इस आयुशंख के शीलपत्र में।
जागेगी, निश्चय जागेगी
अपमानों को चीर यशप्रिया वैतालिकता !!

बाँध गया सरिता के उत्सर्गों से कोई,
खोल गया धरती यात्रा हित,
सब अभाव को भरो
समर्पण करो प्यास के उत्सव को
ओ तृप्ति हमारी !
शून्य न रहने पायें पोखरपात्र अघोरी,
महाश्रेष्ठ की तुम मधुकरि हो
जलकुल का परिवार बना दो इस अतृप्ति को !!

कोई हमें तपाकर
घनचोटों में छोड़ गया है।
ओ अग्निफुँके !

बदलो,
अपने को बदलो,
शिष्यत्वशील को चोटों की गुरुकृपा सम्मुखे
ढल जाने दो।
प्रजा रच रही हैं चोटें ये—
आदेश खिंचेंगे खेतों में कल,
देवदार से चिर जाएँगे शैल,
इस महान भावी स्वरूप को
सर्वस्वो,
अपने अतीत को सर्वस्वो !!

हमें अपर्णी करने वाले
वे करुणावतार हैं—
वस्त्रों की दीवारें टूटीं
जोड़ गये अनजाने ही वे दर्प हमारा
वस्त्रहीन कुलजाति शेष से।
तनकंचन सम्मुखे वस्त्र को लाज आ गयी,
ओ अपरा !
मेरी अपर्णता सृष्टि हो गयी !!

यह अपर्णता,
दुःख रूप यह,
धावित यात्रा,
वैतालिकता––
इतनी महत् कृपाएँ सहसा
अयाचिता
इस भिक्षुद्वार पर??
स्वागत करो
कृपारथ थाके डाक दे रहे,
जाने किन पुण्यों के कारण

ये मुहूर्त घर बैठे आये।
स्वागत करो,
विश्रामेंगे रात यहाँ ये,
शिशिर रात तापेंगे ये प्रभु—
आओ हम यूथित कर दें
निज स्वार्थ, दर्प, अन्धी महानता।
पहचानो,
ओ बन्धु ! हमारे
पहचानो ये दुःख आज के,
घनचोटें सब,
धावित यात्रा,
वैतालिकता—
देवकृपा हैं,
ये ही तममस्तक पर
रखने वाली हैं कल को
उदयाचल !!

बोलने दो चीड़ को

[रचनाकाल : १९५८ से १९६१]

श्री शमशेर को

चाहता मन

गोमती तट
दूर पेन्सिल-रेख-सा
वह बाँस झुरमुट
शरद दुपहर के कपोलों पर उड़ी वह
धूप की लट।
जल के नग्न ठण्ढे बदन पर का
झुका कुहरा
लहर पीना चाहता है।
सामने के शीत नभ में
आइरन-ब्रिज की कमानी
बाँह मस्जिद की
बिछी हैं।
धोबियों की हाँक
वट की डालियाँ दुहरा रहीं हैं।
अभी उड़कर गया है वह
छतरमंजिल का कबूतर झुण्ड।
तुम यहाँ
बैठी हुई थीं अभी उस दिन
सेब-सी बन लाल,
चिकने चीड़-सी वह
बाँह अपनी टेक पृथ्वी पर
यहाँ इस पेड़-जड़ पर बैठ
मेरी राह में
उस धूप में।

बह गया वह नीर
जिसको पदों से तुमने छुआ था।
कौन जाने
धूप उस दिन की कहाँ है
जो तुम्हारे कुन्तलों में
गरम, फूली
धुली, धौली लग रही थी।

चाहता मन
तुम यहाँ बैठी रहो,
उड़ता रहे चिड़ियों सरीखा
वह तुम्हारा धवल आँचल।
किन्तु
अब तो ग्रीष्म
तुम भी दूर
औ यह लू।

एक प्रयोग

गरमा रही है जिन्दगी
धूप पीले कम्बलों में।
गुलाबी रंग
बेगमबेलिया—
हरे पत्तों की छतरियाँ तान
अगंधिम रंगझूमर

हवा में हिल
सिक रहा है।
बकरियों के कान वाली
कदलियाँ
हरे शीशों की तरह—
पत्तों की अनेकों पारदर्शी बाँह खोले
(ओवल ग्रीन वाली वर्दियाँ पहने जवानों की तरह कवायद में)
खड़ी साँसें ले रही हैं।
क्रीम-सी उजली
सिन्दूर गमलों की कतारों में
नये पानी नहायी
गुलदावली—
पथ बनाये मौन
गौरैया सरीखी लग रही है।

छोटे पाम
हरे फौवारे सरीखे
फुलझड़ी से छूट कर
हों जम गये।
पालियों की बाँह में
दौड़ती हैं शीत जल की लहरियाँ
छूने सूरजमुखी को
जिसने ओस भीगी पलक अपनी
रंगचिक-सी
धूप के इस समुद्री तट पर उठायी हैं।

पेड़ के गाउन
हवा में सरसराते उड़ रहे हैं।
केवड़े की हरी तलवारें खड़ीं इस धूप में
दे रहीं पहरा,

क्योंकि छोटे मोरपंखी
नाचने का कर रहे अभ्यास
मोटी हिल रही हैं
नीमछाँहें।

लान
उजलाने लगा है ओस वाले दाँत चाँदी के
केतली की गरम भापों की तरह
धारियों में उड़, रहा है नील कुहरा
क्यारियों से।

साँझ होने तक
दिन के इस हजारे से
झरेगा धूप का गुनगुना पानी,
नहा लेती नहीं जब तक
फूल की हर पाँखुरी
जो कुँआरी।

दिनान्त की राजभेंट

एक प्रभाव चित्र

वर्षा के नक्षत्र—
मेघ के ऊँटों, अश्वों और हाथियों पर लादे
चमचम बादल के पश्मीने

तोतापंखी के किमखाब दुशाले।
लाल पालकी
छोटे डोले
संग बलाका
उड़ते बगुले।
डोलीवालो !
हीयो, हीयो,
समझ-बूझकर पैर रखो जी
इन घन चट्टानों पर नभ की
हरी नील मखमल की काई—
रपट पड़े थे
बहुत जनों के पैर यहाँ,
अब आसाढ़े आये थे
पुरवाई की ले सगुनाई।
रङ्ग-विरङ्गे
बैलों-बन्दर के मुखोश पहने
लगे तैरने
चितकबरे कछुए कोने में।
रुईफूल-सी
खरगोशों की नन्हीं जोड़ी
खेतों-खेतों सरपट भागी

यह क्या ?

हाथिदाँत के झुनझुनियों की कावड़ टाँगे
सेठ सरीखा मोटा बादल
बैसाखी का लिये सहारा
थुल् थुल् थुल् थुल्
चला आ रहा।
बचो, बचो,

यह संगमरमर का पलङ्ग आ रहा,
पतले-पतले तँबियाये बादल के जिसमें पंख लगे हैं
सूरज-चाँद जड़े दर्पण से।
नील कुहर की मच्छरदानी
सिर पर लादे चली आ रही
वह पगली बदली बनजारिन।
अरे, अरे, ईशान कोण में
अन्धकार काले मजूर-सा
चला आ रहा गैस उठाये।
सिर पर चाँदी की रकाबियाँ
जिन पर बादल के रूमाल पड़े हैं।
सिक्के जैसी गौर बदरियाँ,
ढँकी ढँकी मिष्टी-सी
केसर मेघनियाँ—
सिर पर रक्खे चली आ रहीं
वे संझा की दास-दासियाँ।
कौन आ रहे
ये सातों पोशाक पहन कर ?
बैण्ड बजाते—
धूम धड़ाका,
पुच्छल तारे,
बिजली बूँदनियों की
तड़-तड़-तड़-तड़
तक्तड़ाक् की आतिशबाजी।

धरती के घर पाहुन आये,
यह दिनान्त की राजभेंट ले
चौमासे के रथ पर बैठे
सावन आये।

विपथगा का भाव

हे अननुगामिनि ! अनुस्यूता बनो

है घिरी प्राचीर में यदि देह
हो गया यदि सत्य जीवन का विभाजित,
भाव तो
उन्मुक्त-
लता-मण्डप-सा उसे ही फैलने दो,
विभाजित इस धरित्री के
रूप-सत्यों पर झुका
आकाश भी तो है।
ऽअनेकों आकाश बन

स्नेह—
वैशाख के आकाश में
गोरी बलाका-सा
ऽइतर जन जिसको कहेंगे विपथगा का भाव;
देह, टूट जाती है
भाव, अनभिव्यक्त रह जाए
स्नेह, यह विरह का मूर्ख पाखी है
जो उड़ेगा
और उड़ता ही रहेगा—
इसलिए हे अननुगामिनि ! अनुस्यूता बनो।

हवा चली

हवा चली
बर्तन का पानी हिला—
हिला किया।
बतखों की कड़ी कड़ी
गंधक-सी
रुई का ढेर
पीत प्लास्टिक सी—चोंच,
सरगम के गलत रीड-सी बोली
क्याँ-क्याँ ! !

इत्र में शराब सनी मोमदेह
ग्राउण्ड-ग्लासों के पीछे
तौलिये में
झिले झिले केशफूल।
मैटर अखबार का—
कुर्सी के बेंत से बिने हुए
कालम
धुले गुँथे।
ठुमरी अब होगी—कहता है रेडियो।
फुलझड़ियाँ छूट रहीं
टायर वह
गाते हुए धवल दाँत
ट्रैफिक के नाल लगे जूतों की
खट्-खट् खट्—
बीजों का विज्ञापन सेंदुरी हरफों में
ढक्कन खोल
मोटर की घरघरघर—

चर्च क्वायर बच्चों सी
मिक्स्चर की शीशियाँ,
किताब नयी
नोट में राजा ने पहना है मुकुट—
बच्चे का छोटा मुँह
स्लाइस का रबड़ बड़ा

फुलझड़ियाँ घूम रहीं

ये फुलझड़ियाँ छूट रहीं
केन्द्र में ताँबे के तार-सा
जल रहा अर्धजला
प्रिया का
इन्कार।

ते यन्ति, ते यन्ति

ते यन्ति, ते यन्ति
वे आ रहे हैं, वे आ रहे हैं।

जिनके पितामह
अनुष्टुप सुनाकर बुलाते रहे हैं
कथाप्रिय उषाएँ—
जिनकी सगोत्रा
हमारी दिशाएँ।

यशस्वी धरा के
नये इन्द्र देखो
श्रम की नयी संहिता गा रहे हैं।

ते यन्ति, ते यन्ति
वे आ रहे हैं, वे आ रहे हैं।

गगन आज का
पुत्र कल के नभों का,
सदा ले गया दृष्टियाँ
स्वर्ग द्वारे।
वरो देवता !
धूप से कर्म को तुम हमारे।
उषा
एक उत्सव क्षितिज के किनारे
धरा जोतने
ज्योतिहल आ रहे हैं।

ते यन्ति, ते यन्ति
वे आ रहे हैं, वे आ रहे हैं।

कमल वन

पृथिवी यह
परिस्थिति यह,

स्थान औ' पुरजन ये
दलदल हैं।
ऐरावत बन हम
फँसते हैं,
मदान्ध हो समझते हैं
कमलवन हमारा है,
हमारा है।

कामना

यह वसन्त शुभ हो
उनको
पतझर जिनको कर गया नग्न,
जो नहीं दिगम्बर रह सकते
एकाकीपन है भार जिन्हें,
उनके
उस शून्य भाव को
वसनों का जल भर जाए,
उनके सूने तल अल्पित हों,
फगुआ
उनके कुन्तल बिखेर सार्थक हो ले,
वे अपने प्रिय सँग बैठ
नयन के रत्नदीप रख दिशा-देहरियाँ
समझें—
यह वसन्त पूजाऋतु है।

तब कथा चले—
सारिका सुने
शुक दूर देश की बात कहे
प्रति-आँखें हामी भरे चलें
पगनख
रह-रह अनकही बात लिखते जाएँ,
एकान्त फले—
उनके आकांक्षी मन को
यह आकाश कनेरी हलद चाँद बौरा जाए।

शुभ हो उनको भी यह वसन्त
जो बाँच सकें ना इसे
और जिन्हें अनुभव ना होता हो
वसन्त।

एक मुक्तक

सह जो लिया गया
वह बना जीवन,
जो न सहा गया
वह बना गायन।

दर्द

दर्द की अभिव्यक्ति
हो नहीं सकती।
घाव है
वह पीर है,
जो कदाचित दिखाया तो जा सके
किन्तु उसका गान
वंचना है।

जितने जल उतने ही संशय

कल तक जो रक्षाजल था
उस खाईजल में
छायाएँ तल जा बैठी हैं।
हम नहीं
हमारा संशय उनमें प्रतिछायित है
ये भय की मुग्धाएँ
अपनी वंशबेल से
घेरे हैं मेरी प्रज्ञा को।

जितने जल उतने ही संशय—
वृद्ध कँगूरे
दुहरित जल में—साँप हो रहे,

वनफूलों में
षड्यन्त्रों की गन्ध आ रही।
रँग
हत्या की हँसी सरीखे
खिल् खिल् खिल् खिल्।
कोई सूँघ गया है सबको
अनजाने ही।
बन्धु ! हमारी डाकें सब पाथरित हो रहीं
विधवा की लज्जा सी
नींवों में दम तोड़ रही हैं।
स्मृतियाँ
पायल बाँधे विषकन्या सी
रक्तस्नात थापें देती हैं।
पितामहों के तैलचित्र
शव से गँधियाते,
साँझ
प्रलम्बित भाले लेकर
भयदीवारें टीप रही है।

खाईजल के षड्यन्त्रों को
वध देने को
खड्ग हाथ में
किन्तु नहीं संकल्प—
और
स्वयं में बैठे संशय का वध
कैसे होगा ?
कैसे होगा ??

माघ भूले

माघ भूले वन हमारे
जब पधारे
नाथ—
हम खड़े थे वन किनारे
साथ थी फगुआ तुम्हारे
सभी कण्ठों ने तुम्हारे
जय उचारे।

गाछकुल हरसा
नरसुलों के फूल पर सहसा
रंग तो बरसा—
हलद सरसों सँग
सुनहला कास भी सरसा,
पर हम न भीगे
रंग में या गंध में,
क्या न हम तुमको पुकारे ?
किन्तु तुमको तो लगे
कचनार
टेसू ही अधिक प्यारे।

माघ भूले वन हमारे
जब पधारे
नाथ।

●

बोलने दो चीड़ को

पहाड़ी साँझ
झरते मार्ग
अकासी नील गहन कनात,
बोलने दो चीड़ को
काफल कहीं पर पक चुका है।

किस उत्साह से
ये टूटते हैं
जल,
मैदान इनकी प्रतीक्षा में
जल रहे हैं।
पहाड़ी बाट पर चलते हुए
एकान्त लगता है।
पथ तो एक
लेकिन यात्राएँ
नहीं
बोलने दो चीड़ को
काफल कहीं पर पक चुका है।

घाटियों के खिंचे मुख पर
घर लिखे हैं
मोड़ के उस पार से ही
गंध देते हैं।
अँधेरा
पग ओर से बढ़ आएगा
जब तक शिखर दिखते रहेंगे।
सम्बन्ध-सी
यह टूटती ही जाएगी

सन्ध्या
क्षितिज के पार।

बोलने दो चीड़ को
काफल कहीं पर पक चुका है।

दिन फिरे

दिन फिरे
उनके भी जो गहरे न तिरे।

दिशामुखी हो
उड़ी बलाका,
रंगआकाशों संझाजात्रा-
विवश हमारे डैनो ! तुम काहे न जरे।

झुके मेघमुख
शिखरों-शिखरों,
दुहते पर्वत, रिसते चीड़ों—
पर मुझ बन्ध्या से झरने न झरे।

पगबट लिपटीं
हरी द्रोणियाँ,
नदियाँ चाँदी की कमरखियाँ—
सबने गति को वरा,
किन्तु हम सौ बार मरे।

दिन फिरे
उनके भी जो गहरे न तिरे।

सन्दर्भ भटकी यात्राएँ

यह प्रतीक्षित रक्त कदली-कुल
फूल फूले बकुल
नरसुल
अनघुली।

गरम होते ग्रीष्म नभ में
एक प्रत्याशित सवेरा
जयकार है।
प्रति गाछ में सुलगा हुआ
कोपलों का सुख
पताका है।
छाँह बछड़ों-सी
बँधी हैं गाछ से।
झील में जल
दर्द बन कर मौन है।

ऐसी होमबेला में
अयाचित आलोक—
नभ से बरस कर
रिक्तता भर जाएगा।

कोई ज्वार
तट की पात्रता देखे बिना
सीपियों के दर्द का सन्दर्भ
ऐसी भोर में रख जाएगा
चुपचाप।
भोर भीगे जलों में लिख जाएगा।

रक्त कदली-कुल
बकुल
नरसुल
भोर भीगी जलों वाली सीपियों का दुःख—
इन सन्दर्भ भटकी यात्राओं को
कौन देगा बाहु
देगा शीश।

●

तुम्हारा मुख

प्रतिदिन सँझाते दिन
सँझाने दो।
ओ वैशाख के आकाश !
तुम्हारा मुख मुझे सूर्यास्त लगता है।

ग्रीष्म का यह दीर्घ दिन
तुमने सहा,
तुम्हारी ही भुजाओं ने

सिन्धु आलोड़ित किया,
प्रति गाछ तुम दौड़े,
सुलगते पात ले,
प्रति नदी के कसमसाते मार्ग में
जल लिखा।

ओ यशस्वी !
साँझ को
जल ने कृतज्ञित हो
दिये हैं शंख,
दे रहे हैं गाछ
ठण्डी छाँह
लोहित फूल।

तुम दिन में तपे वैधव्य से
आकाश !
ऽऽ नक्षत्र गोत्रा इस विशाखा चाँदनी को
स्वत्व दो।
तुम्हारे रात्रित अधर पर
यह झुकी
चाँदनी-बेला
अयाचित थी—
किन्तु अब सहदेह है।

ओ चाँदनी !
तुम्हारा मुख मुझे प्रति रात
एकान्त बाँशीगान लगता है।

किन्तु मैं लड़ूँगा ही

खड्ग यदि ध्वस्त हुआ
क्या हुआ—
साहस ?
अभी नहीं।

हमने संकल्प
जल का नहीं
अग्नि का किया था।
शस्त्रों से कायर ही लड़ते हैं
युद्ध देंगी तुझे अनुक्षण
अब से भुजाएँ ही।
यदि ये गतिचक्रों में
खण्ड खण्ड हो जाएँ,
रहना प्रतिश्रुत बन्धु !
हमने ही बढ़कर असत्य को
युद्ध दिया
खड्ग औ' भुजाएँ दीं।

भुजहीन फिर भी लड़ूँगा ही
शस्त्रपाणि !
अपनी अग्निदृष्टि से।
क्षार क्षार कर दूँगा
युद्धस्थल
कवच और शिरस्त्राण
कृपापाश—
तुमने जो फेंके
मुझ पर
विवश बन्धु-बान्धव पर।

युद्धरत फिर भी यदि दृष्टिहीन हो जाऊँ
तब मैं इसी वाणी से
पानी नहीं
शक्ति ही माँगूँगा।

जिह्वा भी कट-कट कर गिर जाए
तब तुम
मेरी इस ऋत्विज अशेष आस्था से
कैसे लड़ोगे ?
कैसे लड़ोगे ??

मैं वर्चस बन
पुत्रों में, पौत्रों में लौटूँगा।
आज एक—
कल अनेक बन लौटूँगा
किन्तु मैं लड़ूँगा तुमसे
तुम्हारे बन्धु-बान्धव से
कृपापाशों से
जिनसे घेरा है
समय और भूमा की प्रज्ञा को,
व्यक्ति की विवशता को।

आज भी
अनागत भी
उस और वाले आगत भी
लड़ूँगा मैं
विवश नहीं होऊँगा
और कृपापाशित भी नहीं—
नहीं ! ! नहीं ! ! नहीं ! !

रक्त हस्ताक्षर

मैं
अपनी विवशताएँ नहीं
पिता की जी रहा हूँ
कदाचित
मेरी विवशता
पुत्र को जीना पड़े।

हमारे वंश का यह धर्म है।

पुत्र मेरे—
मैं भी किसी का
पुत्र और प्रपौत्र हूँ।
विवशता का वंश
वसुधैव है।
हमारा यह वंशलेखा
भोजपत्रों पर नहीं,
हमारे पूर्वज
अबाँचे शिलालेखों से,
अचीन्ही लिपि सही
इतिहास हैं फिर भी,
जिसे हर पीढ़ियाँ कन्धा दिये
लायीं यहाँ तक।
हमारे कुल में
सन्तान के बदले शिलाएँ जन्मतीं।
पुत्र मेरे—
आज के वैषम्य से कह दो
हमें आलेख कर
मरुथलों में गाड़ दो गहरे,

तुम्हारे परित्यक्त वस्त्रों में
हमें सज्जित करो।
ये हमारे वस्त्र
भिक्षापात्र
फैले हाथ—
सब अभिव्यक्ति पाने के लिए
गरम सोतों से
धरा में अँधेरा गरमा रहे हैं।

पुत्र मेरे—
हमारा मनु ही पृथक है,
अपने वंश में गौतम नहीं होता।
अपनी विवशता के स्वत्व की भिक्षा
अन्य को देकर न तुम छोटे कहाना।
इतिहास ओछा था
हम नहीं।
जब कभी देंगे
सुलगते प्राण ही देंगे।
हमारे इन रोमरन्ध्रों में
विवशता के
शिलालेखित अँधेरे-आदित्य
अग्नियात्रा कर रहे हैं।
इन विवश सूर्यों की
दृष्टियाँ वैशाख हैं,
चरण बादल राग,
पोंछ अपनी भाल रेखा
विषमता का दाय ही पुँछ जाए।
जी चुके तेरे पितामह—भूत,

अशेष करना है हमें
यह आज का संघर्ष,
ताकि
अनागत भवितव्य तेरे लिए यश बन जाए।

पुत्र मेरे—
देहजीवी हम नहीं
दृष्टिजीवी हैं।
हमारा भूगोल काटेगा नहीं इतिहास।
हम तो यज्ञ हैं,
यज्ञगाथा हैं,
हमारी पुस्तक खुले खेतों खुली है
रक्त हस्ताक्षर तुम्हारा चाहिए—
तुम्हारा चाहिए ! !
तुम्हारा चाहिए ! ! !

पीपल से

बन्धु !
मैंने सुन लिया
फागुन आ गया—
चुप भी करो
करताल अपनी।

रात भर तो सुन लिया,

फागुन आ गया—
फागुन आ गया—
बन्धु !
वे अन्य हैं
रँगपाग बँधनी हैं जिन्हें।

ओ सरलमन बन्धु !
पतझर वरे पीपल !
दो ही पात
उस पर यह विकलता ?
वन गुँजा डाला ?

उपेक्षा के भाव से स्वागत करो,
देखते हो इन पलाशों को
कैसे चुप ! !
इतने लुट गये
फिर भी न लोकाचार आया बन्धु ! तुमको

विनम्रित उपेक्षा ही मित्र !
शिष्टाचार है,
सत्कार है।

बन्धु ! मैंने सुन लिया
फागुन आ गया
अब चुप भी करो
करताल अपनी !

सोनपर्वी दिन

उतरते माघ का यह
सोनपर्वी दिन—
कबूतर-कण्ठ के आकाश में
यशस्वी है।

पीले ज्वार-सी
यह धूपनैना हलद सरसों—
नदिया गोद में,
कूलों-कछारों में,
यात्रियों की भीड़-सी
एकत्र है।
छाँहों के अभी भी अंग ठण्ढे हैं
लेकिन धूप
घाम होने लग गयी।
आँख-सा आकाश है,
भोर में
जागे हुए बच्चों-सा
कोपलों का सुख—
नया वन है।
हवा—
फगुआ चेष्टा में
लाजहीना है,
मेला घूमते से पात
आवारा हुए हैं।

यह वसन्ती सोनपर्वी दिन
इन्हें उत्सव हुआ है।

यह वसन्ती सोनपर्वी दिन
बाहुओं को कर्म
पदों को यात्रा है।
स्वीकार लो यह
द्वार आया भिक्षु
ऽऽदेवता है।

स्मरण सी
गंगा कछारें
बाणों सी क्षितिज में डूबती हैं
दूऽऽर।
आयु-सा
यह दृष्टिपथ अब बढ़ गया है।
ऐसे में
सोनधूपी दिन
रंग-कुण्डल पहन
संगम के जलों में पुण्य-सा
सहयात्री है।
मैं समर्पित यशस्वी इस दिन को
जो यात्रा का पुण्य है,
सोनपर्वी है।

शाम का एक चित्र

नये नये नीले हुए
कार्तिक आकाश में

एकान्त पत्ते सी
आखिरी धूप—
कहीं है,
केवल लगने भर को—है,
नहीं है
कहीं तो सिर्फ
उजाला।

उजालेहीन यह कार्तिकी
दिखी
दिखी थी
और जाने कब तक दिखती रहेगी।

दो सम्भावित सिम्फनियाँ

एक सिम्फनी

धूप
एक सम्भावित सिम्फनी है
आकाश की
पृथिवी से आने वालों के लिए।

ओ अनन्त-अनन्त वनस्पतियो !
फूलों और यवांकुरों से कह दो
उन सोते हुए अज्ञातजलों से कह दो

ओ गर्भित ऐकान्तिक रत्नो !

जो भी इस पृथिवी से सम्बन्धित हैं
गायन है—
सबको अपनी-अपनी सम्भावनाएँ ही
अर्पित करनी हैं
ऊर्ध्व ओर
धूप ओर।
ओ अनन्त-अनन्त वनस्पतियो !
ओ गर्भित ऐकान्तिक रत्नो !
ये सब धरती की आकाशोन्मुख
नदियाँ हैं
सिम्फनियाँ हैं।

दूसरी सिम्फनी

मैं भी
एक सम्भावित सिम्फनी हूँ
पृथिवी से आने वाले
अपने जैसे बन्धुओं के लिए—
वनस्पति की तरह
समर्पित जो एकान्त में।

मुझे
इन्हें

क्षमा करना
यदि ये तुम्हारे आग्रहों में
मात्र विदुर रहें,
किसी पक्ष का मिथ्यात्व नहीं स्वीकारें।
दर्प ने नहीं
विनय ने इन्हें तटस्थ किया है।
साक्षी हैं
इनकी ये असम्मानित स्थितियाँ
संशयी दृष्टि
अनास्थित मुखमुद्रा
तपे ताँबे से मस्तक—साक्षी हैं
इन्होंने असत्य नहीं स्वीकारा
तटस्थ रहे पक्षों में
विनयी विदुर
उपेक्षित ये।

तुम्हारे प्रार्थना घोषों में
उत्सव जयकारों में
समाचारों में
अमित्र ही रखे गये।

ये अमित्र विदुरजन
संशयी पृथुज्जन हैं
मेघ नहीं
आदित्य तपे हैं,
प्रत्येक लांछना तपते
ये विनयी ही अधिक हुए हैं।

मुझे क्षमा करना
इन्हें क्षमा करना

ये ऐकान्तिक समर्पिता वनस्पतियाँ हैं
सम्भावित सिम्फनियाँ हैं।

एक क्षमा याचना

बन्धु !
मुझे क्षमा करना
सम्भव है
आ न सकूँ आयोजन में,
क्योंकि
मेरे एकान्त को वर देने
एक फूल के विकसने की
सम्भावना है
शाम को।

अनुनय

यहाँ वहाँ लोग ही लोग हैं
मैं कहाँ हूँ ?

तुम्हारे पैरों के नीचे
मेरा नाम कहीं दब गया है
उठा लेने दो—
मेरे लिए वह मूल्य है।

मैं नहीं कहता कि
लोगों की देहों से दुर्गन्ध आती है
पर—सुगन्ध भी नहीं कह सकता,
ये दोनों ही आग्रह हैं
इसीलिए मिथ्या हैं,
जबकि
हर परिश्रम की गन्ध होती है
वही लोगों में होती है
मैं ऐसी गन्ध को भी
मूल्य कहता हूँ।

लेकिन
यह भी नहीं कि
लोग गन्दे नहीं होते
व्यक्तियों की तरह।

जिस किसी को नाम दोगे
स्वत्व अनुभव होगा,
लेकिन
लोग होने का अर्थ
नामों को कुचलना नहीं होता।

आओ
हम सब अपने अपने नाम खोज निकालें

भीड़ों की असावधानियों से जो
कुचल गये हैं,
क्योंकि वे मूल्य हैं
अपने को जानने के लिए—कि
हम कब लोग होते हैं
और कब नहीं।

एकान्त भविष्य लगता है

भिक्षुणियों के मुखों सी
ओ सान्ध्य दीर्घाओ !
अपने इस कपोती एकान्त को बोलने दो
मुझे हर एकान्त शिलालेख लगता है।

मेघहीना रात
भीगा हुआ आकाश
आँख है।
सबकी यात्राएँ
गन्दे चम्मचों सी हलचलों को
अपना पवित्री एकान्त सौंप आयी हैं।
केवल तुम्हीं में
दुहता हुआ भीगा उजेला शेष है।
किस अयाचित के लिए
समर्पित हो सान्ध्य दीर्घाओ ?

तुम्हारा यह
आँख सा एकान्त मुझे प्रार्थना लगता है।

गाछों के रंग लौट आये हैं
फूलों में
पातों में—निश्चित हैं।
अन्तिम यात्री तक को भेज
पथ आश्वस्त हैं
बच्चों के मुँह सी दूकानें बन्द हैं
अँधेरा झेलती हुई इमलियाँ
कृपापात्री हैं।
कल की प्रतीक्षा करता हुआ
यह सामूहिक एकान्त
मुझे अपना साम्राज्य लगता है।

ओ भिक्षुणियों के मुखों सी
सान्ध्य दीर्घाओ !
अपने एकान्त को
मुझ तक व्यक्त होने दो।
अनेकों एकान्त
कल व्यक्त होने को हैं
जब गन्दे चम्मचों वाली हलचलें न होंगी
बल्कि होगा
एक पवित्र विशाल एकान्त
भिक्षुणियों के मुखों की भाँति—अनिंद्य
मुझे हर ऐसी प्रतीक्षा वाला एकान्त
भविष्य लगता है।

एक फाल्गुनी दिन

एक स्तवक की तरह
मेरे हाथों में,
मेरे पास टटके फूलोंवाला
धूप भरा
पूरा एक फाल्गुनी दिन है।
अनन्त सम्भावनाओं वाले इस टटके दिन में
चीलें हैं
हवाएँ हैं
और तो और—यह
यहाँ से वहाँ तक फैला हुआ है।
अजीब धूप भरा फाल्गुनी दिन है।
हम दोनों एक दूसरे से बातें करना चाहते हैं—

ओ अप्सरा की आँख की तरह के
धूप भरे फाल्गुनी दिन !
आज मेरे पास कोई काम नहीं है
मैं अभी इस झील में नहाऊँगा
उसके बाद
उसके बाद ये झरबेरियाँ हैं
चेरियों के गुच्छे हैं
हिमानी शिखरों की श्रेणियाँ हैं
केवल इन्हें देखता रहूँगा।
किसी एकान्त वनलता के
एक नीलफूल को
शंख की भाँति बजाते हुए
सन्ध्या कर दूँगा।
इस सोनाली झील में

एक नाव मेरी प्रतीक्षा में है,
मछलियों की गंधवाला जल है।
कैसा छुट्टियों का सा मन लिये आया हूँ

एक स्तवक की तरह
टटके फूलोंवाला धूप भरा दिन
फाल्गुन का पूरा एक दिन
हाथों में लिये चल रहा हूँ
मैं इसे किसी के द्वार पर
रख आना चाहता हूँ,
फाल्गुनी दिन फूलों का यह स्तवक
किसी को समर्पित कर देना चाहता हूँ।

फाल्गुन संबंधी कविताएँ

एक :

ओ फाल्गुनी आकाश !
तुम्हारे ही दिनों का
है मुझे विश्वास,
धूपजल सींचो
तृषित मन
गेहूँ और कपास।

दो :

ओ फाल्गुनी आकाश !
तुम्हारी पीताम्बराऽ

धूप के ही लिए तो
मैं प्रतीक्षित था
नदी थी
बुरुस थे
खिड़कियों से झाँकता
सहजन प्रतीक्षित था।
सुना था उत्सुक बहुत थे
ढाक और पलाश।

तीन :

ओ फाल्गुनी आकाश!
तुम्हें लाने के लिए
आग की ही भाँति
तपनी पड़ी है
बरफ—
सभी को।
तुम आ गये
बौर आ गये
पपीहे उड़ते हुए कुछ गा गये।
ओ गुलाबी तृषा वाले
आ गये प्रिय मास।

चार :

ओ फाल्गुनी आकाश !
तुम्हारे मुख मलूँ मैं
लाल रंग पलाश।
तुम उत्सव बनो
इसलिए

गृहपथ बुहरती फिर रही
यह पागुली वातास

पाँच :

ओ फाल्गुनी आकाश !
समर्पित हो
उत्सवों को
एकान्त मुख का
मौन और उदास।

यदि मैं मेयर होता

सोचता हूँ
यदि मैं मेयर होता
तो सड़कों के दोनों ओर
खस की टट्टियाँ होतीं,
बिजली के खम्भों के तरह
पंखों के भी खम्भे होते,
तब यह जलता शहर
छतरमंजिल होता।

पता नहीं
लोग क्यों नहीं
घरों की तरह

अपने नगर को प्यार करते हैं ?
सोचता हूँ
जिस दिन मैं मेयर हूँगा
उस दिन जरूर यह सब होगा।

लेकिन सम्प्रति मुझे
इन गर्मियों के लिए
एक टेबलफेन चाहिए
पूरे शहर के लिए नहीं
अपने तीन कमरों वाले
घर के लिए,

जो कि
तप कर नगर हो गया है
और मैं उसे घर बनाना चाहता हूँ।

विकल्प

खेत हैं
खुली हवा है
क्षितिज तक धान का विस्तार है,
बस्तियों को जोड़ते हुए
धूल भरे रास्ते हैं,
नंगी डालों में
शाम को उग आया हुआ

चन्द्रमा है,
कितना सुन्दर व्यापार है।

मैं इनमें हूँ
लेकिन
रेल की खिड़की से हूँ
इन्हें छोड़ता हुआ—हूँ ! !

यदि मैं इस खुलेपन में होता
तब यह रेल
मुझमें से गुजरती होती,
खिड़कियों से भागते हुए
कुछ मुख होते,
एक लम्बी कतार
पहियों पर दौड़ती दिखती,
धुएँ का काला रस्सा
हवा में झूलता देखता होता।

तब यह वातानुकूलित सुविधाओं वाली
रेल न होती
जैसे इस समय ये भागते अनगढ़ मकान
मुझमें नहीं हैं।

पता नहीं हमें कहाँ होना चाहिए था,
क्या खोकर क्या पाना चाहिए था,
क्योंकि—
कहीं नहीं होकर ही हम कहीं होते हैं।

बूढ़े मसूढ़ों का जुलूस

जब मैं मात्र अकेला होता हूँ
तब मैं अनेक होता हूँ।

लोमड़ियों की तरह चालाक
एक आकाश,
जूठे प्याले-सा
एक शहर,
फटे हुए विज्ञापन सी
एक शाम
और—
और भी बहुत कुछ होता है
जब मैं मात्र अकेला होता हूँ
अपने को छोड़ और सब होता हूँ।

मैं सोचना चाहता हूँ—
कुहरे भरी एक सड़क
ताजे मक्खन लगे टोस्ट
नील पुलोवर की-सी सुबह वाला
एक रविवार
धूप के कुछ टुकड़े यहाँ वहाँ
अर्थात—
मैं अपने जीवन में
उपन्यास का एक पृष्ठ चाहता हूँ।

तभी अपने चारों ओर
सफल व्यक्तियों के हँसते नकली दाँतों को
उस चालाक आकाश के मुँह में देखता हूँ।
पूरा शहर

नकली दाँत लगाये घूमता होता है,
विज्ञापन वाली सुन्दर शाम
दाँतों को दबाये
मोती हँस रही होती है।
जब मैं अकेला होता हूँ
सफल व्यक्तियों का जुलूस गुजरता होता है

सफलता
जैसे दाँत के डाक्टर की दूकान थी
सब बूढ़े मसूढ़े
चमकदार सफलताएँ लगाये
सफल उपन्यास के सर्ग लग रहे थे।
मैंने अपना वह उपन्यास का वह पृष्ठ फाड़ डाला है
और उस चालाक आकाश में
वे फटे टुकड़े
एक दिन मर जाएँगे।
मुझे कितना अफसोस है
जूठे प्याले से शहर में
शहर भर के सफल व्यक्तियों के
दाँत चू पड़े हैं।

मुझे अफसोस है
दाँत के डाक्टर की दूकान की ओर
सफल व्यक्तियों का
दन्तहीन असफल जुलूस—
चालाक आकाश के नीचे
जूठे प्याले से शहर में
विज्ञापन वाली शाम को कंधे पर उठाये
चला जा रहा है।
जब मैं मात्र अकेला होता हूँ

तब मैं नहीं
इन बूढ़े मसूढ़ों का
मफल व्यक्तियों का जुलूस होता है।

एक तितली

धूप की एक पीली तितली
बड़े सवेरे
गली में आ जाती है।
लगता है
लोगों के व्यस्त पैरों के नीचे
कुचल जाएगी
लेकिन
तभी वह नाली के छोटे जल को
बड़ा एकान्त हँसा रही होती है।

धूप की वह पीली तितली
रोज ऐसा ही करती है—
चबूतरे पर
जहाँ बच्चे स्कूल की तैयारी कर रहे होते हैं
गद्दीदार चलते हुए
हौले से किताबों पर बैठ जाएगी।
भूल से अगर किताबों के सँग
बस्ते में रखी

स्कूल पहुँच गयी, तो ?
लेकिन तभी
बड़ी लापरवाही से भीतर भाग आएगी
और टेबल क्लाथ पर
नि:शब्द रेंगते हुए
सहसा मेरे लिखने वाले कागज के कोने पर
पीले तारे सी
मुझे देखने लगती है।

धूप की वह पीली तितली
रोज—
उसके बाद
मेरी बीमार पत्नी के पलँग के नीचे
उदास कुछ देर सोचती रहेगी
उपरान्त सहसा खिलखिलाकर
उसके गोरे ठण्डे हाथों को गरमाते हुए
सीधे उसके वक्षस्थल पर
उसकी पुत्री की तरह
खेलती रहेगी,
जाने क्या क्या सुनाती रहेगी।

उसके बाद
उसके बाद वह उड़ जाती है।
रोज एक निश्चित मार्ग से
अनिवार्यता सी आकर
पत्नी के वक्षस्थल से उड़ जाएगी
जाने कहाँ।
धूप की वह पीली तितली
एक मोमबत्ती सी सुलगकर
जाने कहाँ उड़ जाती है।

यद्यपि आकाश में
तब भी धूप
ढेर सारी धूप-ही-धूप होती है,
एक बड़ी-सी शाम होती है,
बल्कि होती रहती है
दूर और पास के आकाशों में,
लेकिन
धूप की जिस तितली को मैं जानता हूँ
वह उस उदास शाम में
कहीं नहीं होती है।
मुझे विश्वास है
धूप की वह पीली तितली
कल फिर मेरे बच्चों को छेड़ते हुए
मेरे कागजों पर नक्षत्र बनने के लिए
मेरी पत्नी की पुत्री बनने के लिए
कल आएगी
जरूर आएगी
क्योंकि मैं प्रतीक्षित हूँ
मेरी पत्नी को उसकी प्रतीक्षा है
नाली के उस छोटे से जल को
जैसे उसी की प्रतीक्षा है।

कोई इसे उत्सव कर दे

मेरे पास उदास पतझर की
एक सन्ध्या है।

कोई इसे उत्सव कर दे—
मात्र एक उदास सन्ध्या है।

मैं नहीं जानता
कैसे इसे उत्सवित किया जाए।
गाछों से कहा
और उन्होंने अपने सारे पत्ते उतार कर दे दिये।
उन्हीं पत्तों में दबी
आकुल धूप-सी
इस एकान्त सन्ध्या को लिये हुए
भटक रहा हूँ
मुझे एक सन्ध्या के लिए उत्सव चाहिए।

मैंने प्रार्थनाओं से कहा,
लेकिन यह—
मोमबत्तियों की तरह
उदास भिक्षुणी बन गयी।
जाड़ों में नीचे चले आये आकाश को
फाल्गुन से कह कर ऊपर करवा दिया
फिर भी यह—
अपने ही में समर्पिता बनी रही।
प्रार्थनाएँ मौन हो गयीं
मुझे एक सन्ध्या के लिए उत्सव चाहिए।

मैंने इस सन्ध्या को उत्सर्ग कर दिया है
नदियों में बह जाने दिया
लेकिन लहरें तक उदास हो गयीं।
पीली नदी

उदास लहरें—
मुझे एक सन्ध्या के लिए उत्सव चाहिए।

मैं इस उदास सन्ध्या को
इन पीले पत्तों को लौटा दूँगा
क्योंकि मैं इसे उत्सव नहीं कर सका
मेरे पास एक उदास सन्ध्या थी
लेकिन किसी के पास
उत्सव नहीं था।

मेरा समर्पित एकांत

[रचनाकाल : १९६१ से १९६३]

श्री गजानन माधव मुक्तिबोध को

सूखी नदी का दुःख

जलकांक्षिणी
ऽ यह नदी की दुःखरेखा
अभी भी सागरप्रिया।

सब बह गया कल
जो भी बना था जल
नदी के देह में।
रेत की ही साक्षियाँ
अब तप रही हैं
सूर्य ऽ
एकान्त में।

नदी
वाग्दत्ता है सिन्धु की।
पहुँचना ही है—इसे
कल
इसी का तो दुःख है
नदी का दुःख—
जल नहीं
यात्रा है।

शतमुखी हो ऽ
कल जन्म लेगा जल

जो तप रहा है
गर्भ में।

जन्म लो ओ नदी के पुत्र !
जन्म लो।
१२ अक्तूबर, '६१

एक कथा

दीप की यह कथा मेरी रही।

पूजन सब मौन हुआ
नैवेद्य ऽ शेष हुआ
औ कपाट बन्द हुआ

भक्ति का।

मन्दिर ने ऐसे नित रात सही।

भीतर थे पौढ़े देव,
अलख जगाता
ताक रखा दीपक बोला—
"प्रभु ! जागो
अन्धकार काटो"
हठात
पतंग वज्र बना
जागरण बुझा गया,

दीप को (संभवतः) प्रभुमय कर गया।

पता नहीं किसने किससे यह कथा कही
पर
दीप की यह व्यथा मेरी रही।

अपनी एक शाम

एक शाम होती है
जो आकाश में होती है,
लेकिन
एक शाम होती है
जो नितान्त मुझमें घटती है

ऐसी ही अपनी एक शाम
उस दिन आकाश को दी
और
उस दिन
यहाँ से वहाँ ऽऽ तक
किसी भी आकाश में
कोई शाम ही नहीं हुई।

प्रार्थना

ओ वरेण्य पिता !

हर गर्व के पथ में
विनत दूर्वा बनूँ
यह वर्चस्व दो

ओ वरेण्य पिता !

आग झुलसाये मनुज को जो
स्वाहा हो सकूँ उसमें प्रथम
यह पुण्य दो

ओ वरेण्य पिता !

लिख सकूँ प्रत्येक की
हाहाकार-कोलाहल कथा
यह एकान्त दो

ओ वरेण्य पिता।

विडम्बना

सत्य की शोध में
मैंने उस दिन अपने सम्पाती को भेजा
सूर्य ओर

और वह जाने किस आकाश से
टूट कर लौट आया।

उसे विनेत्र देख
मैंने कहा-

सत्य आग्नेय है,

उसे झुलसे देख
मैंने कहा:—

सत्य तेजस है;

उसे लौटे देख
मैंने कहा—

सत्य अप्राप्य है।

लोगों ने तपस्वी सम्पाती को नहीं
मुझे ऋषी कहा।

एक सन्ध्यावर्षा

दिन भर तो नहीं
किन्तु मेघ बरसे सन्ध्या को।
जैसे सन्तान मिले
वर्षों उपरान्त वन्ध्या को।

बरसे मेघ सन्ध्या को।

खिड़की से आयी जो
पूर्वा थी,
आँगन-जल डूबी जो
दूर्वा थी।

बाहर थी झड़ी—
किन्तु मुझ तक बस
आश्विनी फुहार रही;
मेघों में आने को
कदली गुहार रही।
खिला गये केना को
अयाचित ये आश्विनी,
ज्यों याचित मिल जाए
वनकन्या को।

ऐसे संन्यासी बन
आये मेघ सन्ध्या को।

बरसे मेघ सन्ध्या को।

मेरा संकल्प

समुद्र को दिया हुआ दान
कहते हैं

प्रभु तक जाता है,
क्योंकि वह ब्राह्मण है।

आज सिन्धु-पूजा थी।
उसके विराट पात्र में
उतरा रहे थे
फूल-फल मालाएँ
नारिकेल।

मैं क्या दूँ ?
मैं क्या दूँ इस ब्राह्मण को ?

फिर भी अपने को सौंप दिया
ज्वारों को।

पर उस सुपात्र ने
ज्वारों से कहा—

लौटा दो इस विकल्पी को,
देह नहीं
संकल्प चाहिए।

सच—
मेरा संकल्प
मेरी प्रतीक्षा में
तट पर ही बैठा था,

मैं तब लौटा था।

आभास

मेरे जल के जिस स्तर पर
तुमको लगता—

सत्य यहाँ तक सीधा था
अब टूट गया है।

किन्तु सत्य तो
जल में भी वैसा ही है,
जैसा वह बाहर दिखता है।

बाहर वह
प्रकाश है
गति है
संभवतः इसीलिए सीधापन है।
पर
जल में वह
रचना है
निर्मिति है
इतिश्री है
अनुभव की।

यह टूटापन
प्रक्रिया है माध्यम की—
सत्य की नहीं।

(जल में लकड़ी का टेढ़ा आभास देख कर)

धूप की पवित्रता

ईसाई भिक्षुणी सी
धूप
बादलों की सन्धि से झाँकी
और नहायी पत्तियों पर
मोमबत्तियाँ सुलग उठीं।

वह सृष्टि पर पूजा सी झुकी थी।

सड़कें भाप बन उड़ रही थीं,
पादरी के भीगे चोगे सा
आकाश—
आसमान ओढ़े था।
पतंग के कागजों सी
दीवारें सुखाते मकान
मौन खड़े थे।
आकाश से पोखर
और पोखर से आकाश तक
धूप की वह
भिक्षुणी—
आरती के आलोक सी
विचरिता थी।

एक सम्यक एकान्त
अपने में निष्णात
तपश्चर्या हो।

वह सुलगा समर्पण थी।

काँपती हथेलियों की भाँति
पेड़
उसे छू
नेत्र बना लेना चाहते थे,
जैसे वह क्षण-पुण्या हो।

उसके बाद
अनेक बार धूप ही धूप निकली
लेकिन वे भिक्षुणियाँ नहीं लगीं।
मेरे इन संन्यासी नेत्रों को
उस सुलगे समर्पण सी
क्षण-पुण्या-धूप की
भिक्षुणी की
एकान्त प्रतीक्षा है।
ऐसी प्रतीक्षा
जो किसी भिक्षुक की ही हो सकती है।

ओ मेरी तपश्चर्या !
वह पवित्रा आएगी।

ओ तपःपार!

प्रभु ! मैं किसे माँगूँ ?
तुम्हें ?
या तुम्हारे दुःख को ?

कहते हैं
व्यक्ति से बड़ा होता है उसका दुःख,
क्या तुमसे भी बड़ी है
तुम्हारी यह सृष्टि ?

जिसमें मैं हूँ—
मुझ जैसे अनेकों नगण्य हैं।
क्या हम दुःख ही रहे ?
रहेंगे ?
तुम्हारे प्रभु ?

तब क्या तुम से भी—
अपने को ?
इस अपात्रता को ?
दुःख को ही माँगना होगा ?
इसे ही प्राप्त करने के लिए
तप करना होता है ?

ओ तपःपार !
तब तुम्हारे लिए क्या करना होता है ?

समदर्शी

क्या यह आश्चर्य नहीं कि
नित्य सवेरे
खिड़की पर
एक दिन रखा हुआ मिलता है

पात्र को
कुपात्र को ?

क्या यह आश्चर्य नहीं कि
नित्य एक दिनमणि
कितनी निर्व्याजता से
यों ही
रखी होती है
द्वार-द्वार ?

पट खुलते ही—
सौभाग्य सा बरस जाता है दिन,
आलोक जाता है वह
आद्यन्त।
हर अभागे को
वह मणि
कर जाती है श्रीमन्त।
किन्तु यदि सम्भव होता
अन्य के द्वार रखे
दिन औ मणि को चुरा सकना

तो
निश्चय ही हम
दिन को
छड़ी की भाँति
हाथ में लिये,
कण्ठ में मणि चमकाते
अपने को श्रेष्ठ सिद्ध करते इस

उपलब्धि से।

किन्तु क्या करें
इस समदर्शी दिन का
जो अभी तक प्रकृति है
कृपा नहीं।

सर्वत्र

जहाँ-जहाँ पृथिवी है
विश्वास है
फूलों का।

जहाँ-जहाँ शून्य है
आकाश है
तारों का।

पर
जहाँ-जहाँ क्षितिज है
इतिहास है
चरणों का।

यह एकान्त

यह समर्पित एकान्त—

मेरा कर्म
मेरा धर्म
मेरा स्वत्व है,
मैंने इसे संन्यासवत ही
स्वीकारा प्रभु !

यह समर्पित एकान्त—

सब का कर्म
सब का धर्म
सब का स्वत्व है
मैंने इसे निर्माल्यवत ही
स्वीकारा प्रभु !

इतिहास के दावेदार

मैं नतमस्तक था
लज्जित था
अपने पर
सब पर।

नित्य बैठे हुए कहवाघरों में
हम अपने अहं के गुब्बारे
दूसरों के आकाशों में उड़ाते हुए
प्रतिस्पर्धित होते थे।
ईर्ष्या हमारे नाखूनों में उगी रहती थी।
हम सब
अपने विरोधियों के नाम तक
इतिहास से मिटा देने के लिए
छुपी ब्लेडों का समझौता करने में
रत रहते

नामों की मिटी स्याहियाँ
हमारी उपलब्धियाँ थीं।
शहर में कालरे की खबर से
हम ही सबसे अधिक
सन्तुष्ट नजर आते
इस संभावना पर कि
हमारे युग-प्रवर्तक होने में
जो बाधक हैं
संभव है
वे कल न रहें।

साहित्य के इतिहास को
नक्शा बना
नेपोलियन मुद्रा में
झण्डी वाली पिनों से
अपने को
अपने बन्धुओं को स्थापित करते
प्रदेशजयी भाव से सन्तुष्ट थे।

हम सब प्रसन्नमन
लोगों के कटे नाम जेबों में लिये
आधी रातों में सड़कों पर
घूमते हुए अनुभव करते
कि हम इतिहास के गलियारों में
विजयी सिकन्दर से टहल रहे।
कितनी परितृप्ति थी कि
ओ अकेले विरोधियो !
इतिहास के गलियारों तक पर
हम भीड़प्रियी लोगों का कब्जा है।

वेश्या प्रेमी की तरह
आज भी जब मैं
दिन चढ़े जागा,
साहित्य के इतिहास के फटे पन्नों सरीखे
बादल
कुछ छितरे थे।
सहसा अपने उपेक्षित बंजर अहाते में
फूल देख सहमा।
जर्जर-फेफड़े सी
जलहीना धरती में
यह बसन्तागम कैसे हुआ ?

जितने दिन
मैं अपने को
समझौतों के बल पर
इतिहास में उगाना चाहता रहा,
मेरे इस
मृत, उपेक्षित अहाते ने—
एक एकान्त में

कुछ दूबों को एकत्र कर
समर्पित कर रखा था
जीवन को।

उस उत्सव जैसे
एक फूल ने
मुझे
मेरे समझौतों को—
तिरस्कृत कर दिया
बौना कर दिया
अपनी रचना से।

इतिहास में
समझौतों को चीर
रचना
फूल बन फूट ही आती है।

ताल-जल

तुम क्यों हिलातीं ताल-जल ?
बादल काँप जाते हैं।

देखो
हवा तक ने कर रखी है कृपा
सोया ताल है,

अँधेरा पानी सही
पर
कैसे निष्कलुष दुहरा रहा
तुम्हारी शाल है।

हम पृथक को
एक करना चाहता जल
छाँह में—
ताल की यह भूल है,
ठीक है
मना कर दो कि—
लोग ऐसे भाँप जाते हैं;
पर क्यों हिलातीं ताल-जल ?
बादल काँप जाते हैं।

अभी तुमने गान गाया—
पार के उन झुरमुटों तक गया होगा।
सोच सकती हो कभी तुम
गान मेरे किस अनागत तक समाया ?

''तेज हो आयी हवा
अब मेघ नीचे आ गये
वृष्टि की सम्भावना है।''
''सुनो,
वह ताल-जल में नहीं
मुझमें छाँह थी।''
''चलना चाहिए।''

हिलादो अब ताल-जल
बादल काँप जाने दो।

तुम्हारी भीगी हथेली साक्षी हो—

तट पर
और जल में भी नहीं कुछ शेष
केवल
पार की उन बत्तियों के
वे सुनहले साँप जाते हैं।

तुम क्यों हिलाती ताल-जल ?
बादल काँप जाते हैं।

वैश्वानर

मेरा एकान्त हरसिंगार
रक्त-कमल
फूल मात्र
जो भी स्वीकार हो
वह फूल ही मेरा एकान्त है,
अर्घ्य है।

ओ विश्वात्मन वैश्वानर !
वह कौस्तुभ दो
जिसे प्राप्त कर
फिर कोई
कहीं

कभी भी
अन्धकार नहीं होता।

क्या
कभी भी
यह एकान्त-हरसिंगार
उस कौस्तुभ को
स्वीकार नहीं होगा ?

सेतु है ?

सेतु है ?

उस पार जात्रा लगी है
पर
अपने-अपने सेतु से ही
वहाँ जाया जाता है।
तुम्हारा अपना सेतु है ?

जात्रा में
रंग एकत्रित हुए हैं
गंध बिकने आयी हैं
स्वरों की बोली लगेंगी
रूप ?
टूटा पड़ा है

पर वहाँ जाने के लिए सेतु है ?

क्या कहा ?
घर ही रख आये विनय ?
तो व्यर्थ ही आये
बन्धु !
चलो, लौट चलो
यहाँ विनम्रियों के ही सेतु हुआ करते हैं।

वे नेत्र

आधी रात में
एक सूर्योदय होता है
जिसे देखना
विराट होना है।

देखोगे ?

मैं उसी योगी को
इस वनान्त में खोज रहा
जिसका प्रणव-घोष तो है
किन्तु वे नेत्र
सूर्य को मींच
अपने में लीन
एकान्तचारी हैं।

मैंने इन्हीं नेत्रों को
अपनी सारी प्रतीक्षा
समर्पिता कर दी है।
जब मेरी आधीरात होगी
तभी सूर्योदय होगा।

सबका सूर्योदय पृथक है।

कोई है ?

हमने
एक छोटा सा घर बनाया,
उसने
एक बड़ा सा राजमार्ग बनाया।

हाय रे हम
घर की नामपट्टिका में जड़ हो
शेष हो गये,
लेकिन
वह वीतरागी
उस राजमार्ग को
बिना सौंपे, यों ही
असंज्ञ रह चला गया।

कोई है ?
जो अपने घर का मोह छोड़
इस राजमार्ग पर

अंकित हो जाने को तत्पर है ?

इस राजमार्ग को
नाम नहीं
निष्ठा देनी है।

कोई है ?

(गाँधी जी पर लिखित)

उत्सवा

[रचनाक़ाल : १९६४ से १९७४]

- प्रार्थना-धेनुएँ
- धूप-कृष्णा
- वृक्ष-बोध
- देवशिशु का जन्म
- गायत्रिन्
- निवेदन
- दिन, कृपा है
- सर्वत्र
- महाभाव
- सार्थकता
- सूर्योदय, एक सम्भावना
- कौन है विनायक ?
- मन्त्र-गन्ध और भाषा
- पूर्णता
- क्या कुछ भी नहीं ?
- एक प्रश्न
- आग्रह
- वैष्णव-यात्रा
- संकोचवश
- पृथिवी, एक भागवत-कथा है
- प्रार्थना-अभिषेक
- साक्षात के लिए
- इतिहास और प्रार्थना
- शब्द-फूल
- मानवीय सुगन्ध
- फूल, वनस्पति-पुरुष
- प्रार्थना-पुरुष
- गायत्री-फूल
- उत्सव-नक्षत्र
- लीला-भाव
- वैष्णव-चिड़िया
- यज्ञो यज्ञेन कल्पताम
- उत्सव-उपनिषद्
- अभिषेक-पुरुष

उत्सवा रूपा

आद्याशक्ति माँ

को

अहैतुकी-कृपा को।

प्रार्थना-धेनुएँ

विश्वास करो
तुम्हारे लिए कोई अहोरात्र प्रार्थना कर रहा है।

स्मरण करो
कोई सा भी उपाधिहीन सादा सा दिन
जब तुम्हें अनायास
अपने स्वत्व में
किसी कृष्णगन्ध की प्रतीति हुई हो,
अथवा
किसी ऐसे राग की असमाप्तता
जो तुम्हारी देह-बाँशी को
गो-वत्स की भाँति विह्वल कर गयी हो,

विश्वास करो
स्मरण के उस गोचारण में
कहीं तुम्हारे लिए

कोई प्रार्थना-धेनुएँ दुह रहा होता है।
व्यक्तित्व की यह वृन्दावनता ही प्रार्थना है।

प्रार्थना की कोई भाषा नहीं होती।
जिस उदार भाव से
वनस्पतियाँ

धरा को वस्त्रित किये रहती हैं,
कीर्तन-पंक्तियों सी
दूर्वा
जिस निष्ठा से
भूमा को उत्सव किये रहती है—
क्या ये सब अनुष्टुप नहीं हैं?
यदि धूप की ब्राह्मणी
उपनिषद् नहीं है
तो फिर और कौन है ?
अपने फूलों को देता हुआ
पादप
प्रार्थना ही तो करता है,
मेघों की लिखित गायत्रियाँ ही तो नदियाँ हैं।
कोई इन परंतपा
रँभाती प्रार्थना-धेनुओं को आरात्रिक दुह रहा है,
विश्वास करो
तुम्हारे लिए कोई अहोरात्र प्रार्थना कर रहा है—

वह वैष्णव है।

धूप-कृष्णा

इस कोमल गान्धार धूप को
कभी अपने अंगों पर धारा है ?

प्रतिदिन पीताम्बरा यह
वैष्णवी

किसके अनुग्रह सी
आकाशों में देववस्त्रों सी
अकलंक बनी रहती है ?
सम्पूर्ण वानस्पतिकता
पीत चन्दन लेपित
उदात्त माधवी वैष्णवता लगती है।
मेरा यह कैसा अकेलापन
जो इस वैश्विक उत्सवता से वंचित है।

इस गौरा, साध्वी-धूपा को
कभी अपने पर कण्ठी सा धारा है ?

इस कोमल गान्धार धूप को
कभी अपने अंगों पर धारा है ?

पत्र लिखी रम्या यह
धूप
स्वयं वृक्ष हो जाती है,
वाचाली हवाएँ तब
वृक्ष नहीं, पात नहीं
धूप ही हिलाती हैं।
नदियों
पहाड़ों
वनखण्डियों में
धूप की तुलसी उन्मत्त किये देती है,
कैसी केवड़े की गन्ध ही अकेली
धूप-कृष्णा का नाम ले
मन को वृन्दा किये देती है।

इस प्रभुरूपा राधा-धूपा को
कभी ठाकुर कह बाँशी में पुकारा है ?

इस कोमल गान्धार धूप को
कभी अपने अंगों पर धारा है ?

वृक्ष-बोध

आज का दिन
एक वृक्ष की भाँति जिया
और प्रथम बार वैष्णवी सम्पूर्णता लगी।

अपने में से फूल को जन्म देना
कितना उदात्त होता है
यह केवल वृक्ष जानता है,
और फल—
वह तो जन्म-जन्मान्तरों के पुण्यों का फल है।

स्तवक के लिए
जब एक शिशु ने फूल नोंचे
मुझे उन शिशु-हाथों में
देवत्व का स्पर्श लगा।
कितना अपार सुख मिला
जब किसी ने
मेरे पुण्यों को फल समझ
ढेले से तोड़ लिया।
किसी के हाथों में

पुण्य सौंप देना ही तो फल-प्राप्ति है,
सिन्धु को नदी
अपने को सौंपती ही तो है

सच, आज का दिन
एक वृक्ष की भाँति जिया
और प्रथम बार वानस्पतिक समर्पणता जगी।

देवशिशु का जन्म

आज मैंने एक आश्चर्य के दर्शन किये
और—
वह देवशिशु का जन्म था।

श्रावणी निरभ्र आकाश की नीलवर्णता को
अनन्त गहराइयाँ मिली हुई थीं,
देखने मात्र से
जिसके कलुषित हो जाने की आशंका थी
ऐसे
उस विष्णु-आकाश में
एक अश्वत्थ—
तेजस्वी ब्राह्मण सा
अपनी प्रशाखाओं के केश खोले
उस आकाशी समुद्र में निरानन्द खड़ा था
जैसे वह वर्ष हो
जो सावित्रियाँ धारण करता है।
आकाश उसके घुटनों तक ही था
और वह बारम्बार

अपने चंचल पत्र-पाणियों से
धूप का आचमन कर रहा था।
उस ब्राह्मण के
जर्जर झीने हरे वस्त्रों में
एक स्फटिक मणि
कोटि सूर्यों सी दैदीप्य थी।
वह सृष्टि मात्र को
सूर्य बाँटता लग रहा था।

अनन्त गहराइयों वाले
नीलवर्णी विष्णु-आकाश में खड़ा, वह
अश्वत्थ-ऋत्विक—
गायत्रियों को
नारायणी और सरस्वती पद देता हुआ
आकाश चल रहा था
और सूर्य—

गर्भ से निकले शिशु की भाँति
सप्तमातृकाओं की खोज करता हुआ
दैदीप्य आभा में
पृथिवी की ओर
अपने देवनेत्रों से प्रथम बार
दिन देख रहा था।

गायत्रिन

कौन है आकाश से बड़ा गायत्रिन ?

जो उषा और सन्ध्या

दोनों गायत्रियों से युक्त है
जिसके प्रशान्त जलों में
आदित्य अपने अश्वों को नहलाता है,
जिसकी रात्रियों को
कालपुरुष
कम्बल की भाँति ओढ़ रहता है।
कभी ब्राह्ममुहूर्त में
मेघों का त्रिपुण्ड्र लगाये
इस सात्विक को देखा है ?
इस मनस्वी की पंचपात्री ताम्रता ही पूर्व है
और तापसी कुन्दनता पश्चिम।

यह अनासक्त
काल को अहोरात्र
दिशाओं में बाँध कर
समय को अज्ञात घाटियों में ले जाकर
अनुखन उन्मुक्त कर रहा है
जैसे वह समुद्र उलीच रहा हो,
कहाँ ?
कौन जानता है !!

हाँ, वही
त्रही गान कर रहा है—

कौन है आकाश से बड़ा गायत्रिन ?

जब यह देखता है
तव सावित्रियाँ—
दूर-पास के आकाशों में
अपने पंखों का पौराणिक प्रकाश फैलाते हुए

नक्षत्रों औ वनस्पतियों के श्लोक लिखती हुई
संवत-यात्राओं पर निकलती हैं।
कृष्ण-गौर धूपों का यह सार्थ
देवताओं की छाया सा
कभी आकाश में चलते देखा है ?

रात्रि जिसकी ध्यानावस्था है
प्रकाश के इस आचमनकर्ता संन्यासी का
लीलाघोष
दूर्वादल में सुन रहे हो ?

हाँ, वही
वही गान कर रहा है—

कौन है आकाश से बड़ा गायत्रिन ?

केवल एक दिन
वह सम्पूर्ण जलों को सम्बोधन करता है
और उस दिन
आकाश में पूर्णिमा होती है,
केवल एक दिन
वह सम्पूर्ण वैश्वानर को सम्बोधन करता है
और उस दिन
पृथिवी ज्वालामुखी हो जाती है।

नदियों के अनन्त यज्ञोपवीत धारण किये
इस धूर्जटी को कभी देखा है
जो अग्नि के अनुष्टुप लिख रहा है ?

हाँ, वही
वही गान कर रहा है—
कौन है आकाश से बड़ा गायत्रिन ?

एक अग्नि है
जिसका स्वाहा से विवाह हो रहा है,
सारी वनस्पतियाँ
अपनी औषध-गन्ध ले
इस उत्सव में समर्पित हो रही हैं।
वह अग्निहोत्रिन
हमारी आयु की पवित्रा धारण किये
हवि दे रहा है।

इस विष्णुवर्णी नीलाम्बर को
रुद्रपाठ करने दो।
जब कुछ नहीं था
तब भी यह गायत्रिन था,
जब कुछ नहीं होगा
तब भी यह वैश्वानर-पुरुष होगा।

हाँ, वही
वही गान कर रहा है—

कौन है आकाश से बड़ा गायत्रिन ?

●

निवेदन

जब तुम मुझे अपमानित करते हो
तब तुम मेरे निकष होते हो।
प्रभु से प्रार्थना है
वह तुम्हें निकष ही रखे।

●

दिन, कृपा है

दिन
प्रभु की कृपा है।
औ मेरे शुभ संकल्पी हाथो!
बिना पात्र या कुपात्र का विचार किये
चढ़ा दो इस अर्घ्य को।

तुम्हारा विनय,
तुम्हारी यह वैष्णवता
हर पाथर को
प्रभु कर जाएगी एक दिन,
केवल उसी का विचार करो
आज का नहीं।

सर्वत्र

जो जहाँ भी है
समर्पित है सत्य को।

ये फूल
औ यह धूप,
लहलहाते खेत
ऽ नदी का कूल
क्या प्रार्थनाएँ नहीं हैं ?

ये व्यक्तित्व
ऊर्ध्व के प्रति क्या निवेदित नहीं हैं ?

तब—
प्रार्थना में
निवेदन में
समर्पण में
क्यों नहीं व्यक्तित्व मेरा नदी बनता?
क्यों नहीं यह माथ मेरा
प्रत्येक को रँग-गन्ध देकर विनम्रित होता ?
क्यों नहीं इन बाहुओं से
सृष्टि की दुःख-यष्टि को मैं भेंट पाता ?

चाहता हर बार
उन्मुक्त हो घर-द्वार
अन्तर का।
प्रशस्त हो मुझमें हवा
आकाश मुझमें ही लिखा हो
किसी का हो अश्रु—
मेरा बने।
सब मुझे अपनी पराजय सौंप
सुखी हो जाएँ।

किस दिन जगेगा यह पुण्य ?
किस दिन जन्म लेगी यह तपस्या—

जब रहूँ
समर्पित रहूँ
केवल अन्य को।

महाभाव

कभी वनस्पतियों को
एक कवि की दृष्टि से देखो—
कैसी विशाल कौटुम्बिकता अनुभव होती है !

अमानुषी वन-पर्वतों
निर्जन जंगलों
एकाकी उपत्यकाओं में भी
पत्रलिखी भूषाएँ धारे
सुरम्यवर्णी फूल खोंसे
ये वनस्पतियाँ—
भाषातीत संकीर्तन करतीं
निवेदित, सुगन्ध ही सुगन्ध लिखती रहती हैं।

आदिवासी इन अरण्य पुत्रियों को
एक कवि की दृष्टि से देखो—
कैसी उपनिषदीय आश्रमता अनुभव होती है!

पशुप्रिया दूर्वाओं के
ये हरिद्र अंकुर
क्या मात्र पत्तियाँ ही हैं ?
इनमें स्तुतियों की सी कृतकृत्यता नहीं लगती ?
क्या इन उपेक्षित घासों को
किसी ऋषि की करुणा ने
कोई अनुष्टुप नहीं सौंपा ?
इनमें किसी देवता का वास नहीं लगता ?

इन अन्त्यज माटी-मन्त्रों को
एक कवि की दृष्टि से देखो—
कैसी आवाहनमयी ऋजुता अनुभव होती है!
आकाश में नहीं
मेघों को पृथिवी पर गंगा की कृतार्थता मिलती है।
आकाश में नहीं
स्वत्व को पृथिवी पर वानस्पतिक सार्थकता मिलती है।
होने दो अवतरित
अपने भीतर भी इस महाभाव को।

ऊर्ध्व की इस अवरोहण यात्रा को
एक कवि की दृष्टि से देखो—
कैसी वैष्णवी-उत्सवता अनुभव होती है!

●

सार्थकता

दिनारम्भ हुआ तो एक फूल की ही भाँति था
लेकिन शाम तक वह
उत्सव के स्तबक की भाँति अकेला हो उठा।
फूल का अकेला हो जाना
कितना उदास कर जाता है
जैसे इतिहास के बीत जाने पर
उस इतिहास की गन्ध
दीवालों की काइयों में रह गयी हो
और अनायास उसका स्पर्श कर लिया हो।
पूरे दिन

यह प्रतीति बनी रही कि
उपत्यकाओं की भाँति नितान्त होकर
किसी दिन-फूल को अपनी देह पर भोगना
कितना दैवीय अनुभव है
जैसे गायत्रियों युक्त आकाश धारण किया हो।

जब चैत्र-सूर्य
सुदूर के भूरे
मिट्टी के गरम चूल्हे जैसे क्षितिज के पास
लौटने का उपक्रम कर रहा था
तब कैसी कारुणी असंगता थी
जैसी कि निष्णात वादन के उपरान्त
वाद्य में आ जाती है।
सूर्य के मघवा-वर्चस्व का असंग हो जाना
नदियों, मार्गों, घासों तक को उदास कर जाता है।

मैं अपनी आयु की वानस्पतिक गन्ध
फूल को सौंप देना चाहता हूँ
ताकि वह
मेरे पुण्यों की मयूरपंखी उत्सवता बन
सूर्य के धूप-मुकुट की
जयकार बने।

इसमें फूल या सूर्य की नहीं
मेरी सार्थकता है—
क्योंकि
फूल मेरी पृथिवी
और सूर्य मेरा आकाश है।

सूर्योदय, एक सम्भावना

कल तुम जहाँ खड़े थे
वहाँ एक ऐसा सूर्योदय हुआ था
जिसका कीर्तन करते
अनन्त पाखी
मधु-माधव उत्सव की गुलाल लग रहे थे।
आकाश का यह माधव
प्रकाश के मधुछत्ते से
मधुपर्क वितरित कर रहा था
और पृथिवी—
परिणयाकुल मधुमती लग रही थीं।

सूर्य को भी
देवताओं की भाँति आकाश ही प्रिय है,
शायद प्रत्येक तेजस्विता आकाश होती है
और सौम्यता पृथिवी।
इसीलिए तुम, गायत्रीभूषा में
प्रतिसूर्य बनकर
पृथिवी पर धूप चलने लगे।
हिम-शिखरों से नदियाँ दुहते हुए
मैदान में खड़े तुम
पता नहीं अरण्य से क्या बातें कर रहे थे।

एक नये आरण्यक को आया देख
वनस्पतियाँ—
अपनी चपल कौतूहलता में
तुम्हारे वस्त्रों को धूप समझ
उनसे खेल रही थीं
जैसे कि वे स्वर्णमृग हों।

तुम्हारे व्यक्तित्व की वह पवित्रता ही थी
जिसे छूते ही
धरित्री सरस्वतीगन्धा लग रही थी,
और वे हवाएँ
वैसी ही प्रसन्न चिड़ियाँ थीं
जैसी कि प्रार्थना-घण्टों की अन्तिम थरथराहट
अपने में लिये सन्ध्या हवाएँ होती हैं।
औषधसम्पन्ना तुम्हारी आँखों में
सर्दियाँ की आँच का सा आमन्त्रण था।

अग्नि की यह गैरिक करुणा
मनुष्यों की अपेक्षा वृक्षों में अनायास होती है
इसीलिए वृक्ष
नैसर्गिक साधु-चरित होते हैं।
और जब मैंने पहली बार तुम्हें जाना
तो लगा कि
धर्मग्रन्थ को जानना क्या होता है।
परन्तु उस समय तक तुम
अपनी धूप समेट चुके थे।
संन्यासी के वस्त्र जैसे
उस आकाश में
उस धर्मग्रन्थ के नामवाले स्वर्णिम अक्षर
डूबते शेष थे
जैसे राग क्रमशः वैराग्य ले रहा था।

सम्भव है
कल फिर
जहाँ भी तुम खड़े होओ

धर्मग्रन्थ की पवित्रता वाला
सूर्योदय हो
और सावित्रियाँ नक्षत्र-अभिषेक करें,

वैसे पूर्वाचल पर तुम ऋत्विज ही लगते हो।

●

कौन है विनायक ?

अकेला दिन
अकेला फूल
पीपल की अकेली वासुदेविक प्रकम्पितता
मुझे संन्यास लगते हैं।

चारों ओर यह कैसी प्रव्रज्या है
हवा की,
अंग-वस्त्रों सी मुझे घेरे हुए है।
कितना कठिन है
ऐसा सदाशिव होना, कि—

अयाचित सुगन्धित हों
अनायास दीपित हों
अनाहूत दूर्वा पर आलेखित धूप हों।

कौन है विनायक
जो मेरे इस संन्यास में बाधक है ?
जो मेरे पार्थिव को सदाशिव होने से रोके है ?

कौन है विनायक ?

●

मन्त्र-गन्ध और भाषा

कौन विश्वास करेगा कि
फूल भी मन्त्र होता है ?

मैं अपने चारों ओर
एक भाषा अनुभव करता हूँ
जो ग्रन्थों में नहीं होती
पर
जिसमें फूलों की सी गन्ध
और बिल्वपत्र की सी पवित्रता है,
इसीलिए मन्त्र
केवल ग्रन्थों में ही नहीं होते।

धरती को कहीं से छुओ
एक ऋचा की प्रतीति होती है।
देवदारुओं की देह-यष्टि
क्या उपनिषदीय नहीं लगती ?
तुम्हें नहीं लगता कि
इन भोजपत्रों में
एक वैदिकता है
जिसका साक्षात नहीं किया गया है?
ये प्रपात
स्तोत्र-पाठ ही तो करते हैं।
यह कैसी वैश्वानरी-गन्ध
गायत्री छन्दों में
धूप के पग धरती
वनस्पतियों पर उतर रही है।
सावित्रियों के इस अरण्य-रास का वर्णन
किसी शतपथ में नहीं मिलेगा।

इसीलिए मैं एक भाषा अनुभव करता हूँ
जो ग्रन्थों में नहीं होती
पर प्राय: जिसे मैंने
भाषाहीन वनस्पतियों में सुना है।

मैंने इस भूमि को जब भी देखा है
गायत्री ही देखा है।
कभी नदियों को उनके एकान्त में देखो—
औषधियों का आचमन करती हैं।
पेड़ों के फलों
गायों के दूध, और
मनुष्य मात्र की दृष्टि
किसी को भी सूँघो—
सूर्य की सुगन्ध मिलेगी।
कहीं भी जाओ
एक सम्पूर्ण अनुष्टुप
इस पृथिवी पर लिखा मिलेगा।

इसीलिए मैं एक भाषा अनुभव करता हूँ
जो ग्रन्थों में नहीं होती
पर प्राय: जिसे मैंने
एकान्त और कोलाहलों में सुना है।

रात और दिन के कृष्ण-शुक्ल स्वरों में
ये सूर्याएँ
यजुर्वेद हो जाती हैं।
प्रत्येक क्षण एक मन्त्र
वनस्पति में परिणत होता है
जिसकी गन्ध
फूल मात्र में होती है।

नाम, सीमा का होता है
असीम का नहीं,
तब भला उस गन्ध को क्या नाम दोगे
जो फूल मात्र में होती है ?
हमारी सारी भाषाओं से परे
वह एक साक्षात है
जो केवल एकान्त की मन्त्र-गन्ध होता है
और वह केवल अवतरित होता है।

इसीलिए मैं एक भाषा अनुभव करता हूँ
जो ग्रन्थों में नहीं होती
क्योंकि उनमें फूल, मन्त्र नहीं होता,
जबकि कौन विश्वास करेगा कि
फूल भी मन्त्र होता है,
क्योंकि फूल
एक शब्द ही नहीं सम्पूर्ण भाषा है।

पूर्णता

जब भी फूल खिलता है
मुझे पूर्ण करता है।
गन्ध—
अतिरिक्त कृपा है फूल की।
मिट्टी को रँगना
कितनी सार्थक है रचना।

ओ उदारमना वनस्पति!
कहाँ-कहाँ
किन-किन रूपों में
अपने धर्म को निभाती हो।
करुणा की यह काँवर
कैसे-कैसे एकान्तों तक ले जाती हो।
आरात्रिक कैसी यह वानस्पतिकप्रियता
धूप में
हवा में
माटी में होती है,

यह होना ही पूजा है।
वृक्ष जब धर्मरूप होता है
फूल खिलता है
उसकी यह उत्सव-वैष्णवता ही
मुझे पूर्ण करती है।

क्या कुछ भी नहीं ?

धरती के काव्य-संकलन जैसे
ये वन, उपवन
साम्राज्ञियों के चीनांशुकों से
ये धनखेत
खुला कार्तिक अबाध आकाश
कृष्ण-आकुल गोपिका नेत्रों जैसे
ये श्यामल मेघ
वृन्दावनी सारंग सी

ये दाक्षिणात्य हवाएँ—
कुछ भी,
क्या कुछ भी तुम्हें अब आमन्त्रित नहीं करते ?

अवश्य ही
इन भाद्रपदी जलभरी एकान्त पगडण्डियों पर
वर्षों से तुम नहीं चले होगे।
भीगी धरती को
पैरों से छूने का वानस्पतिक-सुख
भागवत-आस्वाद—
धारोष्ण दूध से कम नहीं है बन्धु!
अत्यन्त साधारण यात्रा का
जो ग्रामीण आमन्त्रण
देशज शब्दों जैसी इन पगवाटों में है—
नारियल-जल जैसी
इस परम आस्वादमयी आत्मीयता से भी
तुम वंचित ही रहे हो बन्धु!
अपनी माटी से पृथक हो जाने का अर्थ
किसी दिन किसी वृक्ष से पूछ देखना।
वृक्ष की उस वानस्पतिक-भाषा का
एक बार सम्मान करके तो देखना—
एक कुल-गोत्रता अनुभव होगी।

अविश्वास मत करना
प्रत्येक पगडण्डी से मानुष-गन्ध आती है।
किसी भी मन्त्र को सूँघो
किसी स्तोत्र को छुओ
मानुष की गन्ध और जयकार दिखायी देगी।
मनुष्य होने का अर्थ ही है
एक उत्सव

एक रास का आरात्रिक सम्पन्न होना।
मनुष्य का रास-पुरुष ही
देश और काल में यात्रा कर रहा है।

यह पृथिवी
किसी के प्रति कृतघ्न नहीं
उसके लिए कोई अपात्र या कुपात्र नहीं है
वह श्यामा-माँ है,
कभी इस भाव को अपने भाल पर धारण करके देखो।
वन और बस्ती
आरण्यकता और मानुष को जोड़ने वाली
पगडण्डी—
वैष्णव-बाँशी ही तो है।
कहते हैं
जब इसमें विराग बजता है
तब वृक्ष
अपने पत्र पृथ्वी को दान कर देते हैं
और जब यह वानीरा रागमयी होकर नामस्मरण करती है
तब घर-घर में छाछ मँथी जाती है,
और घर मात्र में
एक मन्दिर-भाव आ जाता है।
इन दैवीय और मानुषी रासलीलाओं की
यह माधवी कृष्ण-बाँशी
संकोची ग्राम्या पगडण्डी ही तो है।
कभी इस यात्रापुत्री का विश्वास करके तो देखो
अवश्य ही यह तुम्हें भी परिजन-पुरजन तक ले जाएगी।

निश्चय ही अब तक तुम भूल गये होगे कि
ग्राम्य जलों वाले
ये नदी, नाले, पोखर, बावड़ी

अर्थात जल मात्र कुटुम्बीजन हैं।
कन्याओं ने अपनी अल्हड़ता
वधुओं ने अपना काम-प्रसाधन
इन्हीं एकान्त, संकोची जलों में निहारा है
और अपनी खिलखिलाहट
इन जलों को भी सौंपी है,
और इन्हीं जलों में शवों का अन्तिम स्नान भी हुआ है

बन्धु! जल का स्वरूप नहीं धर्म देखा जाता है।
तुम्हारे लिए कठिन होगा यह स्वीकार सकना कि
पानी पर की झुकी डाल पर लेटे हुए
गर्मियों की दोपहर
प्रियम्वदा भी लग सकती है।
वस्तुतः वस्तुओं को जिन नामों से
अब तुम जानने लगे हो
वह उन्हें जानना नहीं है बन्धु!
तुम जिसे पेड़ कहते हो
वह मात्र पेड़ ही नहीं है—
वह वानस्पतिक श्लोक है,
श्लोक ही नहीं बल्कि एक सम्पूर्ण उपनिषद् है,
पृथ्वी की एक ऐसी कृपा है
जो सूर्यों और ऋतुओं
तथा सारे मानवीय सुख-दुःखों को पुष्प-गन्ध भाव से समर्पित है।

धरती के प्रार्थना-पदों सी
आलाप लेती ये पगडण्डियाँ,
संकोची ग्रामीण आत्मीय जल
वनस्पतियों की ये शत-शत पंचतन्त्री कथाएँ
कुछ भी
क्या कुछ भी तुम्हें अब आमन्त्रित नहीं करते ?

आकाश में अनाविल उड़ते
हारिल तोतों के ये स्वच्छन्द छन्द
दिशाओं को चित्रित कर जाते हैं।
तुम अब तक निश्चित ही भूल गये होगे कि
फाल्गुन के प्रातःकालीन आकाश का अन्तिम तारा
बृहस्पति नहीं शुक्र होता है।
अवश्य ही सुनकर आश्चर्य होगा कि
खेतों पर से आती हवा में
धन-धान्य की जीवनी गन्ध होती है।
केवड़े के सुगन्धित आलिंगनों को अस्वीकारतीं
ये नायिकाएँ
दाक्षिणात्य हवाएँ ही तो हैं
जो बस्तियों पर
जंगलों पर
ग्रामीण मानुषी मन पर मायावस्त्र बुन रही हैं।
और इन मायावस्त्रों में से
चन्दन देह-यष्टि सा झाँकता हुआ
हमारा किशमिशी रोज का सादा सा दिन
खेतों में
कंडे पाथते हुए कैसा उत्सव लगता है।
चन्दन की मुठिया से लेकर गोबर के कंडों तक
यह जीवन की कैसी गान्धर्व-वीणा बज रही है ?
हमारे लिए मनुष्य मात्र
हमारे लिए गन्ध मात्र
हमारे लिए रंग मात्र—
वेद-पाठ है
यज्ञ-ध्वनि है
उत्सव-गान है।
कभी अपनी वैयक्तिकता को
इतनी विशाल स्वरलिपि में बजने दो बन्धु !

और देखो कि इस पृथ्वी को स्वर्ग बनाने के लिए
कैसा अनुष्ठान सम्पन्न हो रहा है।

नींबुओं की यह मदालसा गन्ध
और उससे भी अधिक
इनका यह जाज्वल्य पीला रंग
किसी मध्यकालीन
अन्तःपुर की प्रसंग-घटना सा नहीं लगता ?
तुम्हारी नागरिक शैली के चित्रों से अधिक सार्थक
तो कुम्हार के इस आँगन के उपेक्षित अनार पर बैठे हुए
ये एकाग्र तोते
भागवत सान्निध्य का स्मरण नहीं कराते ?
तुम इस आरण्यक अनुभव और आस्वाद से भी
अपरिचित हो गये होगे कि
मेघों में काँपती बिजलियाँ
पशुओं की रह-रह प्रकम्पिता भीगी त्वचा सी लगती हैं।
वस्तुतः तुम जिस भाषा में
अपने परिवेश तक को अब सम्बोधित करने लगे हो
विश्वास करो वह भाषा नहीं,
दाँतों के बीच से अनायास निकल पड़ी हवा का
एक ऐसा ठण्ढापन है
जो कि केवल वस्तुओं में ही होता है।
तुम जिसे बरगद कहते हो
वह मात्र बरगद ही नहीं है
वह कुटुम्ब सम्पन्नता वाला वट भी है
बल्कि एक सम्पूर्ण रासपंचाध्यायी है
जो आकाश और पृथ्वी को
अपनी ओषधता से पवित्र कर रहा है।

धरती की सुगन्ध गाथाओं सी
पाखियों की ये अनागरिक पंक्तियाँ

हवाओं के ये
पारदर्शी उत्सवी मायावस्त्र
वानस्पतिक वैष्णव-गाथाओं का यह अहोरात्र पाठ
कुछ भी,
क्या कुछ भी तुम्हें अब आमन्त्रित नहीं करते ?

एक प्रश्न

क्या तुम्हें यह अच्छा लगता है कि
तुम्हारी वेणी में पहुँच कर
फूल—
अपनी एकान्त सुगन्ध छोड़कर
एक सार्वजनिक घटना बन जाए ?
लेकिन क्यों ??

किसी अमूल्य ऐकान्तिकता का
इससे अधिक
और क्या अपमान हो सकता है कि
वह विज्ञापन हो जाए ?
प्रसाधित गोष्ठियों
सार्वजनिक उत्सवों के बिना तुम नहीं रह सकते ?
वैयक्तिकता
या अपनी अमूल्य ऐकान्तिकता को
चौराहों की चीज बना कर क्या मिला है ?
काव्य या करुणा
या किसी भी उदात्तता का

तुम्हारे लिए शायद अब कोई अर्थ नहीं रह गया है।
प्रत्येक में पदार्थ देखने वाली
तुम्हारी आँखों में
इसीलिए हिंस्त्रता चमक रही है
जिसे देख कर
ये फूल
ये हवाएँ
ये पाखियों के दल के दल
तुम्हारी आँखों से ओझल हो जाना चाहते हैं।
देवदारु और भोजपत्र
किसी हवा के कारण नहीं
बल्कि तुम्हारी उपस्थिति को लेकर चिन्तित हैं
क्योंकि तुम्हारे स्पर्श में
एक वधिक का भाव है।
नदियाँ
अपने जलों के पीताम्बर लिये
कैसी टूट-भागी जा रही हैं
जैसे तुम उन्हें विवस्त्र करना चाहते हो।
तुम, मात्र एक चमकदार पत्थर के लिए
बनैले पशु की भाँति
पृथिवी को खूँद कर
जब उसे पा जाते हो
तब दूर-दूर तक भी तुम्हारी आँखों में
क्षत-विक्षत, विदीर्णा
उस धरित्री के प्रति
कृतज्ञता या आभार कुछ भी तो नहीं होता।
यह कैसी शाश्वत शत्रुता है तुम्हारी
इस दैवीय सम्पदा के साथ?
इस प्रकृति के साथ?
और क्यों ??

क्या किसी भी दिन
तुम इस महाभाव को स्वीकारना नहीं चाहोगे कि--
यह समस्त सृष्टि
तुम्हारे ही कुलगोत्र की परिजन है
जो कि विभिन्न नामों में
वृक्षों पर
धरती पर
आकाश में—
मुकुलित है
यात्रित है
सन्तरित है ?
क्या तुम किसी भी दिन
अपने इस पाशुपत रूप से विकसित होकर
सदाशिवत्व नहीं अंगीकारना चाहोगे ?
क्या किसी भी दिन नहीं ??

●

आग्रह

द्वार पर जो भी गुहार देता है
वैष्णव है।

अयाचित अतिथि यह करपात्री है
किन्तु दाता है,
न जाओ किसी के स्वरूप पर।
स्वागत करो,
इस यायावरी, संकीर्तन करती हुई
असंग वैष्णवता का स्वागत करो

आँगन को बुहारो मत
कल ही
कीर्तन-पुरुष के ये पदचिह्न
द्वार के स्वस्तिक कहलाएँगे।

वैष्णव-यात्रा

मैं नहीं जानता कि
यह पृथिवी
सूक्त है या शिलालेख
अथवा जर्जर भोजपत्रों वाली कोई प्राचीन पाण्डुलिपि!

जब भी कोई फूल
पैरों के नीचे आ जाता है
लगता है कोई मन्त्र दब गया है।
चींटी के आहत होते ही
संहिता की हत्या सा लगता है।
मेरे लिए यह पृथिवी
दिशाओं पर जाकर समाप्त हो जाने वाली
मात्र धरती ही नहीं है
वरन जीव मात्र की कवच
नारायणी है।

शतपथ नदियों वाली इस ब्राह्मणी को
उदार देवदारुओं की भाँति
तपस्या करते नहीं देखा ?

मरुथलों की उत्तप्तता के बीच भी
प्रशान्त बनी इस गायत्री को
मैं नहीं जानता कि
यह अक्षर है या कारिका
अथवा पुरुष-सूक्त को वहन करती कोई आकुल प्रार्थना !

पैरों की आहट मात्र से
बान्धवी अरण्यानी का
ऋषि-कन्या की भाँति
अपने सात्विक एकान्त से चौंक पड़ना
मुझे अपने पुण्यों का क्षय लगता है।
कैसे उत्सव-भाव से मिट्टी पृथ्वी पर फैली हुई है—
उसे यों ही मत छुओ
एक ऋचा अंकुरित होने को है;
मिट्टी के मुख पर
मातृत्व-सुख का आरम्भ होने जा रहा है
देह के इस ऋतु-पर्व का सम्मान करो।

देखते नहीं
चट्टानें
शताब्दियों के बाद
जब कृपानेत्र खोलती हैं
तब वासुदेव का जन्म होता है।
उस विराट असंगता के बीच
चंचलपत्री का यह जन्म—
क्या किसी अवतरण घटना से कम है ?
दिशाओं पर अर्गलाएँ चढ़ाकर
समुद्रों को अंगवसनों की भाँति समेटे
इस श्यामा को
मैं नहीं जानता कि

यह समिधा है या स्वाहा
अथवा अपने लिए उपनिषद् खोजती कोई मन्त्र-देवता!

जब भी इस भूमा से साक्षात हुआ है
भाषा
अपना व्याकरण
अपना अर्थ,
सब कुछ वृक्ष छालों सा उतार देती है
और एक भाषाहीन शान्ति
धूप सी फैल जाती है।
भाषाहीनता का यह कैसा अभिषेक-जल है
जो निरन्तर मेरे चारों ओर झर रहा है;
इस साक्षात् को परिभाषित नहीं किया जा सकता
नहीं किया जा सकता।

सुना है—
पृथिवी की नाभि में कोई वैश्वानर है
और जल
चट्टानों की अँधेरी गुफाओं से रेंगता हुआ
कस्तूरी-पुरुष के उस अमृत की खोज में
आदिकाल से स्तोत्रवत पुकार रहा है।

सुना है—
आकाश में
जहाँ आकाश समाप्त होता है
एक आदित्य-वृक्ष है
जिसमें एक ज्योतिफल लगा है।
वट, पीपल और दूर्वादल वाली
सारी वानस्पतिक ऊर्ध्वताएँ
सनातन से

उस ज्योतिफल के लिए स्वाहा हो रही हैं।
जहाँ ये दोनों अग्रियाँ मिलकर
क्षितिज रचती हैं
वहाँ पर
दक्षिणावर्त शंख जैसी उगी सूर्या को
मैं नहीं जानता कि
यह मृगशिरा है या पुनर्वसु
अथवा ओषधियों के द्वारा की जाने वाली वानस्पतिक वैष्णव-यात्रा!

●

संकोचवश

प्रत्येक प्रातःकाल
मेरी माधवी में
रक्त-चन्दन सी वैष्णवता फूट आती है
पर संकोचवश
लोगों के सम्मुख
इस वैष्णवता को फूल ही कहता हूँ।

माधवी की डाली में
श्वेत और आरक्त भक्ति के
ये वानस्पतिक, कोमलकान्त पद—
जैसे नगर-संकीर्तन हुए
सुगन्धित मण्डली में
वैष्णव-जन
मेरे द्वार पर भी आ गये हैं।
मैं आकण्ठ कृतार्थ हो उठता हूँ,

शायद कृष्ण भी
इसी भाँति
विदुर-घर उपस्थित हुए होंगे।
क्या है ?
यह अहैतुकी कृपा नहीं तो क्या है ?

लेकिन मुझसे पूर्व ही
धूप और हवाएँ
इस चैतन्य तन्मयता में
वैष्णवी हुई लगती हैं।
अयाचित यह कैसा सुगन्ध-अनुष्ठान
मेरे आँगन में
पृथिवी आयोजित करती है।
मुझ पर
इस टूटे छाजन पर
वैष्णवता ने कैसी यह ब्रजकृपा की है।

मैं इन वर्ण-गन्ध करतालों को
विनम्र हो उठाता हूँ
पर संकोचवश
लोगों के सम्मुख
इन वानस्पतिक भागवत-पृष्ठों को
फूल ही कहता हूँ।

पृथिवी, एक भागवत-कथा है

पृथिवी
दूर्वादल की भाषावाली

एक भागवत-कथा है।
कभी सुनी है
दिन के कथावाचक से यह माधवी-गाथा, कि
वनस्पति-वस्त्रा पृथिवी
एक भागवत-कथा है?

मेघ-स्नाता अरण्यानी को देख
क्या ऐसा नहीं लगता कि
अभिषेक की भाँति
वैष्णवता—
अहोरात्र समस्त भूमा में सम्पन्न हो रही है ?
आकण्ठ वर्षामय हो जाना ही भक्ति है
और
इन भोजपत्रों से श्रेष्ठ कौन वैष्णव है ?

किसी निर्जन पगडण्डी के
निरीह पदचिह्न
क्या उद्धव के लौट जाने का स्मरण नहीं कराते ?
प्रति ग्रीष्म में धरा
तापसी श्यामा हो जाती है
और तब
वृक्षों में एक-एक पत्र टाँकते हुए
अनाम वैष्णवता के कृष्ण-नेत्रों की
वानस्पतिक-लीला
आसक्त माधवता—
दूर्वादल की भाषावाली
इस राधा की भागवत-कथा का
यह सबसे अधिक उदात्त गायत्री-प्रसंग है।
कभी सुनी है
दिन के कथावाचक से यह सावित्री-गाथा, कि

वनस्पति-वस्त्रा पृथिवी
एक भागवत-कथा है ?

मैं नहीं जानता कि
इन कुल-शीलत्यक्ता
नदियों की यात्राओं को
कृष्णप्रिया के अतिरिक्त
और क्या नाम दिया जा सकता है?
कैसी ही यात्रा
पृथिवी पर धर्मलेख ही होती है
मनुष्य की, सृष्टि की
वैश्वानरी-गन्ध है।

नदीदेहा गोपिकाएँ
चीर के लिए ही तो
सागर के परम-पुरुष तक जाती हैं।
नारी-देह की
यह वसनहीन आकुल-प्रार्थना
दूर्वादल की भाषावाली
इस संकेतवती की भागवत-कथा का
यह सबसे अधिक समर्पण-सर्वस्व प्रसंग है।
कभी सुनी है
दिन के कथावाचक से यह पुराण-पुरुष की प्रणय-गाथा, कि
वनस्पति-वस्त्रा पृथिवी
एक भागवत-कथा है ?

फूल,
कितने फूल,
फूल ही फूल—
गन्ध का यह रासोत्सव

क्या किसी संकीर्तन से कम है ?
वर्ण का यह मधुपर्व
किस मिथुन के विवाह-संस्कार सा लगता है ?

पाखियों को देखो—
भाषाहीन नाम के माहात्म्य से
आकाश भर रहे हैं
और आकाश
एक वाद्य हो जाता है।
नाम—
जैसे गुलाल का पलाश हो,
जिसे धार कर
जन्म-जन्मान्तर कदम्ब हो जाता है।
कदम्ब—
जहाँ एक मयूरपंख
मुसकराते ओठों में
पतली-सी धूप दबाये
मिथक-पुरुष हो जाता है
दूर्वादल की भाषावाली
इस अस्मिता की भागवत-कथा का
यह सबसे अधिक विराट नासदीय-प्रसंग है।
कभी सुनी है
दिन के कथावाचक से यह वैश्वानर कदम्ब-गाथा कि
वनस्पति-वस्त्रा पृथिवी
एक भागवत-कथा है!

अरण्य-कण्ठों में लटकी
हवा की पखावजें बजाते
किसी गौरांग के पदचिह्न
कभी अपनी वीथी की धूल में खोजे हैं?

कभी सुनी है
तन्मयता की
यह चैतन्य मन्द्रबाँशी
जो कि गहन कान्तारों
पर्वतों, उपत्यकाओं से लेकर
पत्र और फूल में
हमारे प्रतिदिन के प्रत्येक कर्म में
कथागान करती हुई परिक्रमा पर निकली है ?

और तब
एक रथ के आने की आहट होती है।
फव्वारे के जल सा
पाखियों का कोलाहल वृक्षों पर चू पड़ता है।
पूर्णिमा के प्रगाढ़
रससिद्ध आलिंगन को छोड़
पुनः वस्त्र और वेणियाँ सजाते
गोपियों के चौंके नयनों में
एक आसन्नता
तार सी खिंच उठती है कि
असमाप्त केलि और यह रथ यात्रा !!
विदा नहीं तो और क्या है ?
प्रभु की विदा—
दूर्वादल की भाषावाली
वल्लभा की भागवत-कथा का
यह सबसे अधिक तुलसी-गन्धा युगल-प्रसंग है।
कभी सुनी है
दिन के कथावाचक से यह गोविन्द-गाथा कि
वनस्पति-वस्त्रा-पृथिवी
एक भागवत-कथा है?

प्रार्थना–अभिषेक

मनुष्यो !
समुद्र की जलाधारी वाले
इस पृथिवी–पार्थिव पर
आकाश से
अवतारवर्णी प्रार्थनाओं का अभिषेक हो रहा है।

कभी देखी है
विराट की
इस योगियों वाली अगाधता में
सप्तमातृका जैसी रात्रियों की
शिवा-शान्ति ?
जैसे अपने वत्स को स्तन पान कराती
कोई कपिला खड़ी हो।
इतने विराट आकाश को
केवल शुक्र के डूबने की प्रतीक्षा है—
जो कि
नाटक के अन्तिम पात्र सा
लौटने के उपक्रम में
आकाश की एक मात्र प्रकाश–भाषा का
अन्तिम मन्त्र लग रहा है।
यदि यह अथर्वन आकाश
अंगिरा नहीं है
तो फिर और कौन है मनुष्यो?
और कौन है ?

यह उदय–दिशा ही वेद है,
कभी इन उपाख्यानवती उषाओं को
अपने आकाश में भी आमन्त्रित करके देखो—

ये कथाप्रियी कन्याएँ
कितनी सुगन्ध रम्या हैं।
वह उपनिषद ही है
जिसका प्रकाश-अक्षर
प्रत्येक दिन
आकाशों में गौरिकता से लिखा जाता है।
जिसे वनस्पतियाँ
अपनी वन-गन्धों में
पाखी अपनी प्रातःकालीन उड़ानों में
और पशु
अपनी पीठों पर दिन भर सेंकते हैं।
मनुष्यो!
ये मन्त्र, ये स्तोत्र
मानवीय वृक्षत्व के बिल्वपत्र हैं।
समुद्र की जलाधारी वाले
इस पृथिवी-पार्थिव पर
आकाश से
सिन्दूरवर्णी प्रार्थनाओं के हरशृंगार से अभिषेक हो रहा है।

आकाश .गा की यज्ञोपवीत
और आकाशों के उत्तरीय वाला
यह कौन है पुरुष?
जो अपने अनागारिक व्यक्तित्व के
रोमहीन वक्षस्थल पर
ब्राह्ममुहूर्त के मेघों के रक्त-त्रिपुण्ड्र
और कपाल पर
समय की भस्म लगाये,
समुद्रों को कमर तक कसे
यम और विष्णु की युति सा
क्षितिज पर

जो रुद्र सा खड़ा है
यह कौन है ?
यह कौन है पुरुष ?
मनुष्यो! इस औषध-पुरुष का पीताम्बर
कैसे यश के
क्रमशः जयकार सा
आकाश के जलों में लहराने लगा है—
जैसे शब्द
क्रमशः अपना अर्थ अभिव्यक्त करते हैं,
जैसे स्त्री
क्रमशः अपनी देह अभिव्यक्त करती है।

भीगे वस्त्र सा पीताम्बर ऊपर आ रहा है।
आकाश के केन्द्र से छिटक कर
पक्षी
दिशाओं में टूटे छितरे पड़ रहे हैं।
यह दिवस की कैसी सुगन्ध है
जो वनस्पतियों से पृथिवी-यात्रा
और पाखियों से आकाश-यात्रा करवा रही है।
यह कैसी वैष्णवता की गुलाल ही गुलाल
आकाश-मन्दिर की भित्तियों पर लिप उठी है,
मनुष्यो! पूजा और क्या होती है ?
सुदूर ग्रहों के आकाशों
और अनन्त लोकों में
गायत्रियों का चरणामृत बाँटता हुआ
यह औषध-पुरुष
मधुमती उषा को वामांग में धारे
घासों की विनम्र धरती तक
अभी नीचे आ जाएगा।
गायत्रियों की

इस दिवस-भस्म
तथा चरणामृत-कृपा के लिए
हम सब—
शून्य भाल हैं
रिक्त चरुपात्र हैं।
मनुष्यो!
समुद्र की जलाधारी वाले
इस पृथिवी-पार्थिव का
आकाश से
अंगराग सी इन प्रार्थना-सुगन्धों से अभिषेक हो रहा है।

साक्षात के लिए

हवाएँ
पीपल पर अपनी प्रार्थनाएँ टाँग
सूर्यास्त का पीछा करते हुए
आकाश के भी आकाश में
गरुड़ों सी चली गयी हैं।

देखना, अभी वे लौटेंगी
क्योंकि पृथिवी ही
सबको अर्थ और सन्दर्भ देती है।
यह पृथिवी ही है
जो शून्य को आकाश की संज्ञा देती है,
यह पृथिवी ही है
जो प्रकाश को धूप की संज्ञा देती है।

केवल हवाओं को लौट आने दो—
ये सारे के सारे वन;
कानन और अरण्य
जो अभी भाषाहीन लग रहे हैं
आकण्ठ प्रार्थनामय हो जाएँगे।
सारी सृष्टि
सन्ध्याकालीन प्रार्थना-पुस्तक सी पवित्र हो जाएगी।
एक-एक पत्र
संकीर्तन करता हुआ वैष्णव लगेगा।
केवल हवाओं को लौट आने दो—
यही पीपल
पत्र-प्रार्थनाएँ करता हुआ चैतन्य लगेगा,
सारी वनस्पतियाँ
माधव-गान करती हुई
प्रभु के वन-विहार के अनुष्ठान सी लगेंगी।
महाभाव और क्या है ??
प्रार्थना का
सुगन्धोत्सव के रूप में जन्म ही महाभाव है।
केवल हवाओं को लौट आने दो—
अरण्यों में जो मन्त्रों के वाद्य
श्लोकों के वस्त्र
और प्रार्थना की वंशियाँ
हवाएँ टाँग गयी हैं
देखना
सायंकालीन इस आकाश के गुलाल मन्दिर में
संकीर्तन का कैसा रासोत्सव होता है।

हवाएँ—
पीपल पर अपनी प्रार्थनाएँ टाँग
सूर्यास्त का पीछा करते हुए

आकाश के भी आकाश में
गरुड़ों सी जो चली गयी हैं
केवल उन्हें लौट आने दो,
क्या इस वैष्णवता से साक्षात के लिए
तुम हवाओं के लौट आने की
प्रतीक्षा भी नहीं कर सकते ?

इतिहास और प्रार्थना

इतिहास किसी भाषा का नाम नहीं
और न ही
किसी उदात्त मानवीय सम्बन्ध का नाम,
वह तो शक्ति के लिए किया गया
नितान्त अमानुषी रक्त-स्नान है।
प्रार्थना
हाँ प्रार्थना ही तो है
जो न केवल एकान्त की
बल्कि सम्पूर्ण स्वत्व की
ऋषभ गान्धार वाली पीपल-भाषा है।
समर्पण का एक ऐसा विचार
जैसा कि कोई फूल होता है।
फूल, वनस्पति की स्वाहावाणी है
और प्रार्थना, मनुष्य की।
इसीलिए
प्रतिइतिहास हो जाने का नाम नहीं
बल्कि इतिहास से सर्वथा उदासीन होकर
वनस्पति हो जाने का नाम ही प्रार्थना है।

आक्षितिज
इतिहास के सम्मुख झुके
इन विवश मस्तकों में
और प्रार्थना में विनत
अकेले इस अश्वत्थ-माथ में
क्या कोई अन्तर नहीं है ?
मनुष्यता के समूह कर दिये जाने में
और व्यक्तित्व के अकेले हो उठने में
क्या आग्रहों का अन्तर नहीं है ?
किसी दिन
प्रार्थना में झुका कर देखना अपना भी माथ, कि
न केवल अकेलापन ही
बल्कि समकालीनता से अपांक्तेय होना क्या होता है।
रक्त-स्नान से कहीं अधिक दुर्वह है
प्रार्थना का यह अग्नि-अभिषेक।
नारे के हथगोले को फेंकने से कहीं अधिक दुष्कर है
किसी को प्रार्थना का फूल सौंपना।
यह प्रार्थना का ही गुण है कि
वह अपनी देह से
अपना स्वत्व तक
वृक्षछाल सा उतार कर
किसी को भी दे सकती है,
जब कि देने के नहीं
अपहरण के व्याकरण का नाम इतिहास है।
इसीलिए
प्रतिइतिहास हो जाने का नाम नहीं
बल्कि इतिहास से सर्वथा अनासक्त होकर
निर्भय हो जाने का नाम ही प्रार्थना है।

जब समुद्र
उड़ने के लिए आकुल होता है

तब प्रतिआकाश नहीं
मेघ बनना होता है,
जब सूर्य
पृथिवी के लिए विह्वल होता है
तब प्रतिपृथिवी नहीं
धूप बनना होता है,
जब पर्वत
यात्रा के लिए आतुर होता है
तब प्रतियात्रा नहीं
नदी बनना होता है।
ये मेघ
ये धूप और
ये नदियाँ इतिहास हैं ?
नहीं, प्रार्थनाएँ हैं।
इतिहास का उत्तर प्रतिइतिहास कभी नहीं होता
क्योंकि दोनों ही एक-दूसरे की तराश हैं।
एक प्रश्न है
तो दूसरा केवल प्रतिप्रश्न है
उत्तर भी नहीं।
इतिहास सब कुछ सहन कर सकता है
अपने उत्तर को भी
परन्तु अनुत्तर को नहीं,
और अनुत्तरा तो केवल प्रार्थना है।
इसीलिए
प्रतिइतिहास हो जाने का नाम नहीं
बल्कि इतिहास के सर्वथा समानान्तर होकर
विनम्र रचना हो जाने का नाम ही प्रार्थना है।

नारों की शबर-भाषा वाला
इतिहास

जुलूस प्रिय होता है।
दे क्यों नहीं देते इसे
यह राजमार्ग
और सूर्योदय से सूर्यास्त तक की
यह समस्त मेदिनी?
देखते नहीं
इतिहास की बर्बर-जयकारों को सुनकर
सारे पशु-पक्षी भाग रहे हैं
बस्तियाँ तक वीरान हो गयी हैं,
और लोग?
क्या कहीं हैं??
जानते क्यों नहीं कि
आग और इतिहास की जययात्राएँ
ऐसे ही गुजरा करती हैं।
यह कोई प्रार्थना नहीं कि
जिसे दूर्वा भी
निश्चिन्त, धूप की बाँशी सा बजाए।
इसीलिए
प्रतिइतिहास हो जाने का नाम नहीं
बल्कि इतिहास के कोलाहलों से सर्वथा पृथक होकर
मानवीय विश्वास हो जाने का नाम ही प्रार्थना है।

प्रार्थना के लिए नहीं
राजाज्ञाओं के लिए शिलालेख होते हैं।
प्रार्थना तो विनय-पत्रिका है
जो अनाम से अनाम व्यक्ति
और घर के भोजपत्र पर
मन्त्रों सी अंकित हो जाती है।
आज्ञा तो दूर
प्रार्थना, सम्बोधन भी नहीं करती,

वह तो मात्र प्रस्तुत होना जानती है
जैसे कि नदी, नक्षत्र।
इतिहास कभी नहीं समझ पाएगा कि
यह सृष्टि
किसी का आदेश नहीं, प्रस्तुति है।
इतिहास के अग्निवन में खिले
इस प्रार्थना-फूल के पास से गुजर जाने वाले व्यक्ति के
दुकूल को भी
प्रार्थना
अपनी माधवी सुगन्ध का धर्म ही सौंपती है।
इसीलिए
प्रतिइतिहास हो जाने का नाम नहीं
बल्कि इतिहास के शिलालेखों से सर्वथा वंचित होकर
जीर्ण पोथियों और उपेक्षितों के
नेत्रों की भाषा हो जाने का नाम ही प्रार्थना है।

शब्द-फूल

मेरी भाषा
मेरे शब्द और
मेरी रचना—
इन्हें मैं समय को वैसे ही दे देना चाहता हूँ
जैसे कि वृक्ष
फूलों को अनाम दे देते हैं।
क्या कोई उदारचरित-वृक्ष ऐसा नहीं है
जो मेरी भाषा
मेरे शब्द और

मेरी रचना को
फूलों की प्रार्थनात्मक सार्थकता प्रदान कर सके?
मैं अपात्र हो सकता हूँ
पर मेरी रचना के ये सुगन्ध-छन्द
क्या किसी दिन
शब्द-फूल नहीं बनेंगे ?
अपनी इस विराट वानस्पतिक पाण्डुलिपि में
कहीं भी
केवल एक पंक्ति का ही स्थान दे दो,
न सही मन्त्र
इन्हें शब्द-फूल की ही स्तोत्र-गरिमा दे दो।

मानवीय सुगन्ध

फूल की नहीं
मनुष्य में प्रार्थना की सुगन्ध होती है।
प्रत्येक हवा के साथ
जब हमारे स्वत्व का चन्दन-वृक्ष
पीपल-पत्रों सा प्रार्थनामय हो जाता है
तब कोई और नहीं
यह मानवीय स्वत्व ही कल्पतरु होता है,
मनुष्यो! मानवीय स्वत्व ही कल्पतरु है।

असंख्य कुल-गोत्रों
शाखा-प्रशाखाओं वाले
इस संसार-वृक्ष की सुगन्ध

किसी भी अक्षांश और देशान्तर पर
प्रार्थना-पदों तथा काव्य-श्लोकों में मिल जाएगी।
और क्या है ?
इस मानवीय-सुगन्ध से बड़ा उत्सव और क्या है ?
संसार-वृक्ष का यह कृष्ण-वैराट्य
वह कोई और नहीं
मानवीय भाषा द्वारा किया गया
उदात्त सम्बोधन ही अश्वत्थ होता है,
मनुष्यो! मानवीय भाषा का उदात्त सम्बोधन ही
अश्वत्थ है।

शिव के विशाल वक्षस्थल पर उगे
इस वनस्पति-पुरुष के लिए
न कोई पंक्ति-पावन है
और न कोई अपांक्तेय।
मनुष्य मात्र
इस महासंकीर्तन की प्रार्थना-पंक्तियाँ हैं।
कृष्णगन्धा तुलसी जिसकी कण्ठी है
और त्रिपत्री बिल्वपत्र जिसकी आग्नेय-दृष्टि
वह कोई और नहीं
यह मानवीय महाभाव द्वारा किया गया रास ही कदम्ब होता है,
मनुष्यो! मानवीय महाभाव का रास ही
कदम्ब है।

उपनिषदों की वल्कल वाली
इस गायत्री के हिमांक से
उपाख्यानों की भाँति
वाक्देवियाँ पृथ्वी पर उतर रही हैं।
वह कोई और नहीं
यह मानवीय अस्मिता की गायत्री का सावित्री-वृक्ष है

जो हमारे नाम-संकीर्तन के वृन्दावन में पुष्पित होता है,
मनुष्यो ! नाम-संकीर्तन के वृन्दावन में
सावित्री-वृक्ष ही पुष्पित है।

फूल, वनस्पति-पुरुष

धूप में
यह अनुष्टुप सा कौन खड़ा है?
यह वनस्पति पुरुष
क्या केवल फूल ही है?

फूल ही नहीं
वनस्पति मात्र की भाषा
उसका वर्ण है,
और वन
इसी वर्ण-भाषा में लिखा गया उपाख्यान है।
फूल ही नहीं
किसी के भी पाटलों का स्पर्श
अँगुलियों से अधिक
हममें देर तक क्यों बजता रहता है ?
कुश की पवित्रा धारण करने पर
क्यों हम एक उपनिषद् हो जाते हैं ?
हमारा ही नहीं
वन का भी एक व्यक्तित्व है
वन की भी एक गन्ध है
जिसे पृथिवी-सूक्त कहा गया है।

समस्त पृथिवी में एक मन्त्र-गन्ध है
जिसे फूल ने
सुगन्ध कह कर धारण कर रखा है।

धूप में
यह अनुष्टुप सा खड़ा
फूल नहीं
सावित्री-सिद्ध एक ऋषि है
जो सूर्य की प्रशंसा में
सुगन्ध के मन्त्रों का साक्षात कर रहा है।

प्रार्थना-पुरुष

तुम नहीं जानते, कि
एक कवच है
एक प्रार्थना है
एक मन्त्र है—
जो तुम्हें सम्पूर्ण आवेष्टित किये हुए है
जो तुम्हें निष्णात सुगन्धित किये हुए है
जो तुम्हें ईश्वरत्व की ओर लिये जा रहा है।

कवच की इस अभेद्यता
प्रार्थना की इस अनुग्रहता
मन्त्र की इस शक्तिमत्ता को
कभी अपने में अनुभव किया है?
प्रतिदिन के इस नित्य रास का भी साक्षात नहीं किया होगा—
घास की अनाम से अनाम पत्ती को छूकर देखा है?

क्या वह स्पर्श
चरण-स्पर्श सा नहीं लगता?
धूप में छन्द लिखती सी उड़ती चिड़िया
याद करो किसके प्रसन्न नेत्रों सी लगती है?
केले के पत्ते पर गिरी हुई बूँद
पंचामृत का स्मरण कराती है या नहीं?

किसी दिन
अपने में एक प्रार्थना को जन्म देकर देखो
लगेगा कि
तुम एक राजसूय-यज्ञ सम्पन्न कर रहे हो
और सम्पूर्ण सृष्टि उपहार लिये उपस्थित है।
जिस दिन
तुम्हें पृथ्वी पर प्रार्थना चलना आ जाएगा—
उस दिन तुम मन्त्र
मन्त्र ही नहीं मन्त्र-देवता
मन्त्र-देवता ही नहीं मन्त्र-पुरुष हो जाओगे।

प्रभु बन सकने की
तुम्हारी इस क्षमता के लिए ही तो
वनस्पति ने विनम्र दूर्वा बनना स्वीकार किया हुआ है,
समुद्र
पृथिवी के यज्ञोपवीत की भाँति
गंगा बनकर प्रवाहित है,
स्थान
तीर्थ बनकर पृथिवी पर फैले हुए हैं
और भाषा
स्वाहा में अपने को अभिमन्त्रित किये हुए है।
अहोरात्र
एक शक्तिपात

तुम्हारी देह और मन पर हो रहा है,
प्रतीक्षा है
इस पृथिवी को
तुम्हारे प्रार्थना-पुरुष बनकर चलने की प्रतीक्षा है।

गायत्री-फूल

वृक्ष जब प्रार्थना करता है
तब एक फूल का जन्म होता है,
तभी तो वृक्ष की गायत्री को
फूल कहा जाता है।

मैं जब भी तुम्हारा नाम
सम्पूर्ण भी नहीं
मात्र नाम
बाँशी में बजाता होता हूँ, कि
लगता है—
विजन में एक फूल बज रहा है,
अभी-अभी
हिमालय में एक नदी का जन्म हुआ है
और यह स्वर !!
जल के पृथिवी पर प्रथम बार चलने का है
अथवा, एक नक्षत्र
आकाश के किसी नितान्त एकान्त में
गुनगुनाते हुए अपना प्रसाधन कर रहा है।
मैं जब भी तुम्हारा नाम
बाँशी में बजाता होता हूँ, कि

समस्त वायुमण्डल
स्वरों से ही नहीं
सुगन्ध से भी भर उठता है।
यह नाम-सुगन्ध
मुझे ही नहीं सृष्टि मात्र को
आकण्ठ चन्दन, कदम्ब और केवड़ा बना जाती है।

मनुष्य पर जब भी
भाषा
यह अहैतुकी-कृपा करती है
उसका गायत्री के अतिरिक्त और क्या नाम हो सकता है ?
भाषा का यह गायत्री-फूल
हमारे व्यक्तित्व के प्रार्थना-भोजपत्र का
एक मात्र फूल है।

●

उत्सव-नक्षत्र

कहाँ है ?
अन्यत्र कहाँ है ??
इस पृथिवी से बड़ा उत्सव-नक्षत्र और कहाँ है???

गायत्री वर्ण वाली उज्ज्वल दिशाओं के, वेद
ओषधियों के आगार-अरण्यों के, उपनिषद
ऊर्ध्व-रेतस वाले पर्वतों के, शतपथ ब्राह्मण
सर्वगम्या, सर्वसुलभा नदियों की, संहिताएँ
एकाग्रमनस ब्रह्मचारियों जैसे प्रपातों के, स्तोत्र
सामयिक चारणों जैसी मेघों की, स्तुतियाँ

श्वेत-केश वाले संन्यासी-समय के, पुराण
हस्तामलकवत निद्राजयी समुद्रों के, भाष्य
और हरीद्र दूर्वांकुरों जैसी आकुल, मानवीय प्रार्थनाएँ
तथा
जिसे अनन्त काल से
सूर्य के जलों
चन्द्रमा के अमृत
और ग्रहों-नक्षत्रों के हिरण्य-पात्र अभिषेकित कर रहे हैं,
जिसे घटनाओं और कथानकों के वस्त्र धारण कराते हुए
काल का कृष्ण-द्वैपायन
स्वयं एक चरित्र बन जाता है—
उस पृथिवी-पार्थिव से बड़ा उत्सव-नक्षत्र और कहाँ है??
अन्यत्र कहाँ है ?
आदित्य की इस धर्म-पत्नी पृथिवी से बड़ा
उत्सव-नक्षत्र और कहाँ है??
कहाँ है?? कहाँ है ???

लीला-भाव

यह कैसा है लीला-भाव, कि—
अग्नि ही अग्नि में
अग्नि का होम कर रही है
और अग्नि ही स्वाहा भी हो रही है;

यह कैसा लीला-भाव है ?
यह किसका लीला-भाव है ?

हमारी आयु के ये वस्त्र
ये विभिन्न वर्णमालाएँ
ये विनम्र वनस्पतियाँ
ये कामातुर नदियाँ—
हमारे जीवन की
भाषाओं की
पृथिवी की
और पदहीन पदार्थों की स्वाहा-यात्राएँ ही तो हैं।
आकाशों के भी आकाश की वेदी पर रखे
सृष्टि के इस हवन-कुण्ड में
यह कौन पंचानन
अहोरात्र आवाहन कर रहा है ?
और प्रत्येक क्षण
अनन्त आयामी समय की समिधाएँ डाली जा रही हैं।
जो समस्त जलों का आचमन कर रहा है
जिसने प्रकाश का त्रिपुण्ड्र लगा रखा है
जो आकाश पर पैर रख कर
हवाओं को ब्रह्माण्ड में सुखा रहा है
और जो ध्वनियों को टिटकारता हुआ
गायों के झुण्ड सा
दिशाओं के बाड़े से बाहर
ब्रह्माण्ड के भी ब्रह्माण्ड में ले जा रहा है
उस अग्निकेशिन धूर्जटी का यह कैसा लीला-भाव है ?
यह किसका लीला-भाव है ?

अज किसका वाहन है
वह वैश्वानर—
विभिन्न ब्रह्माण्डों की देवगंगाओं को
उनके-उनके आकाशों
तथा देश और काल में

अपने केशों की भाँति अवस्थित कर रहा है।
पुराकथाओं के बाघम्बर लपेटे
वह आग्नेयनेत्री
रुद्र—
सूर्यों पर लेटा हुआ
संहार का धूम पी रहा है
और सृष्टि का प्रकाश उगल रहा है।
यह कैसा महाश्मशान का स्वर्गोत्सव है !
शक्ति के महाशव सदाशिव का यह कैसा लीला-भाव है?
यह किसका लीला-भाव है ?

कौन है वह
जो महाकाल की अलगनी पर
ग्रहों-नक्षत्रों को राशियों की
और अंकों की आकृतियाँ प्रदान कर रहा है।
क्षणों के चीनांशुकों
और संवत्सरों के अभिषेकपट्टों वाले इतिहासों को
पौराणिक बुनावट में बुनकर
नये आकाशों के निर्माण में फैलाता जा रहा है
फैलाता ही जा रहा है।
पूरे आकाश में
एक मन्त्र
जिसे वह तारों के अक्षरों में
लिखता है, मिटाता है
फिर लिखता है, फिर मिटाता है।
वह मान्त्रिक—
वह भाषा-कापालिक
जो अपना ही उच्चारण भी है और अर्थ भी,
वर्णमाला के बिल्वपत्र स्वयं पर ही चढ़ा रहा है।
वह वेद पुरुष—

उन मन्त्रों का द्रष्टा भी है
संहिता भी है
और अस्वीकृति का वेदान्त भी;
भाषा-पुरुष के इस अस्वीकार का यह कैसा लीला-भाव है ?
यह किसका लीला-भाव है ?

जिसका धर्म-वृषभ
अपने चारों पैरों से
दिशाओं पर खड़ा हुङ्कार रहा है,
जो मन्त्रों का श्रोता नहीं
हविष्य का भोक्ता है,
जो यज्ञ ही नहीं
यज्ञ-यूप का बलि-पशु भी है,
जो काल को भी
उसके तृतीय आयाम में देखता है,
वही पुरुष है
जो प्रकृति को भस्मवत धारे हुए है;
वह पशुपति—
समुद्रों को आकाश में ले जाकर
कृत्या सा उठाकर
पृथ्वी पर फींच रहा है
और जो धरती को
उसके वनस्पति-केशों से पकड़ कर
सती के शव की भाँति कंधे पर उठाये
आकाश
और आकाश
और और आकाश में
वैराग्य से उद्दीप्त
कहाँ और क्यों यात्रा कर रहा है
यह कौन जानता है, कि—

यह व्योमकेश
ग्रहों-नक्षत्रों के पत्थरों पर पैर रखता हुआ
कहाँ और क्यों यात्रा कर रहा है?
कोई नहीं जानता कि
आशुतोष के इस आनन्द का
महाकाल की इस यायावरी का यह कैसा लीला-भाव है?
यह किसका लीला-भाव है?

वैष्णव-चिड़िया

माथे पर गोपीचन्दन का तिलक
और देह पर
सरसों के पीले दानों की बूँटियों वाली
यह कौन कृष्णा वैष्णव-चिड़िया है
जो मकई के भुट्टों
और माधवी-लता पर
प्रतिदिन धूप सी आकर बैठ जाती है?

भुट्टों तथा माधवी के गुच्छ फूलों से
यह कृष्णा
अपनी पाखी-भाषा में
न जाने क्या-क्या
फुदकते हुए
झूम-झूमकर बोलती रहती है।
मकई के भुट्टे
और उसके लम्बे धारदार पत्ते

तथा माधवी के श्वेत-आरक्त फूल
कैसे प्रसन्न मन से
उसके बैठने के कारण हिलते हुए से
इस कृष्णा की रास कथा सुनते रहते हैं।

हवा का तब एक तेज झोंका आता है
कि वह गोपीचन्दन के तिलक वाली
कृष्णा वैष्णव-चिड़िया—
गिरने-गिरने को हो जाती है
और पंख फड़फड़ा कर
एक चित्र
एक दृश्य बनाते हुए
वह न जाने कहाँ मुँडेरों के ऊपर तैर कर
खजूर और आम पर
गोफन के पत्थर सी उछलती सी
आकाश में उड़ जाती है
और खो जाती है।

मकई के इन भुट्टों
और माधवी के गुच्छ-फूलों से
मैं यह जानने को कितना आकुल हो उठता हूँ, कि
इस अनाम
असंज्ञ गोपीचन्दन के तिलक वाली
कृष्णा वैष्णव चिड़िया को वे कब से जानते हैं?
क्या नाम है इसका?
कुछ तो कुल-गोत्र होगा ही
और वह चहक-चहक कर
नित्य क्या सुनाती है ?
अवश्य ही चौरासी-वैष्णवन की वार्ता तो नहीं ही।

पर मैं
अपने समस्त ज्ञान के बाद भी
न मकई के भुट्टों
न माधवी के गुच्छ-फूलों
और न उस कृष्णा वैष्णव-चिड़िया
किसी की भी तो भाषा
कुल-गोत्रता नहीं जानता हूँ।
मैं एक उपेक्षा अनुभव करता हूँ, कि
अपने चारों ओर
सानिन्ध्य-भाव से सम्पन्न होने वाले
इस नित्य-उत्सव की भाषा
और भागवत-कथा के रस से वंचित हूँ।

मेरे मनुष्य होने की
यह कैसी सीमा है कि
मैं इस विराट अनुष्ठान में कभी आमन्त्रित न हो सकूँगा
कभी नहीं।

यज्ञो यज्ञेन कल्पताम

यह कैसा है यज्ञ
जहाँ यज्ञ भी यज्ञ को ही समर्पित है—
यज्ञो यज्ञेन कल्पताम।

समय
एक काल-यज्ञ सम्पन्न कर रहा है

जिसमें आयु मात्र की हवि दी जा रही है।
पृथिवी
एक वानस्पतिक-यज्ञ सम्पन्न कर रही है
जिसमें ऋतु मात्र की हवि दी जा रही है।
समुद्र
एक पर्जन्य-यज्ञ सम्पन्न कर रहा है
जिसमें जल मात्र की हवि दी जा रही है।
सूर्य
एक सावित्री-यज्ञ सम्पन्न कर रहा है
जिसमें अन्धकार मात्र की हवि दी जा रही है।
चन्द्र
एक सोम-यज्ञ सम्पन्न कर रहा है
जिसमें औषध मात्र की हवि दी जा रही है।
मनुष्य
एक विचार-यज्ञ सम्पन्न कर रहा है
जिसमें तत्व मात्र की हवि दी जा रही है।

ये सारे यज्ञ
एक अस्ति-यज्ञ सम्पन्न कर रहे हैं
जिसमें नेति मात्र की हवि दी जा रही है।

जो कुछ है
वह यज्ञ है,
ब्रह्माण्ड जिसके बाघम्बर हैं
उस यज्ञ-पुरुष का यज्ञ ही
यज्ञ का यज्ञ है—

यज्ञो यज्ञेन कल्पताम।

उत्सव-उपनिषद्

नित्य एक उपनिषद् लिखा जा रहा है
जो आरण्यक होते हुए भी
आख्यान नहीं है
जो शतपथ होते हुए भी
ब्राह्मण नहीं है
परन्तु, आक्षण एक उपनिषद् लिखा जा रहा है।

जब कभी
किसी एकान्त उपत्यका से गुजरते हुए
किसी उपेक्षित गिरे चीड़फूल में
एक भाषा का अनुभव हो
तो निश्चय ही
वह वृक्षोपनिषद् का कभी मन्त्र था
जो हवा की भूल से
नीचे गिर कर अपनी मन्त्रात्मकता खो चुका है।
परन्तु, पृथिवी पर गिरा हुआ कोई मन्त्र
कभी अपनी शक्ति
सुगन्ध या प्रयोजन नहीं खोता
क्योंकि पृथिवी कभी अपवित्र नहीं होती।
वह गिरा हुआ चीड़फूल
अपने को ही नहीं
सम्पूर्णता को भी सुगन्धित किये हुए है।
मन्त्र—
स्वरूप का नहीं धर्ममात्र का नाम है;
इसीलिए पूर्णता मात्र में एक उपनिषद् लिखा जा रहा है
नित्य एक उपनिषद् लिखा जा रहा है।

धरती के कैसे ही वक्षस्थल पर
कभी भी कान लगाकर सुनो--
एक उत्सव-वीणा बजती सुनायी देगी।
चलना, वह किसी का भी हो
इस वादन में एक मीड़
एक गमक
एक झाला उत्पन्न करता है।
इस पृथिवी को
जिन्होंने एक वाद्य को गरिमा दी—
चरागाहों में गलघंटियाँ बजाते, वे पशु
खेतों में धान्य के स्तोत्र लिखते, वे लोग
गायों के झुण्ड सी पर्वत उतरती, वे नदियाँ
पृथिवी के उत्तरीय सी, वे वनस्पतियाँ
इस गान्धर्व-उपनिषद् के दृष्टान्त नहीं तो और क्या हैं ?
इसीलिए गति मात्र में एक उपनिषद् लिखा जा रहा है
नित्य एक उपनिषद् लिखा जा रहा है।

हम पर से ही नहीं
पृथिवी पर से ही नहीं
समय—
स्वयं पर से भी बीतते हुए वृद्ध हो रहा है।
परन्तु समय—
काल
महाकाल सब कुछ होते जाने पर भी
कभी वृद्ध नहीं होगा,
जिस प्रकार कि
न जाने किस हिमयुग का जल होने पर भी
समुद्र-जल कभी बासी नहीं होगा।
कभी मिट्टी को उदास देखा है ?
वह प्रत्येक क्षण

ऋतु-स्नान किये स्त्री सी प्रस्तुत रहती है।
किस भाषा में
हमें यह दिन
प्रत्येक प्रातःकाल लिखा मिलता है ?
क्या यह वैसी ही आत्मीयता नहीं है
जैसे कि मनुष्य मात्र
एक पढ़ा हुआ आत्मीय प्रसंग लगता है ?
यह सर्वात्म-भाव
यह सारी सृष्टि
एक विचार-उपनिषद् ही तो है
जिसकी हम सब जिज्ञासाएँ हैं;
इसीलिए जिज्ञासा मात्र का एक उपनिषद् लिखा जा रहा है
नित्य एक उपनिषद् लिखा रहा है—
जो उत्सव-उपनिषद् है।

अभिषेक-पुरुष

होने दो अभिषेक !!
केलवर्ण के इस विश्वात्मन का होने दो अभिषेक !!

इसके इस भोजपत्री व्यक्तित्व में
जीवमात्र का दुःख आलेखित है।
यह अभिषेक-पुरुष—
सृष्टि की उत्सव-भाषा है।
मल दो इस वैश्वानर के मुख पर
गुलाल,

पहना दो इसे समस्त राग-रागिनियाँ
नदियों के यज्ञोपवीत,
दाक्षिणात्य हवाओं के चन्दनगन्धी पीताम्बर
ताकि यह सूर्य लगे।
एक दिन
मनुष्य मात्र को सूर्य होना है;
और सूर्य होना ही ईश्वर होना है।
होने दो अभिषेक !!
मनुष्य मात्र का होने दो अभिषेक !!
तेजस्वी, सूर्य होता है,
और प्रत्येक सूर्य को—
एक आकाश
एक क्षितिज
और यात्रा के लिए
ब्रह्माण्ड से लेकर एकान्त दूर्वा तक का वैराट्य चाहिए
क्योंकि वह आकाशगंगाओं को—
मानवीय नेत्रों के जल की ही नहीं
वनस्पति मात्र की
प्राणि मात्र के स्वेद और अश्रु की
भाषा का अनुवाद सुनाता है।
कितनी प्रतीक्षा है,
तुम्हारे सूर्य बन सकने की
मनुष्य मात्र के सूर्य बन सकने की—
किसे प्रतीक्षा नहीं है ?
इतिहास के वाचाल कापालिक से लेकर
स्तन पान कराती भाषावंचिता कपिला तक को।
तुम्हारे
मनुष्य मात्र के अभिषेक-पुरुष बन जाने की
केवल प्रतीक्षा ही तो रही है
होने दो अभिषेक !!
मनुष्य मात्र का होने दो अभिषेक !!

प्रलय, अन्धकार, शताब्दियाँ
न जाने क्या-क्या कन्धों पर उठाये
इस पृथिवी ने
ब्रह्माण्ड का अकेलापन
हिमयुगों की उजाड़ ठण्ढकता
लावाओं के खौलते आदिम-प्रवाह
पागलों, बर्बरों के इतिहास-खड्गों के वार
सभ्यताओं के स्मशानों में रोती हुई मानवता
जले पुस्तकालयों के झुलसे विचारों के साथ-साथ
प्रत्येक व्यक्ति के दुःख-शोक का भी वहन किया है।
जरा वनस्पतियाँ हटाकर देखो—
वह पृथिवी झुलसी हुई मिलेगी
परन्तु फिर भी
यह विश्वास कभी नहीं खण्डित होने दिया, कि—

एक दिन मनुष्य सूर्य बनेगा
क्योंकि वह आकाश में पृथिवी का
और पृथिवी पर आकाश का प्रतिनिधि होगा।
मनुष्य के इस देवत्व के माध्यम से ही
यह सम्पूर्ण सृष्टि ईश्वरत्व प्राप्त करेगी।
मनुष्य का अभिषेक
देवत्व का ही नहीं ईश्वरत्व का भी अभिषेक है।
इसीलिए होने दो अभिषेक !!
मनुष्य मात्र का होने दो अभिषेक !!

तुम मेरा मौन हो

[रचनाकाल : १९८० से १९८२]

- पता नहीं कौन?
- खुले केशों में
- भंगिमा
- मेरे लिए न सही
- स्मरण-गन्ध
- शिलालेख
- मात्र एक केश
- विवशता
- एक प्रतीक
- कोई अन्य नहीं
- अधूरे वाक्यवाली धूप
- समस्त आयु
- रविवार बनकर
- जिज्ञासा
- एक भावयात्रा
- नहीं तो!
- प्रतिप्रश्न
- दक्षिणावर्त नेत्र
- अधूरा उपालम्भ
- कभी तो
- कुछ तो बोलो
- चौंको नहीं
- आश्चर्य
- धूप की भाषा
- मान लीला
- प्रतीक्षा
- मायावी रात्रि
- कुहरे का वस्त्र
- विषमता
- फाल्गुनी पाटल
- नेत्र, प्रतिनेत्र
- नेत्र-बाँशी
- नेत्र-भाषा
- अलभ्य फूल
- वनहंसिनी!
- चलो प्रिया!
- नाम-वृक्ष
- प्रतीति
- एक स्थिति
- मेरी भाषा
- भाषा-स्तबक
- जूड़े का फूल
- गुलाब, लेकिन कौन-सा?
- कौतूहल
- माधवी-लता से
- एक नाटक था
- कोई है, पर

पिउ का नाम बड़ा मनरंजन
पिउ का बोल बड़ा अनमोल
प्राण-पपीहे! पिउ-पिउ बोल!!

पता नहीं कौन?

मैं जब भी तुम्हें देखता हूँ
लगता है—
अग्रहायणी प्रातः धूप में
ओस से भीगा
केना का फूल
क्यों उत्सव लगता है?

हवा में उड़ते तुम्हारे चीनांशुक में
और पीले रंग के केना के
हिलते हरे प्रलम्ब पत्तों में
केलि-प्रसंग जैसी
एक लयता है
जो कि, गुलाल उड़ाती
कुमार गन्धर्व के आलाप की कमनीयता ही हो सकती है।
रूमालों जैसे पतले दल के
हिलते केना में
और सान्ध्य-धूप में
लॉन पर टहलती तुममें,
जाने कैसी मध्यकालीन कुलीनता की साम्यता है
जो कि तोल्सतोय की नताशा में ही सम्भव है।

जिस दिन
केना के पास अनायास

तुम—
बंध-छवि मुद्रा में
काँगड़ा-चित्र के विषय सी खड़ी हुई होगी
तब यह पूछना चाहूँगा, कि
अधर जैसे पाटलों पर
यह जो कविता है,
मुसकराहट का जो लाल छींटा सा है
क्या मैं इसका स्पर्श कर सकता हूँ ?

पता नहीं
मेरे इस प्रश्न पर
तुम
या केना—
कौन चौंकेगा।

खुले केशों में

ऐसे ही—
बस, ऐसे ही
खुले केशों में मात्र तुम्हारा बैठा रहना—
लगता है
अपने उपन्यास की खोज करती हुई
कोई नायिका
हठात सामने आ बैठी है
और अपने विशाल मृगनेत्रों से
मुझमें एक लेखक की सम्भावना खोज रही है।

अलंकार?
क्या होंगे बाह्य अलंकार?
तुम्हारे इन पारद नेत्रों से अधिक उज्ज्वल
कोई रत्न है क्या?
कौन सा अतिरिक्त परिधान धारण करना चाहती हो ?
किस रंग-वर्ण पर अनुकम्पा ?
मुझे उपकृत करो प्रिया!
रोज की सी साधारण धूप धारण कर
जैसे एक सादा सा दिन
गन्धर्व बना—
तुम्हारे आगमन की सम्भावना सा
बिस्तर पर आ बैठता है,
जैसे नेत्र-अनुष्ठान हो—

बस, ऐसे ही
खस की एक सुगन्ध सी
मेरे सामने बैठी रहो।
तुम्हारा मात्र बैठना ही
गुलाल है,
और तुम्हारा देखना—
वाद्यता की पराकाष्ठा है
जो मुझे
एक नायिका प्रदान कर जाता है प्रिया!
इसलिए, ऐसे ही—
बस, ऐसे ही
खुले केशों में मात्र तुम बैठी रहो;

शायद कोई रचना हो ही जाए।

भंगिमा

तुम्हें याद है
कल तुम मेरे यहाँ कुछ भूल आयीं?
नहीं,
कर्णफूल नहीं;
अलंकार से कहीं अधिक अप्रतिम
अपनी सुगन्ध सी अलभ्य—
एक अद्वितीय, भंगिमा !!

जूड़े से गिरे हेयरपिन की जितनी भी प्रतीति
तुम्हें तो नहीं होगी उसकी
पर—
आज पूरे दिन
धूप में बैठे हुए
सुगन्ध जैसी बोलती उस काकली-भंगिमा को
अपनी अँगुली में पन्ने सा धारण कर
सोचता रहा—
क्या करूँ इसका?
लौटा दूँ?
परन्तु जिसे मैं अयाचित समझ रहा हूँ
कहीं तुम उसे सायास
स्मृति-चिह्न सा
चुपचाप तो नहीं रख गयी हो ?

वैसे मयूरपंखी नेत्र वाला यह पन्ना मेरे लिए शुभ ही है।

मेरे लिए न सही

भले ही रोज न आओ,
वैसे चाहता यह अवश्य हूँ कि
रोज ही आओ।

क्या तुम्हें द्वार पर ही
दूबों में लिखी प्रतीक्षा नहीं मिली ?
मैं ही नहीं
प्रिया ! पूरा घर नेत्र बन गया है—
उत्सुक-नेत्र !!
किसी भी दिन आकर देख लो,
तुम्हारे उपस्थित होते ही
वस्तुएँ तक
सान्ध्य-पाखियों सी ऐसी चहचहाने लगेंगी, कि
जैसे अनेक दिनों उपरान्त
उन्हें छतनार वृक्ष प्राप्त हुआ है।
मुझसे अधिक तो
यह माधवी-लता
कब से तुम्हारा रास्ता देखती खड़ी है, कि
तुम आओ
तो तुम्हें
यह अपने फूलों से प्रसाधित कर दे,
और कृतार्थ हो जाए।
मैंने इस माधवी से कहा भी, कि
व्यर्थ है इतनी आकुलता,
प्रतीक्षा,
परन्तु पागल—
हवा में झुकी पड़ती रही

पर किसी को अपने फूल नहीं सौंपे,
'स्व' जो थे।

मेरे लिए न सही
परन्तु, अनाम दूबों की प्रतीक्षा
वस्तुओं की साधारण प्रसन्नता
और माधवी-लता की इस विह्वलता के लिए ही आओ।

भले ही रोज न आओ,
वैसे चाहता यह अवश्य हूँ कि
रोज ही आओ।

स्मरण-गन्ध

तुम्हारा स्मरण ही सुगन्ध है प्रिया!

व्यर्थ ही यह धूप
तुम्हारी देह की ऊष्णता का,
यह बाँशी
तुम्हारे कण्ठ की आकुलता का,
यह पूर्वा
मेरे मुख पर उड़-उड़ आते तुम्हारे चीनांशुक का
और यह भीगी धरती
संकोचवती दूबों पर तुम्हारे मन्थर चलने का बोध करवाती है।

तुम्हारे सन्दर्भ वाले
इस एकान्त की स्मृतियाँ ही तुम्हारा स्मरण हैं प्रिया!

तुम नहीं जानती होगी, कि
तुम्हारी देह का यह कल्पवृक्ष—
बंध-छवि वाली मुद्राओं के साथ
एक रत्नदीप सा
प्रशान्त दीर्घाओं वाले मेरे इस एकान्त में
निर्धूम जल रहा है।
कभी इतिहास जैसे
मेरे इस एकान्त की सीढ़ियाँ चढ़कर देखो
तुम्हें लगेगा, कि
किसी जल-वाद्य के परदों पर
क्रमशः चढ़ते हुए, तुम—
मेरे एकान्त को मन्दाक्रान्ता भाषा दे रही हो।

बाउल-गान की आकुलता वाले
इस एकान्त की तन्मयता ही तुम्हारा स्मरण है प्रिया

यह किसी गिरजाघर की घंटियों का स्वर नहीं है,
लॉन की दूब पर
नंगे पैरों तुम्हारा चलना—
मुझे सन्तूर बना गया है।
तुमने देखा होगा प्रिया! कि
यह पृथिवी
कभी-कभी हवा में, निष्प्रयोजित
स्वयं अपने लिए ही बजती होती है,
बस—
यह सन्तूर भी
प्रायः अपने लिए ही आरात्रिक बजता है

मेरे सन्तूर में
इस एकान्त का आलाप ही तुम्हारा स्मरण है प्रिया।

देखो—
जहाँ तुम रोज मेरे सामने
किसी ठुमरी के अलभ्य बोल सी आकर बैठती रही
वहाँ की मिट्टी ने
किसी दिन अनायास ही
तुम्हारा अंग-स्पर्श कर लिया होगा,
और प्रिया! जानती हो
वहाँ एक मौलश्री खिल आयी है?
कल तुम जिन फूलों को देख गयी थीं
वे सब—
स्मरण के काव्य बन कर
पृथिवी पर दूर्वा जैसे चल रहे हैं,
लताओं के कर्णफूल हो गये हैं।

यह प्रतीक्षा करती
एकान्त की नेत्र-भाषा ही तुम्हारा स्मरण है प्रिया!

शिलालेख

मुझे अपने बायें कन्धे पर
पत्तियों की भाषा जैसा
तुम्हारे हाथ का स्पर्श,
अभी-अभी शेष हुई
बाँशी जैसी
तुम्हारी साँसों की सुगन्ध
और
समाप्त हो रहे प्रसंग के जैसा

तुम्हारे झुके सिर के सूर्यास्त का बोध—
क्यों निरन्तर होता रहता है प्रिया ! ?
तुम्हारी स्मृतियों का ताल भी
मेरी ही भाँति थरथराता है ?

मैं जानता हूँ, कि
अवश हो जाने पर
तुम्हारे पास—
पतझर जैसा मर्मरी निश्वास है,
नेत्र-कोरों में जल का आशय भी है
और—
पूर्ण विवश हो जाने पर
अपनी अँगुलियों के दबाव से
मेरे कन्धे पर लिख जाने के लिए
नितान्त ऐकान्तिक अपनी देह-भागवत की व्यथा है।

परन्तु तुम शायद नहीं जानती होगी, कि
पृथिवी पर झरी चैत्र-पत्तियों सा
तुम्हारा वह लिखना—
जो कभी मेरे कन्धे पर था
प्रिया! अब वह सम्पूर्ण व्यक्तित्व हो गया है।
वह मात्र स्पर्श
मुझे
तुम्हारी उस देह-भागवत की व्यथा का
कालजयी शिलालेख बना गया है।

लेकिन घबराओ नहीं प्रिया!
पल्लव-लिपि में लिखे इस शिलालेख को
कोई नहीं पढ़ पाएगा।

●

मात्र एक केश

कुरते पर लगा चला आया है
सितार के तार सा
तुम्हारे जूड़े का एक बाल।
और
मुझे याद हो आयी
वह फाल्गुन-संध्या—
पीठ ओर से
मेरे कन्धे पर टिका
तुम्हारा वह माथ,
वह वार्तालाप
जिसकी कोई भाषा तो नहीं थी
पर थरथराते अधर थे;
तुम्हारा उपस्थित होना
केवल भाषा नहीं, सुगन्ध भी होता है।
वही सुगन्ध है इसमें भी
जो इस बीतती हुई सन्ध्या में
तथा तुम्हारी सम्पूर्णता में थी।
यह सान्निध्य-सम्पूर्णता
शाखाओं पर बैठे पाखी मात्र में होती है।
कुरते पर लगा चला आया यह बाल
कल तक यह भी प्रिया ही था
तभी तो
अब तक इसमें
एक भाषा की, सुगन्ध की थरथराहट शेष है,
कल तक जो प्रिया था
आज मात्र केश है

और इन अँगुलियों से छूट कर
हवा में निःशब्द तैर कर
यह—
मात्र एक अनाम बाल बन कर खो जाएगा।
मैं इसकी वेदना समझ सकता हूँ, कि
तुमसे पृथक होना क्या होता है।
अँगुलियों में लिपट
एक गुच्छ बन कर फिंक जाने का
कितना भयावह अर्थ होता है, कि
हमेशा
हमेशा के लिए
एक सन्दर्भहीन अन्धकार में
बिना पंख के तैरना—
नहीं, अन्धकार मात्र का वरण कर लेना है।

तुमसे जुड़कर यह क्या नहीं था ?—
फैले केशों की माया
एक जूड़ा
स्वयं उपमा;
पर, अब ?
मेरी अँगुलियों से छूट कर
हवा में निःशब्द तैर कर
अब फिर कभी यह
'तुम' नहीं बन पाएगा
'क्या किसी दिन मैं भी……?'

'किसी दिन क्या ?'

'कुछ नहीं।'

●

विवशता

जब तुम फाटक पर खड़ी होकर
बिदा देती हो
तब लगता है, कि
फूल—
क्यों अपनी क्यारी से बाहर नहीं आ सकता।
वर्ण धारण कर लेने पर
सुगन्ध—
स्वयं नहीं जाती,
उस तक जाना होता है।
लेकिन क्या तुम जानती हो, कि
यह बिदा देना नहीं
पृथक करना होता है ?

यह बारम्बार
शंख जैसे फैल आये
अपने अधर के इस माणिक पल्ले को
दाँतों से दबाकर
कौन सी बात कहने से
रोकने की चेष्टा करती रहती हो?
तुम्हारे इन आकुल ओठों में
जो एक नाम है,
नाम की सुगन्ध है
क्या उसे जीभ से अनलिखा किया जा सकता है?
फूल
क्या अपने रंग और गन्ध को
अनहुआ कर सकता है ?
और क्यों ??
और मैं

जल भी तो नहीं हूँ प्रिया ! कि
तुम्हारे उठते ही
तुम्हारी प्रतिबिम्ब-सम्पदा भी लौटा दूँ।
हाँ, तुम अपने को अवश्य ले जा सकती हो,
ऋतु को भला कोई कब तक रोक सकता है ?

अरण्य में
मात्र यही तो प्रवाद होगा न, कि
अगत्या इस वृक्ष का भी पतझर आ ही गया।

एक प्रतीक

तुमने मेरे वक्षस्थल पर क्यों रख दिये
अपने ये आरक्त अधर ?
और क्यों लिख दिया
दो दल वाले
एक वैयक्तिक तथा
नितान्त गोपनीय, ऐकान्तिक फूल का नाम ?
प्रिया! क्यों किया यह ?

तुम्हारे अधरों की
यह कुंकुमवर्णी तितली,
यह माधवी प्रजापति
अपने कोमल रक्त-पंख फैलाए
मेरे सीने पर
कैसी निःशब्द बैठी हुई है—
जैसे अधरों की दीक्षा के बाद

यह, वैयक्तिक वैष्णवता की प्रतीक है—
तुम्हारे अधर-नैकट्य की श्रीवत्स है—
जिसे मुझे अपने वक्षस्थल पर धारण किये रहना है।

आराध्य
वह कोई भी हो
एक प्रतीक रूप में ही वहन किया जाता है।

कोई अन्य नहीं

हमारे-तुम्हारे बीच
मेरी कविता के अतिरिक्त
कोई तीसरा उपस्थित नहीं है प्रिया!
चाहो तो निःसंकोच
तुम
अपने को आद्यन्त अभिव्यक्त कर सकती हो।

प्रत्येक सामाजिक अवसर पर
प्रायः तो मैं अपने को भी नहीं
केवल तुम्हें ही
कविता के रूप में वहन करता हूँ।
तभी तो
वह मेरी कविता की नहीं
तुम्हारी सुगन्ध होती है
जो लोगों को अविश्वसनीय लगती है।
प्रिया ! तुम्हारे ये फैले केश,

नेत्रों की मरीचिका,
बुदबुदाते अधर
और लालपाट की साड़ी वाले प्रियम्वदा रूप को
जब मैं कविता में लिखने लगता हूँ
तो लगता है
शब्द अगरबत्ती हो गये हैं,
जिनकी सुगन्ध-भस्म से
मेरी भाषा तक सुवासित हो उठी है।
भगवत्कृपा जैसी ही तुम्हारी अनुकम्पा ही तो है यह, कि
तुम अपनी समस्त देह-सम्पदा
मुझे लिखने के लिए सौंप
एक अप्रणीत कविता सी
मेरे आकाशों में खिलखिलाने लगती हो।
मेरी अँगुलियों में
अप्राप्ति का एक भीगापन
देर तक बना रहता है—
जैसे शताब्दियों से बैठा हुआ
मैं
अँगुलियों से झील को प्राप्त करना चाहता रहा हूँ।

तुम्हारे इन चपल नेत्रों
आसवी अधरों
सुगन्धित आलिंगनों
और क्लासिकी व्रीड़ाओं से
कोई भी तो वाक्य नहीं बनता प्रिया! कि

कब मैं तुम्हें वल्लभा कहूँ
और कब कविता।

अधूरे वाक्यवाली धूप

धूप—
हमारे पैरों के नीचे से निकल कर
लॉन पर के फैले
अपने मलमली वस्त्र समेट
फेंसिंग की गोल मुँडेर पर
फिसली बैठी हुई
वनहंसिनी सी हमें देख रही थी,
जैसे हमारे एकान्त की
वह एकमात्र साक्षी है
और अपनी चोंच में
तुम्हारा वह अधूरा वाक्य दबाये हुए है
जिसे कहते-कहते
तुम
आकण्ठ गुलाल हो उठी थीं।
मैं उसे उड़ा देने को ही था, कि
वह स्वतः ही
शब्द की लहराती एक लकीर खींचते हुए
पंखवाली सुगन्ध बनकर
सामने के उस पीपल पर जा बैठी
जो कि
पता नहीं हवा के कारण
या धूप के बोझ से हिलने लगा था।

बड़े ही अनुत्सवी ढंग से
जब धूप
पीपल पर से भी उड़ गयी
तो कैसी उदासी लगने लगी

जैसे वह धूप नहीं
अली अकबर की रागदारी थी
जो हठात समाप्त हो गयी।

हिला पड़ता पीपल है
फेंसिंग की दीवाल है
और लॉन भी—
परन्तु प्रिया!
मेरे चारों ओर के फैले
अपने सारे भाषा-वस्त्र समेट
मुझे लॉन पर अकेला छोड़कर
उस अधूरे वाक्यवाली
धूप की वनहंसिनी को खोजने
तुम कहाँ चली गयी हो ?

•

समस्त आयु

तुम्हारे बिना
काटे नहीं कटा आज का दिन।
लगा—
दिन नहीं, विषुवत-रेखा है;
पृथिवी की इस मेखला से
किसी की भी तो मुक्ति नहीं।

पोर-पोर काट डाला
पर—
नहीं ही कटा।

दिन था, कि
जिसने शाम तक
मुझे ही काट कर रख दिया।

परन्तु तुम्हारे आते ही
लगा—
कितनी छोटी है
यह समस्त आयु,
कम से कम
आज के इस एक दिन के बराबर ही होती।

रविवार बनकर

एक रविवार बनकर
आओ—
मेरे पास बैठो
मुझे लगे कि
धूप—
मेरे चारों ओर तुम्हारा दुकूल है

मैं यह सार्वजनिकता
अपने वस्त्रों पर से ही नहीं
स्वत्व पर से भी झाड़ पोंछना चाहता हूँ
ताकि तुम्हारे एकान्त के केवड़े की
देह-गन्ध
मुझे आकण्ठ आप्लावित कर जाए।

कभी श्रावणी हवा को देखा है?
कैसी उन्मुक्त
पूरे घर में स्वामिनी बनी घूमती है।
बस—
इसी सम्राज्ञी-भाव से
आओ, मेरे पास बैठो,
मुझे लगे, कि
चीड़ की चिलबिली छाया में लेटे हुए
कस्तूरी मृग सी
तुम—
मेरे साथ
जसराज बने उस चीड़वन का धमार सुन रही हो।

मुझे मालूम है—
हवा में हिलते परदों के
बोलते घुँघरुओं के कारण
किसी तीसरे की उपस्थिति का आभास
तुम्हें चौकन्ना कर जाता है, कि
अरण्य से बाहर
मृग को नहीं आना चाहिए।
प्रिया! नेत्रों में जब अस्वीकार लिखा हुआ हो
तब क्यों आवश्यक है
अपनी अँगुलियों से
एक स्पर्श
एक मर्म
मेरी हथेलियों में छोड़ जाना,
जिसका फल
कोई भविष्यवक्ता भी नहीं बता सकता ?

यदि कुछ भी बोल पाना
तुम्हारे लिए सम्भव नहीं, तो
झील सी प्रकम्पित भी मत होओ प्रिया!—

तुम तारीख तो नहीं
जो कल बदल जाएगी;
पर्व हो
जो लौट-लौट कर आएगा
और मुझे उपकृत भी करेगा

जिज्ञासा

न होती हो
तो मेरे पार्श्व में होती हो,
लेकिन
जब होती हो
तो न जाने कहाँ होती हो ?

एक भावयात्रा

जब तुम मेरे सामने बैठी होती हो
तो लगता है—

पूर्णिमा वाले समुद्र की सारी आकुलता
लौट-लौट कर
मेरे तट से अनवरत टकराती है
और मेरी बालुओं पर
जलपरियों वाली अपनी मृणाल-देह लिख जाती है।
नेत्रों में अपनी भाषा
और देह में यष्टि-कथात्मकता—
सभी कुछ तो अप्सरावत धारण किये हुए है।
मेरी बालुओं में
बारम्बार लिप उठने का
यही तो तात्पर्य है, कि
क्या मैं इसे
कोई ऐसी भाषा दे सकता हूँ, कि
यह अपनी नहीं
बल्कि मेरी विश्वसनीय एकान्त-कथा लगे ?
जब तुम मेरे सामने बैठी होती हो
तो लगता है—
एक संगमरमरी गुम्बद
जिसमें आवाजों की
मौन घंटियाँ ही घंटियाँ लटकी हुई हैं।
बोलने से ही नहीं
बल्कि देखने मात्र से ही
ये सब बजने लगेंगी,
प्रतीक्षा ने
इनके मौन को आवाज बना दिया है।
इन आकुल ध्वनियों को मत छूना—
गुम्बद के हर पत्थर से
प्रतिध्वनियाँ

उनकी प्रतिध्वनियाँ
और उन प्रतिध्वनियों की भी
लौट-लौट आती प्रतिध्वनियाँ जनांतिक से आने लगेंगी।
आबद्ध कर जाएगा
बीते हुए समय की आवाजों का
एक नागपाश—
तब क्या करोगे ?
प्रिया!
मैं तुम्हें तुम्हारे अतीत से तो मुक्त नहीं कर सकता
और न ही तुम्हारे वर्तमान तथा
तुम्हारे इतिहास का हिस्सा बन सकता हूँ—
क्योंकि जरूरी है
इतिहास बनने के लिए, बीतना।
प्रिया ! मेरी ओर ऐसे मत देखो
देखना भी
एक प्रतिध्वनि बन जाता है
सन्दर्भ के सँकरे गलियारे ने
हमें जहाँ ला खड़ा किया है
वहाँ हम केवल टकरा सकते हैं।
सम्भव है
इस संगमरमरी गुम्बद में
हमारी इस टकराहट की कोई प्रतिध्वनि ही न आए।
नहीं, मेरी ओर इतनी विवशता से मत देखो—
व्यक्ति को इतिहास
और इतिहास को खँडहर बनते क्या देर लगती है।
मौन ही सही
प्रिया !
तुम्हारा यह मात्र बैठना ही
एक अलभ्य सम्पदा है।

नहीं तो!

नहीं तो
मैंने तुम्हें चूमा कहाँ?

वह तो
तुमने मुझे स्वप्न में देखा शायद
और मुझे लगा कि
तुम्हारे अधर पर
एक नाम,
नहीं स्पष्टतः मेरा नाम थरथरा रहा है।
तुम्हें ही असुविधा से बचाने के लिए
उस मुसकराते अधर-पल्लव को ठीक करते हुए
मैंने अपने ओठों से
केवल
उस पर से अपना नाम भर पोंछा था—
बस !!

मैंने तुम्हें चूमा कब प्रिया ?

प्रतिप्रश्न

''देखो
मैंने तुम्हें कविता बना दिया।''

तुमने निमिष भर देखा
और पलकें गिरा लीं।

पूरे वर्ष
जिसकी प्रतीक्षा थी
वह गुलालवाली होली हो गयी।

तुम्हारी उस लौटती हुई तिर्यक दृष्टि में
कैसी बोलती हुई खिलखिलाहट लिखी हुई थी—कि,
'किसी को कविता बनाना बड़ा है
या कवि ?'

दक्षिणावर्त नेत्र

अच्छा—
अब सोचो नहीं
पहन लो अपने इन नेत्रों में सम्बोधन
सम्मोहन और दृष्टि।

तुम नहीं जानती होगी, कि
तुम्हारे ये नेत्र
मात्र नेत्र ही नहीं
दक्षिणावर्त शंख जैसे अलभ्य अलंकार हैं।
जब भी सोचने लगती हो
तो इस सम्पदा को
ऐसे खुले छोड़कर
कहाँ चली जाती हो ?
दृष्टि-सम्पन्न नेत्रों की भाषा
आलाप और मीड़ समझना एक बात है

परन्तु—
जब भी ये देवपाखियों जैसे मिथुन
असम्बोधित
तथा अपने ही एकान्त में होते हैं
तब ये सर्वस्व अपहरण कर लेते हैं प्रिया।

मोहक-मुख के
ऐसे असम्पृक्त नेत्रों को देखना—
अमावस्या में जल पर चलना है
और कोई आकुलता
जल पर कब तक चल सकती है ?

नहीं—
सोचो नहीं अब
पहन लो अपने इन नेत्रों में सम्बोधन
सम्मोहन और दृष्टि
ताकि तुम देवि नहीं
मानुषी नहीं
बल्कि मेरी आकुल बाँशी में बारम्बार बज उठने वाला नाम
लगो।

●

अधूरा उपालम्भ

प्रिया!
उठाओ अपना यह आनत मुख
मुझे तुम्हारे इन बुदबुदाते अधरों का नहीं—
छलछलाये नेत्रों का विश्वास है।

लेकिन—
कैसे गो[illegible]जन हैं ये नेत्र, कि
सामने पड़ते ही
सद्यःस्नात देहवस्त्र जैसे हो जाते हैं।
सहसा अपनी सम्पूर्ण भाषा समेट
सशंक मछलियों से
हठात अपने जल में
उतर जाने को आकुल हो उठते हैं।
इन गीत-गोविन्द नेत्रों से कह दो, कि
ये पलकें कहीं नहीं जाएँगी।
जो एकान्त उपालम्भ आरम्भ किया था
उसे तो पूरा कर लें।

कभी सोचा है
अधूरे उपालम्भ को वहन करना क्या होता है ?

कभी तो

कभी तो इन कविताओं से बाहर निकल कर
मेरे सामने
एक प्रिया
एक सुगन्ध
एक नाम बनकर बैठो।
क्या हमेशा कविताओं के
ये पारदर्शी वस्त्र पहन कर
नील जलाशय की उपमा बने बैठे रहना
बहुत अच्छा लगता है ?

प्रिया!
जब तुम इन कविताओं में ही होती हो
तो लगता है—
हम किसी सार्वजनिक उत्सव में
केवल नेत्रों से ही मिल रहे हैं,
परन्तु तुम्हारे नेत्रों का
लाजवन्ती से क्या सम्बन्ध है?
प्रत्येक बार
इन कविताओं को सुनाकर लगता है, कि
वह अमूल्य गोपनता
वैसे ही खोयी है—
जैसे वह जल भीगा थरथराता एकान्त
जिसे तुम बुदबुदाते ओठों की भाँति
सौंपने का सोचती रही हो।
धूप में गुनगुने हुए तुम्हारे फैले केश—
जैसे गूजरी तोड़ी बजाये जाने की प्रतीक्षा में
दिन के हाथों में
एक कृष्णा सितार है।
और कोई क्यो विश्वास करेगा, कि
फाल्गुन
खिलता ही नहीं बजता भी है।
प्रिया! मुझे भी बजा लेने दो
वह ठुमरी
वे बोल
जिससे व्यक्ति—
रविशंकर से देवगन्धर्व बनता है।

कभी तो इन कविताओं से बाहर निकल कर
मेरे सामने बैठो

और उस अलभ्यता का साक्षात करने दो
जिसे तुम—
अपनी देह-यष्टि में
परिधान में
और नेत्रों में वहन करती हो।
प्रिया! कभी तो इस भाषा से बाहर निकलकर
मेरे सामने बैठो,
विश्वास करो
लोग तुम्हें केवल कविता ही समझेंगे।

कुछ तो बोलो

कुछ तो बोलो प्रिया!
इस प्रकार निस्तब्धता से घिरे बैठे रहने पर—
धूप का यह क्षितिज पर्यन्ती विस्तार,
तुम्हारे केश उड़ाती
यह माघी पूर्वा,
इस विशाल गंगा-पुल पर से
नीचे का सारा का सारा
यह कुम्भ-नगर,
बाँशी में बजती आकुल ठुमरी सी
तुम्हारी यह यक्ष-देह
सब—
ये सब अप्रासंगिक, अस्वाभाविक ही नहीं लगते प्रिया !
बल्कि जैसे

समस्त जलों को ओढ़कर
हम सागर-तल में
अनन्तकाल से बैठे हुए
जल का आदिम बोझ वहन करते
मात्र दो विवश प्रवाल हैं।

कैसी विषमता है, कि
तुम मेरा मौन हो
और मैं तुम्हारी भाषा।
नहीं, मत लिखो—
अपने वैदूर्य नेत्रों से
अब और एकान्त मत लिखो।
तुम नहीं जानतीं, कि
प्रत्येक सामाजिकता के अवसर
मेरे पार्श्व में आकर खड़े हो जाते हैं—
मेघदूत जैसे ये एकान्त
स्मरण का हरा चम्पा
और सुगन्ध सी मालती।

मेरे नेत्रों में
मेरी वाणी में
मेरी भाषा में
तुम्हारे इस एकान्त की उपस्थिति
हरे चम्पे का वर्ण
और मालती की गन्ध
कोई भी पढ़ सकता है।

किस दिन तुम यह समझ सकोगी, कि
मेरी कविता

तुम्हारे अधरों पर कब से बाँशी बनने को आकुल है प्रिया!
कुछ तो बोलो!

चौंको नहीं

चौंको नहीं प्रिया!
यह मेरा हाथ नहीं
बल्कि मेरी भाषा जैसी हवा थी
जो तुम्हारे रेशमी फैले केशों की
आरण्यक अलभ्यता से खेलने का
लोभ संवरण नहीं कर पायी
और काकुलों को आकुल बना दिया,
जैसे कि मेरी भाषा ने
मेरी कविता को आकुल कर दिया है।

तिर्यक दृष्टि से मत देखो—
नेत्रों की यह
मध्यकालीन अनुपमेय वल्लभा-भाषा
मैं समझ सकता हूँ
हवा नहीं।
वैसे मैं मना कर दूँगा, कि
फैले केशों वाला
तुम्हारा
यह नारी एकान्त
केवल सूर्य के लिए ही नहीं
हवा
और मेरी भाषा दोनों के लिए भी वर्जित है।

आश्चर्य

जैसे ही कुछ कहने को होता हूँ, कि
वर्षा उपरान्त के किसी वृक्ष
अथवा किसी विप्रलम्भ शृंगार को
जैसे झकझोर दिया हो—
अबोले
विस्फारित नेत्रों वाले
तुम्हारे मृग-व्यक्तित्व में
आश्चर्य ही आश्चर्य लिख उठता है।
झील को चकित होकर देखते
कभी देखा है?
वह अपने बिल्लौरी जल में
बहुत देर तक
नहीं, बल्कि सुदूर तक
सब कुछ प्रतिबिम्बित भी कर सकती है;
परन्तु
जल, वह किसी का भी हो
लौटाता कुछ नहीं है।

उस दिन—
घुटने पर
झूलते हाथों की गुँथी हथेलियों पर टिका
तुम्हारा पाखी-मुख
मान किये बैठी भाषा सा लग रहा था।
जैसे ही तुम्हें झकझोरता हूँ, कि
मेरे स्पर्श के तट पर
यह तुम क्या छोड़ जाती हो?—
स्नान-वस्त्रों सी अपनी देह

और विस्फारित नेत्रालंकार?
क्यों?
फैले केशों वाले
अपने जल में निःशब्द उतर कर
तुम कहाँ चली जाती हो?

कहाँ??

क्या कामना करते ही
स्त्री—
परीकथाओं की राजकुमारी सी
अपने जल में घुल जाती है?
और पीछे छोड़ जाती है—

एक मध्यकाल,
असुरक्षित अरण्य,
वृक्ष से बँधा एक अश्व
और वही अकेली पगडण्डी
जो मुझे
इस जादुई जल वाली झील की सम्भावना तक लायी थी ?

धूप की भाषा

धूप की भाषा सी
खिड़की में मत खड़ी होओ प्रिया!
शॉल सा
कन्धों पर पड़ा यह फाल्गुन
चैत्र सा तपने लगेगा!

केश सुखा लेने के बाद
ढीला जूड़ा बना
तुम तो लौट जाओगी
परन्तु तुम्हें क्या पता, कि
तुम—
इस गवाक्ष
आकाश और
बालुकणों जैसे रिसते
इस नि:शब्द समय से कहीं अधिक
मुझमें एक मर्म
एक प्रसंग बनकर लिखी जा चुकी हो।
प्रिया !
इस प्रकार लिखा जाना ही पुरालेख होता है।

हवा, तुम्हारा आँचल
मुझमें ऐसे मलमली भाव से टाँक गयी है
जैसे कि पहली बार
मेरे आकाश को मन्दाकिनी मिली हो।
भले ही अब यहाँ कुछ भी न हो
फिर भी
तुम्हारी वह चीनांशुक-पताका
कैसी आकुल पुकार सी लगती है
जैसे कि उस पुकार पर जाना
इतिहास में जाना है—
जहाँ प्रत्येक पत्थर पर
अधूरे पात्र
और आकुल घटनाएँ
अपनी भाषा की तलाश में कब से थरथरा रही हैं।

इसके पूर्व, कि
यह उजाड़ रूपमती महल लगे
समेट लो अपनी यह वैभव-मुद्रा।
इसलिए धूप की भाषा सी
खिड़की में मत खड़ी होओ प्रिया!
इतिहास में जाकर फिर लौटना नहीं होता!

मान लीला

बिगड़ो—
अवश्य बिगड़ो
लेकिन मुझ पर,
बेचारे उस परदे पर नहीं।

झल्लाते हुए
परदे में चुन्नटें डालने से क्या होगा?
आखिर तो वह वस्त्र है
स्पर्श का महत्व पदार्थ क्या समझ सकता है प्रिया?
अपनी क्रोधित अँगुलियों से
जितनी चुन्नटें चाहो
मुझमें डाल दो।
कुछ हो
आखिर तो ये अँगुलियाँ
तुम्हारी
प्रिया की ही तो होंगी।
चाहो तो मुझे

आद्यन्त एक पैटर्न सा बुन डालो
पर वह परदा टूट जाएगा।

लेकिन—
यह बताओ, क्यों?
क्या हुआ ऐसा?
केवल तुम्हारी अँगुलियाँ
मेरे हाथों में पहुँच कर कुछ कह रही थीं
और मैंने
उन शाकुन्तल अँगुलियों को
लौटने से बरजते हुए
केवल
अपने ओठों पर रख लिया था।

क्या इसीलिए इतना मान ?

ठीक है, बिगड़ो
अवश्य बिगड़ो
पर ऐसे नहीं प्रिया :—
मेरे ओठों पर अपने अधर रखकर
जितना चाहो बिगड़ो
लेकिन उस बेचारे परदे पर नहीं
वह तो मात्र दृष्टा था।

और तुम कैसी हो—
तुम्हें मान करना भी नहीं आता !!

प्रतीक्षा

रात—
न नींद आयी
न तुम।

खिड़कियों से सप्तर्षियों की
अनन्त आकाशी-यात्रा देखते हुए
तथा रात्रि-हवा में
हिलते परदों के कारण
यह लगता रहा, कि—

एक गोरा हाथ
एक गुलाब
कन्धों पर श्यामल केशों का प्रपात
और, दो नेत्र !!

बस—
परदे के पीछे से
अभिसार, अभी खिलखिलाने को ही है
और मैं मुड़कर
वाणी को फैली बाँहें बनाते हुए कहूँगा—
"स्वागत !!"

प्रातःकाल और क्या होता है ?
वैसा ही होगा तुम्हारा आना।
जैसा कि
फूल के पास धूप का जाना।

मेरी वनस्पति को भी
ऐसी प्राकृतिक घटना की प्रतीक्षा है।

●

मायावी रात्रि

अर्ध रात्रि के
बिल्लौरी शारदीय आकाश में
तारे—
अप्सराएँ बनने के लिए
क्षितिज पर पैर रख कर
नीचे उतरने की तैयारी में लग रहे हैं,
और मेरी अँगुलियाँ
तुम्हारे देह-वाद्य के परदों पर
झरनों सी—
टूटे-टूटे, रुकते-रुकते उतर रही हैं।
नहीं, यह वाद्य नहीं
तुम्हारे खुले केशों वाला स्वर-मण्डल है
जो बज रहा है,
स्पर्श का यह गन्धार
मुझे अनेक आकाशों वाला आकाश बना रहा है।
अभी-अभी हवा में चौंक पड़े
मंजरी-गुच्छ सा
तुम्हारा तारिका-मुख—
बाँहों, नेत्रों और अधरों के माध्यम से
मुझे
अपने में अनुभव करता

कैसा जल भरा नारियल हो गया है।
नारियल—
जिसे मेरे अधर
उन्मत्त समुद्री-हवा सा पी रहे हैं।
तुम, तुम न रहकर
मुँदी पड़ती आँख हो गयी हो
और मैं, मैं न रहकर
तुम्हारी आँखों की नींद तलाश करता
समुद्र सी आलोड़ती देह के आकाश में
भटका गरुड़ हो गया हूँ।

प्रिया!
निष्णात सम्पन्न हुए उत्सव सी
तुम्हारी यह देह
ये बाँहें
ये नेत्र देखकर कोई भी कह सकता है, कि
यह आसव-अनुष्ठान
आज प्रातःकाल भी समाप्त नहीं होगा।

परन्तु वल्लभा !
हरश्रृंगार तो प्रातःकाल का फूल होता है
तब इस अर्धरात्रि में
शिवली सी तुम
मेरे चारों ओर बिखरकर
क्यों सुगन्ध का ज्वार लग रही हो?
एक फूल के
सम्पूर्ण अरण्य हो जाने की
यह कैसी मायावी रात्रि है प्रिया?

कुहरे का वस्त्र

लान का वह छोटा सा फाटक बन्द करते हुए
तुम—
एकदम श्लथ
विवश प्रशाखा सी
मुझे सुनने लगी थीं—

''प्रिया! शायद हमारी यात्रा समाप्त हो गयी।''

तुम्हारी अँगुलियाँ फाटक पर कस उठीं
जैसे वे उसका ही हिस्सा हों।
आहत मुख की मुँदी पड़ती आँखों से
लग रहा था—
तुम मेरे वाक्य को नहीं
वाक्य के आस्वाद को
घूँट-घूँट पी रही हो
और कहीं अपने भीतर
अपनी देह को दोनों घुटनों में सटाये जमती जा रही हो।

तुम्हारी अँगूठी का माणिक
और कन्धे का शाल
उस नील प्रातःकाल में
तुम्हारे सन्दर्भ से
कुछ अधिक ही लाल हो उठे थे।
हमारे बीच
हठात घिर आये खालीपन में
कुहरा
लगभग व्यर्थ था

इसीलिए चीड़ों और देवदारुओं में उड़ने के लिए
ग्रीवा ऊँची किये ऊँचा उड़ा जा रहा था।
उसी डूबेपन से तुमने
मात्र एक वाक्य कहा था—

"मुझे आरम्भ तो कर लेने दिया होता।"

बोलते हुए
तुम—
ठण्डे फूलों वाला मन्दार लग रही थीं
और मैं
तुम्हारी प्रशाखाओं में
यहाँ-वहाँ उड़ता हुआ कुहरे का मलमली वस्त्र।

विषमता

यदि चला ही जाता
तो वह एक बार ही होता
परन्तु
न जाकर
दिन भर ही जाता रहा।

फाल्गुनी पाटल

क्यों?
हठात मेरे ओठों पर
अपने अधरों की सुगन्धित पंखुरियाँ रहकर

मेरे एकान्त को ऐसा अद्वितीय क्यों बना दिया ?
क्यों सौंप दी
आलिंगन की मधु-माधवता, कि
एकान्त ही नहीं
उत्सवों तक में
मैं इसे ही वहन करता हूँ।
शब्द का अब कोई अर्थ नहीं रह गया है।

कुछ तो सोचा होता—

यदि यह होना ही था
तो आभास दिया होता
मैंने अपनी पात्रता के वस्त्र को सी ही लिया होता।
किसी से भी क्या कहूँगा
जब मेरी दरिद्र-पात्रता में से
झाँक-झाँक पड़ेगी यह राज-सम्पदा?

कुछ तो सोचा होता—

परन्तु—
एक सुगन्ध
प्रिया बनकर बिजली सी मुड़ी
कौंधी
और क्षणान्त में
मेरे ओठों पर सुलगकर
मुझे चीड़ सा
खड़ा चीरती हुई विलीन हो गयी।

उस विद्युत-सुगन्ध को
घटते हुए नहीं

बल्कि
केवल जाते हुए देखा।
मेरे देखने के मोड़ पर
वह आज भी
एक ऐसे मुहूर्त सी लिखी हुई है
जो मेरे ओठों पर
अपने अधरों का अयाचित फाल्गुनी-पाटल रख गयी है।

नेत्र, प्रतिनेत्र

लगा, कि
तुम सम्पूर्ण खिंच कर
अपनी आँखों में आ बैठी हो,
और केवल नेत्र हो गयी हो—
अपने आकाश का
प्रातः शुक्र—
बस,
नेत्र ! !

लेकिन यह क्या ?
तुमने मुझे क्रमशः यह क्या बना दिया ?
मैं भी तो सम्पूर्ण खिंचकर
अपनी आँखों में आ बैठा हूँ
और तुम्हारी ओर देखते हुए
केवल प्रतिनेत्र हो गया हूँ—
अपने आकाश का

स्वयं शुक्र
बस,
प्रतिनेत्र ! !

नेत्र-बाँशी

मत बजाओ
अपने इन आसावरी नेत्रों की बाँशी में
मत बजाओ मेरा नाम,
यह साधारण सा नाम
तुम्हारी बाँशी में बजकर उत्सव हो जाएगा।
प्रिया ! मेरे नाम को
अपने एकान्त का सम्बोधन ही रहने दो।

प्रातःकालीन आलाप सी
ये मन्दार पलकें
क्रमशः उठाकर
तुम तो मात्र देखती हो
परन्तु, मुझे लगता है—
जैसे गुलाल के बादलों का
एक प्रपात
आकाश से फट पड़ा है,
जो अपने उद्दाम जलों से
केवल भिगोता ही नहीं है
बल्कि मात्र निक्षेप के हाहाकार से पाशित कर जाता है।
मुझसे मेरी पृथिवी

मेरा स्तत्व छीन कर
मात्र एक शब्द बना देने पर तुम्हें क्या मिलेगा ?
मत बजाओ
अपने इन सारंग-नेत्रों की बाँशी में
मत बजाओ यह शब्द,
यह साधारण सा शब्द
तुम्हारी बाँशी में बजकर पद बन जाएगा।
प्रिया ! मेरे नाम को
अपने एकान्त का सखा ही रहने दो।

जैसे हठात
चैत्र का पूरा दिन खुल आया हो
ऐसा तुम्हारा देखना—
अपने वासक डैनों में
कैसे एक वनहंस या उड़कर आता है
और मेरी कामना-प्रशाखाओं पर बैठ जाता है।
वे प्रशाखाएँ
प्रपात झेलती घासों सी
बारम्बार हिलते हुए कैसी कृतार्थ लगती हैं।
तुम्हारे इस सम्राज्ञी-निक्षेप मात्र से
मेरी कामना-प्रशाखाओं में
काव्य के बकुल फूल आये हैं प्रिया !
मत बजाओ
अपने इन रात्रि-प्रसंग नेत्रों की बाँशी में
मत बजाओ काव्य के बकुल
ये साधारण से काव्य के बकुल
तुम्हारी बाँशी में बजकर संकीर्तन हो जाएँगे।
प्रिया! मेरे नाम को
अपने एकान्त की आकुलता ही रहने दो।

नेत्र-भाषा

मत देखो मेरी ओर—
चौंक-चौंक पड़ते हुए
फूलों की भाषा जैसा
यह देखना—
एक प्रसंग, एक घटना बन जाता है प्रिया!
नेत्रों की यह मायावी रंग-भाषा
संकेत-सुगन्ध है
पर मेरे वृक्ष की ऋतु नहीं है।
इसके पूर्व कि मुझमें
यह कुषाणकालीन जूड़े वाला उत्सव सम्पन्न हो
मत बजाओ यह विहाग,
स्वरों पर पैर धरकर चलने जैसा
बिलावल-नेत्रों का
यह देखना—
मेरे पादप को
ऋतुहीन ही नहीं, पत्रहीन भी कर जाता है प्रिया !
कितने अलभ्य हैं
ये नेत्र-भाषा वाले फूल
पर क्या करूँ मेरा पादप, कदम्ब नहीं है।
लौटाल लो प्रिया ! अपने देखने की यह माधवी-माया
लौटाल लो।

●

अलभ्य फूल

मैं जानता हूँ
यह वनस्पति

यों ही फूल नहीं बना करती है।

प्रिया!
तुम्हें मेरे पार्श्व में देख कर
अरण्य को
कैसी देवताओं वाली सहज ईर्ष्या हो रही है।
तभी तो दूब से लेकर देवदार तक
वासन्ती-भूषा धारण कर
यह अनंग
यह कामदेव तुम्हें आकुल स्वरों में पुकार रहा है।

इस ईर्ष्यालु वन की प्रशाखा मात्र को
वही फूल चाहिए
जो मेरे पास है।
जैसे बिना इस फूल के—
ये पलाश, कचनार, अमलतास
कदम्ब-वन का सुगन्ध-यज्ञ
कोटि रंग-वर्ण के अनुष्ठान
ये सब,
नहीं यह सम्पूर्ण सृष्टि अपूर्ण है
उस फूल के बिना
जो मेरे पास
ब्रह्म-कमल सा सुशोभित है।

प्रिया! जानती हो न
अरण्य की पिपासा वाला वह ब्रह्म-कमल?
अलभ्य-फूल ?

वनहंसिनी !

मेरे अरण्य के लिए
ये वासन्ती-वसन ही क्या कम थे प्रिया!
जो आँखों में पलाश फूल आया।
मुझे अब
आद्यन्त अंगारों वाला टेसू-वन
क्यों बना देना चाहती हो ?
मुझे किसी अतिरिक्त होली
गुलाल
या उत्सव की आवश्यकता नहीं प्रिया !
तुम यह सरसों की सम्पदा धारण किये
क्यों मेरी पृथिवी और समय पर चल रही हो?

वनहंसिनी!
तुम्हारा यह चलना भी पर्व है,
और मेरे जल में
यह पर्व—
प्रतिबिम्ब और प्रकम्पन दोनों उत्पन्न करता है;
अपने फैले केशों
चपल चितवनों
और कनेरी अँगुलियों में—
यह मेरे सर्वस्व अपहरण का
कैसा वल्लभा-अनुष्ठान
देह की समस्त आलाप-भाषा के साथ
कौमुदी-महोत्सव सा
मेरे सामने सम्पन्न हो रहा है।

चम्पई वर्ण की इन बाहुओं में
आरोह-अवरोह वाली

ये आरक्त-पीत चूड़ियाँ—
मेरी आसक्ति की सितार के परदे हैं
जिनमें तुम्हारी देह का पीलू बज रहा है।
इतना आसव पी लेने के बाद
वनहंसिनी !
व्यक्ति केवल बीजगुप्त हो सकता है।
अपने इन पलाश-फूलों नेत्रों से
देह की ऐसी होली मत खेलो प्रिया! कि
फिर कोई होली
होली ही न लगे,
और गुलाल
गुलाल !!

चलो प्रिया!

चलो प्रिया!
कहीं खुले में चलें।
तुम्हारे केशों की सुगन्ध जैसे
इस एकान्त को
अखबारी व्यक्तित्व वाले लोगों की
विज्ञापनी बातों से प्रदूषित करने से
कहीं अच्छा है—
किसी बृहत सन्दर्भ को खोजते हुए
सुपारी और नारियल के गाछों के चारों ओर
समुद्र परित्यक्ता सीपियाँ
या हवा के लहराते बालों जैसे सरपतों के बीच
दो अनाम यूप बन जाएँ;
सम्भव हो

तो यह आकाश और समुद्र
चैतन्य के महाभाव की भाँति
हमारे लिए भी आराध्य बन जाए।
देखो प्रिया!
लोग-बाग हमारे इस एकान्त का फाटक खोलकर
हमारी इस नितान्त वैयक्तिकता को भी
हाट-बाजार बनाकर ही रहेंगे।
इनकी बाजारू जिज्ञासा
हमें व्यक्ति से विज्ञापन बना दे
इसके पूर्व ही
चलो प्रिया ! कहीं खुले में चलें।
मुझे आकाश का अगाधपन
ब्रह्माण्ड की अपरिमेयता—
एक मानवीय गरिमा
एक वैचारिक विराटता देती है,
जबकि इन महानुभावों को—
आकाश नहीं दफ्तर चाहिए;
निर्जन एकान्त की उत्तेजना नहीं चाहिए,
रचना नहीं
अफवाह चाहिए ।

प्रिया!
आकाश और हवा की खोज में
कमरे और लोगों के
इस घुटने-घुटने जल से निकल कर
उस खुले में चलें
जहाँ से समुद्र और आकाश का
दैवीय नीलापन
स्वत्वीय खुलापन आरम्भ होता है,
चलो प्रिया ! कहीं खुले में चलें।

नाम-वृक्ष

मैं तो अनाम था प्रिया !
तुमने ही मुझे
अपने नेत्रों के रुद्राक्ष की
यह माला पहना दी
और एक दीक्षा-नाम दे दिया;
वृक्ष था—
कदम्ब बना दिया।
तुम चाहोगी
तो धूप का पीताम्बर धारण कर
उत्सव-वृक्ष भी लगूँगा
ताकि रास सम्भव हो सके।

स्पर्श का
वह कैसा अलौकिक आह्लाद था प्रिया! कि
अब जब भी
कोई पत्र अंकुरित होने को होता है—
तो, कीर्तन का महाभाव
पद का लालित्य
गुलाल की रंगमयता—
प्रिया! पूरी देह
रास-स्थली
संकेत-मण्डप लगने लगती है।
मत बाँधो अपनी बाहुओं में
मेरी यह कदम्ब संज्ञा भी झर जाएगी
और मैं तब
केवल नाम-वृक्ष रह जाऊँगा।
प्रिया! केवल तुम्हारा नाम-वृक्ष!!

प्रतीति

कोई आने को है
इस सम्भावना मात्र से
तुम—
हरिण सी चौंक कर
अपने एकान्त में
हठात स्मृति सी लौट जाती हो।
कुछ क्षण को
परदे के घुँघरू
बलात कुछ बोलने लगते हैं
और फिर नीरव हो जाते हैं
अभी-अभी का तुम्हारा होना—
हवा में
केवल एक क्षीण सुगन्ध सा
कहीं थरथरा रहा होता है, बस—
और सब शान्त हो जाता है।
लेकिन
ऐसा भी क्या चौंकना प्रिया! कि
मेरे वक्षस्थल पर
अपने नयन तक छोड़ गयीं।

ये मिथुन-नयन
मेरी आँखों में
मेरे व्यक्तित्व में
समय के मेरे समस्त आकाशों में
विवश पाखी से तिरने लगते हैं
और

अपनी ओर ताकते हुए
रसलीन के दोहे वाले
ये नेत्र
पहली बार मुझे भी कविता लगते हैं।

एक स्थिति

प्लेटफार्म पर खड़े हुए
हम—
अपनी अन्तिम चाय पी रहे थे।
धूप का पतला, पीला रिबन
साड़ी की सलवटों
और वक्षस्थल से होकर
ऊपर कहीं खो गया था।
तुम्हारे कुन्तलों जैसी
कप से उठती हुई भाप—
तुम्हारे खोये हुए मुख पर
घिर आयी लिखावट को
मिटाती हुई विलीन हो रही थी।
और ट्रेन—
एक बिन्दु से उभर कर
क्रमशः आते हुए
पूरी ट्रेन बन कर
हमारे सामने आ खड़ी हुई थी।
मेरे पास भाषा थी
और तुम्हारे पास—
प्रलम्ब निश्वासों से भरा वक्षस्थल था।

प्राय: ऐसे ही समय
आँखों से देखना भी
बोलने जैसा ही बचाया जाता है।
कम्पार्टमेंट की खिड़की पर—
नीचे खिसक आयी चूड़ियों वाले हाथ पर
अपना मुँह टिका
यात्रिक होने का बानक बनाये
तुम, बैठ गयीं।
मैं कितना चाहता रहा, कि
प्रिया! जब तुम जा ही रही हो
तो अपनी इस देहवल्ली की सम्पूर्णता के साथ
स्मृति की इस रजनीगन्धा को भी
क्यों नहीं ले जातीं ?
इसे मेरे एकान्त में क्यों रोपे जा रही हो ?
अपनी समस्त गन्ध सौंप कर
फूल मुरझा नहीं जाएगा ?
परन्तु ट्रेन—
जाना आरम्भ कर
क्रमश: जाते हुए
विलीन होने के बिन्दु पर
शायद कुछ थरथरायी
परन्तु आखिरकार जा चुकी थी।

●

मेरी भाषा

भाषा की तलाश में
मैं—
कमरे से बाहर निकला,

तुम—
चण्डीदास की पदावली सी
उस माधवी-मण्डप के नीचे
शीतलपाटी पर बैठी हुई
अपनी अँगुलियों से
फैले केश सुखा रही थीं।

मुझे उपस्थित हुआ देख
तुमने अपने नारी-एकान्त से चौंक कर
देखा, और पूछा—
"किसे खोज रहे हो ?"
"अपनी भाषा !!"
अँगुलियों में
अपने केश और भी प्रलम्ब करते हुए
आश्चर्य से बोलीं—
"यहाँ ?"
"देखो न—
मैं कमरे में था
और न जाने कब से
निर्निमेष तुम्हें
और तुम्हारे केशों की इस माधवता को देखते हुए
मेरी भाषा
भाषा सीखती यहाँ बैठी है ।"

भाषा-स्तबक

तृणों का
एक छोटा सा स्तबक बनाकर

निरी कौतूहलता के साथ
तुम—
उसे देर तक
अपनी अँगुलियों में घुमाती रहीं।
लगा कि
तुम—
अपनी अँगुलियों में बालिका-वधू हो गयी हो।
मैं ही नहीं
पत्तियों पर की गिरी पड़ती हवा,
लान का सम्पूर्ण हरापन
और क्यारियों में सतबहनियों का फुदकना
सब—
सब तुम्हें तन्मय होकर देख रहे थे।
हठात, अधूरे नेत्रों से तुमने देखा
जैसे निश्वास ली हो,
और सम्राज्ञी-भाव से
उस भाषा जैसे स्तबक को
मुझे सौंप दिया।
शायद अपनी ओर से
तुमने तो
सब कुछ समाप्त कर देने के लिए ही
कुश की भाषा प्रयुक्त की थी।
अपनी नियति की ही भाँति
इस भाषा-स्तबक को थामे
मैं—
कब और कैसे घर पहुँचा, नहीं जानता।
पुस्तकों वाले मेरे एकान्त ने
जब अनेक दिनों बाद
मुझे अपने बीच
नितान्त अकेला देखा—

तो, लगभग सान्त्वना देते हुए
जैसे कहा, कि—

उत्सव ही नहीं
एकान्त भी प्रिया होता है।

जूड़े का फूल

''घूमो—
तुम्हारे जूड़े में फूल लगा दूँ।''
अन्तिम रूप से जूड़ा ठीक करते हुए
शीशे को भी मोहक नेत्र प्रदान करते हुए
तुम बोलीं—
''लेकिन तुम तो कहते हो, कि
यह फूलों का अपमान है !''
''हाँ—
जब तक तुम्हारे प्रसाधन को
शृंगार समझता था।''
''और अब ?''
पंजे में साड़ी दबा कर उसे ठीक करते हुए पूछा।
''अब ?''
''हाँ, और क्या ?''
भुवन-मोहिनी की जैसे जिज्ञासा थी।
''अब लगता है, कि
वृन्त पर लगा फूल
परम-पुरुष के स्तवन का अनुष्टुप है।''

शीशे के माध्यम सें अपने को सौंपते हुए सा पूछा—
''और जूड़े का फूल ?''
''जूड़े में लगा फूल—
पार्श्व में खड़े पुरुष की कविता है।''

गुलाब, लेकिन कौन-सा?

''शुभ हो !!''
कहते हुए तुमने
कुरते के बटन-होल में खोंस दिया
एक रक्त गुलाब—
जैसे मेरे जन्म-दिन को सार्थक सुगन्ध देकर
अपनी अँगुलियों से
मेरे वक्षस्थल पर अपने को लिख दिया।

उपरान्त—
निमिष भर देखा
और हठात आकुल, थरथराता
एक स्वर्ण गुलाब
मेरे ओठों पर अप्रत्याशित रख दिया—
जैसे मेरे जन्मदिन की उत्सवता को
एक कविता बना देने के लिए
अपने अधर का भोजपत्र प्रदान कर दिया।
मेरी कविता और जीवन में
किस गुलाब की सुगन्ध है—

उस फूल की
अथवा उस समर्पण की।

कौतूहल

क्या आवश्यकता थी इस कौतूहल की?

बाँसों के अनन्त वृक्षों वाले
उस अरण्य में
मैं भी एक अनाम वानीर-वृक्ष ही था।
तुमने मुझे कृपा-भाव से देखा—
मेरे वृक्ष को जैसे पैर आ गये।

तुम्हारे इस वैभव-परिवेश में पहुँच कर भी
ऐसा नहीं लगा कि
कुछ बुरा हुआ
लेकिन तुम्हारे शिल्पियों ने
मुझे एक वाद्य का स्वरूप क्यों दे दिया?
चलो, कोई बात नहीं थी
यदि मुझे
मात्र एक वाद्य ही रहने दिया होता।

परन्तु—
एक दिन सन्ध्यालोक में
उस गवाक्ष में बैठे हुए
तुमने
अनायास अपने अधरों पर क्यों रख लिया ?
कुछ तो सोचा होता, कि
वाद्य ही नहीं
कोई भी
इन देव-दुर्लभ अधर-पल्लवों का स्पर्श पाकर
आद्यन्त बाँशी बन सकता है—

मानवीय आकुलता का वाद्य
बांशी !!

परन्तु—
तुमने मुझे बाँशी भी कहाँ रहने दिया?
उस माधवी-स्पर्श को बीते तो
एक युग हुआ
और तब से
मैं—
हवा मात्र में बजता हुआ
केवल तुम्हारा नाम हूँ,
बाँशी भी नहीं
केवल नाम !!

वृक्ष से नाम तक की यह यात्रा !!
क्या आवश्यकता थी इस कौतूहल की?

माधवी-लता से

मेरी माधवी! इतने प्रसन्न
इतने प्रफुल्लित होने का
अब कोई प्रयोजन नहीं है
दक्षिण में नीलकण्ठ का दिखलायी पड़ना भी
अब शकुन नहीं है,
प्रिया अब कभी नहीं आएगी।

वह अनुष्ठान देह
वे उत्सव-नेत्र
कथाप्रिय-अधर
गोपन कथाओं वाला वह एकान्त—
माधवी! वह सारी मधु-माधवता
सब बीत गयी,
जैसे जल में एक गन्धर्व-मुख लिखा था
और अन्धकार के उतरते ही
उस मुख की कोई प्रतीति
न घाट पर
और न जल के प्रतिबिम्ब में ही—
कहीं भी तो शेष नहीं है माधवी !

तुम्हारे इन चपल
आकुल श्वेत-रक्तवर्णी फूलों का
और मेरे ओठों पर थरथराती
उन अधरों की
उस सुगन्ध शेष का भी
अब कोई अर्थ नहीं रह गया है माधवी!!
वह हमें बासी वस्त्रों सा उतार कर चली गयी है,
नहीं—
राग हममें से बीतकर
बज चुका है
और हम फिर मात्र वाद्य रह गये हैं।
जिन शाकुन्तल अँगुलियों की हमें लालसा रही है
अब वे कभी नहीं होंगी माधवी !
तुम्हारे फूलों को
हवाएँ चुनेंगी,
मेरी फैली हथेली पर भी
अब कोई

अपनी तर्जनी से
टूटा-टूटा सा कुछ नहीं लिखेगा।
जिस आसव व्यक्तित्व के लिए
हमने—
दिशाओं को अपने कान बना लिये थे
पीपल की प्रकम्पित भाषा में
अहोरात्र पुकारते रहे थे—
इस सबका भी अब कोई प्रयोजन नहीं रह गया है माधवी !
वो ऽऽ मोड़ पर
धूल की जो पारदर्शी मलमल का आभास है
यह प्रिया के राजरथ के पहियों की उड़ी धूल है
जिसमें—
तुम्हारे ये आकुल फूल
और मेरा विवश व्यक्तित्व
सब धूसरित हो रहे हैं।

मेरी माधवी !
तुम—
वनस्पति होकर व्यक्ति सा आचरण कर रही हो
और मुझे देखो, कि
मैं—
व्यक्ति होकर भी कैसा वृक्ष हो गया हूँ।

एक नाटक था

यह क्या हो गया?
किसने इस नाटक को

नाटक भी नहीं रहने दिया ?
और क्यों ?

कैसे बदल गयी यह भूमिका, कि
अभिनेता होते ही
हमारी वास्तविकताएँ ही हमसे अपरिचित हो गयीं।
नायिका की भूमिका में उतरते ही
प्रिया!
मंच के इस काल्पनिक महल की ओर जाती
इन सीढ़ियों को चढ़ते हुए
तुमने मेरा यथार्थ
मेरा इतिहास बन जाना क्यों स्वीकार लिया?
किसलिए हमने
मंच की इन मोहक अवास्तविकताओं को
भड़कीली भूषाओं
और चुटीले संवादों तक ही नहीं रहने दिया?
सार्वजनिक रूप से घटित होने के लिए
हम
क्यों ले आए मंच पर अपने व्यक्तित्वों को?
हम
कैसे भूल गये, कि
तुम्हें इन कागजी बुर्जियों के पीछे से गुजर कर
उस गवाक्ष में खड़े होकर
एक सूर्यास्त की भाँति
सुदूर में देखते हुए
हीरा चूसना था
और मुझे—
जंगलों का एकान्त जगाने के लिए

एक अन्धकार की भाँति
पार्श्व के जनांतिक में
नाटकीय ढंग से चीखना था।

नाटक यहीं पर खत्म हो जाना था,
क्योंकि, आखिर तो वह तमाशा ही था
जिसे चरम बिन्दु पर ले जाकर
दर्शकों में उसे हमें छोड़ देना था।
लोग भी तो नाटक देखने ही आये थे
सिर्फ नाटक !!

लेकिन ओ मेरे तुम !
उत्सव-उपरान्त के इस दार्शनिक-अन्धकार में
अब किसे खोज रहे हो ?
अज्ञात महल की ओर जाती
इन सीढ़ियों पर,
इन रोमन खम्भों के पीछे,
कुर्सियों भरे इस हॉल में
और स्मृतियों जैसी इन दर्शक दीर्घाओं में
अब किसे खोज रहे हो?
यहाँ अब तुम्हारे सिवा कोई नहीं है।
वह अनुष्ठान
वह नाटक
सब कुछ बीत कर इतिहास हो गया है
और इतिहास में खोजकर किसको कुछ मिला है?
न बजते हुए वे वाद्य,
न नाचते हुए वे रंगीन आलोक-वृत्त,
न तालियाँ
और न प्रशंसा में देखते हुए
जड़ाऊ अलंकारों जैसे

वे सम्भ्रान्त, मोहक नेत्र—
कुछ भी तो नहीं है यहाँ।
यदि कुछ है
तो एक अलिखित
अनिर्देशित नाटक के
पात्रहीन अभिनेता से
सिर्फ तुम ही शेष हो—
जैसे अनुष्ठान सम्पन्न के बाद के
एक अवांछित पोस्टर!!

लेकिन इतना बड़ा नाटक
इतने सारे लोग
कैसे बीत गये?
जैसे एक हवा थी
जो हमारे मुट्ठियाँ बन्द कर लेने पर भी
हमारी अँगुलियों के बीच से गुजर चुकी है
और छोड़ गयी है—
तनाव भरा एक सन्नाटा;
उतरे हुए वस्त्रों के जैसा खालीपन,
एक अन्धकार
यहाँ अब कुछ भी नहीं है,
सब अपनी-अपनी भूमिकाओं के वस्त्र उतार कर
व्यक्ति बनकर वास्तविकताओं में लौट गये हैं।
हो सकता है
किसी दर्शक-दीर्घा में
अभी भी कहीं
तुम्हारे उस नाटकीय संभाषण का एक वाक्य
एक टुकड़ा
तुम्हारे जाने की प्रतीक्षा में भटका हुआ शेष हो
ताकि तुम यह पात्र-भूषा उतार कर

अपनी वास्तविकता में लौट जाओ
तो किसी दूसरे नाटक के अनुष्ठान के लिए
उसे बुहारा जा सके।
तुम भूल गये कि यह मंच था
तुम्हारा एकान्त नहीं।

ओ मेरे तुम!
भूल से केवल तुमने ही
अपनी भूमिका के बदले वास्तविकता के वस्त्र उतार दिये हैं
तभी तो तुम्हारे बदले
तुम्हारी भूमिका
इन सड़कों पर
लोगों के बीच संलापहीन
एक अजनबीपन महसूस करती चल रही है
तुम अब कभी
इस नाटक से बाहर नहीं आ सकोगे
क्योंकि जिस दिन भी
तुम यह भूमिका उतारना चाहोगे
तब तक तुम्हारी प्रतीक्षा करती वास्तविकता ही
भूमिका बन गयी होगी।
ओ मेरे तुम ! देखा—
कितना खतरनाक है
अपने में एक नाटक अनुभव करना!
और उससे भी अधिक खतरनाक है
एक अभिनय से वापस अपनी पात्रता में लौटना।

अब तुम सिर्फ यही कह सकते हो, कि
यह क्या हो गया?
किसने इस नाटक को
नाटक भी नहीं रहने दिया?
और क्यों ?

●

कोई है, पर

कौन है
जो स्मरण मात्र में
सुगन्ध की रबाब पर रजाखानी गत बजा रहा है?
कहीं ऐसा तो नहीं कि
पारदर्शी नये पत्तों में
एकवस्त्रा अरण्यानी चौंक कर
स्वर पहनना ही भूल जाए ?
क्योंकि उसकी शाकुन्तल-देह से झरी
मंजरी और कचनार ने
धरती को
परिरम्भण की अल्पना का काव्य बना दिया है।

सुगन्ध की रबाब पर
बुदबुदाते अधरों की यह कैसी रजाखानी गत बज रही है?
कौन है
जो वृक्ष-यक्षिणियों में
पलक-स्पर्शवाली कोमल अँगुलियों से झाला बजा रहा है ?
इस अनागरिक वान्या से कहो कि
ऐसे आमन्त्रणी
खिलखिलाते स्वरों जैसे नेत्रों से न देखे,
ऐसा अछूता, संथाली देखना तो नदियाँ ही करती हैं।
मीड़ जैसे इस देखने के लिए
कहाँ से ला सकूँगा
वह वाद्य—
जो सुगन्ध की देह
देह को स्पर्श
और स्पर्श को भाषा में बजा सके?
नहीं—

कोई भाषा नहीं हो सकती
जो इस गन्धर्व-आस्वाद को लिख सके।

पलक स्पर्शवाली कोमल अँगुलियों में
निढाल देह की यह कैसी रजाखानी गत बज रही है?

कौन है
जो फूलों को राधा और पार्वती बनाता हुआ
आलाप लेती भूषा में रंगों का उत्सव चल रहा है ?
इस अमलतास से क्यों नहीं कहते कि
चम्पा की तरह इतने सुलगे, चटख पीले रंग में नहीं खड़े रहते
धूप थरथराने ही नहीं लगती
चीर-हरण अनुभव करने लगती है।
क्या कहे कोई इस पलाश (वती) को, कि—
फूल का अर्थ बोलना ही नहीं होता,
अधर का मात्र थरथराना भी फूल होता है
और चौंकना
सुगन्ध।
सम्बोधन जैसी बाहुओं में
पहली बार वस्त्र उतारती देह की यह कैसी रजाखानी गत
बज रही है!

सुगन्ध, स्पर्श और तृप्ति की रबाब वाली
यह रजाखानी गत—
गुलाब है,
देह है।
संकोच की यह कैसी बंध-छवि मुद्रावली टटकी भाषा है
जो मेरे काव्य-वृक्ष का उत्सव और आनन्द दोनों हो गयी है।

अरण्या

[रचनाकाल : १९८३ से १९८५]

राजकुमारी
श्रीमती इन्दिरा देवी धनराजगिरि
को

आविर्भाव

देखने के बिन्दु पर—
एक फूल
सुनने के तट पर—
एक वाद्य
स्पर्श के क्षितिज पर—
एक देह
स्वाद की पहुँच पर—
एक फल
घ्राण के व्यास पर—
एक सुगन्ध
और स्मरण के आकाश में—
कुछ बीते हुए पल,

ऐसे न जाने कहाँ-कहाँ
किन-किन रूपों में भटकना होता है
और तब जाकर अभिहित होती है—
एक कविता।

वैराट्य का भय

कल मैंने एक शब्द से पूछा,
—कविता बनोगे?

शब्द बोला,
—क्या होगा?
—कविता तुम्हें रचेगी
रचना, अर्थ पाना होता है।
—लेकिन रच दिये जाने पर
मैं कहाँ रहूँगा?
—अभी जो यह केवल ध्वनि है—'मैं'
अर्थ पाकर कविता हो उठेगी,
और कविता विराट बनाती है।

पर शायद विराट हो जाने के भय से
शब्द पीला पड़ गया।
सरोवर में अंजलि से गिरे जल की भाँति
वह भीड़ में फिर विलीन हो गया।

शब्द था—
रच दिया जाता तो कविता था
पर
अपनी शब्द-सत्ता और सम्भावना खोकर
फिर शोर बन गया है।

विलयन

शब्द मुझ तक आया
और बोला,
—मुझे अपनी भाषा नहीं
स्वत्व बनाओ।

और वह अपने भाषा-व्यक्तित्व पर से
अर्थ उतारने लगा
जैसे अर्थ केंचुल था।

मैं नहीं समझ पा रहा था, कि
क्यों वृक्ष, सहसा अपनी छालें उतारने लगे थे
क्यों नदी, अपनी देह पर से
जल नितारती लग रही थी
और फूल, वर्ण-गन्ध के अलंकार।
आकाश ने अपनी
शालीन तथा उद्दण्ड हवाएँ उतार कर
समुद्रों में रखनी चाहीं
तो वे अनायास ही ज्वारों से भर उठे।

अर्थ से मुक्त
शब्द—
तत्त्व बन गया था,
तभी अक्षरभाव से वह
एक क्षण के लिए प्रकाशित हुआ
और क्षणान्त में मुझमें लीन हो गया।
अब जब कभी मैं शब्द होता हूँ
तो यह सृष्टि मेरा अर्थ
और जब कभी सृष्टि शब्द होती है
तो मैं उसका अर्थ।

सम्पदा-भाव

पहले जहाँ फूल होता था
वहाँ दृष्टि जाती थी

पर अब जहाँ दृष्टि जाती है
वहीं फूल खिलता है।

इसी तरह शेष कामनाएँ भी
पक्षियों की भाँति
मेरे व्यक्तित्व के वृक्ष से उड़कर
अपने-अपने काव्य-आस्वादों के लिए
विभिन्न गन्तव्यों पर चली जाया करती थीं
और मैं असम्पद, जड़ हो जाया करता था।
पर अब
कोई कहीं नहीं जाता—
आँखें, अपने ही को देखते हुए मुग्धा हैं
कान, अपने ही को सुनते हुए परितृप्त हैं, और
अँगुलियाँ, अपने ही स्पर्श की माधवी में प्रगल्भा हैं।

यह कैसा सम्पदा-भाव आ गया है, कि—
अब अपना ही प्रकाश है
अपना ही कोलाहल है
और अपना ही आस्वाद।

शायद सम्पद होना ही सर्वस्व होना है।

कामधेनु

प्रश्न मत करो
और न कोई जिज्ञासा।

एकान्तवनों के बीच से जाती
इस अनाम पगडण्डी पर
केवल चलते चलो।
पगडण्डियों का कभी कोई नाम नहीं होता
गन्तव्य होता है।
यहाँ अपना नाम भी
इस जंगल के बाहर ही
किसी वृक्ष पर टाँग देना होता है
क्योंकि विराट और व्यक्ति के बीच
नाम ही सबसे बड़ी असुविधा है।
यहाँ किसी का अपना कोई व्यक्तिगत नाम नहीं है,
जो है, सामरस्य है।
तुम भी नाम की यह अनावश्यकता
क्यों नहीं उतार देते
और भार-मुक्त हो जाते?

यदि बन सको—
इन पर्वतों की भाँति औघड़
नदियों की भाँति पारदर्शी स्वरूप
और इन आदिम हवाओं की भाँति अनागारिक
तो, तुम्हें
यह घासों वाली छोटी सी निर्जनता ही
केश खोले किन्नरियों सी अलभ्य लगेगी
और इसी अलभ्यता के आमन्त्रण के
किसी छोर पर ही
साधारण दूर्वाओं जैसी वह अप्राप्यता है
जो कामधेनु है।

उपस्थिति

हवा एक ही थी
बल्कि कहना चाहिए—वही थी।

सड़क के आवारा पत्तों से होड़ लगाती
अन्यमनस्क पीपल को समूचा खँगालती
चकित पोखर को फलाँगती
उड़ते केशों
और गीले पैरों से हड़बड़ाती आयी
और कमरे के परदों तक आकर
हठात् ठिठक गयी।
शायद कमरे में
मुझे अनपेक्षित उपस्थित देख
इस सन्थाली श्यामा ने
एक क्षण सोचा
और सलज्ज सिर ढँक लिया

मुझे लगा तो
कि हवा है—
पर वह तो कविता निकली,
जो शब्दों की श्यामा बन
परदों से निःशब्द झरती हुई
फर्श पर
मेरे व्यक्तित्व में विनम्र चल रही थी

उल्लंघन

कविता—
अर्थ नहीं, अनुभव होती है

क्योंकि वह भी सत्ता है
अप्रतिहत, अप्रमेय।

अर्थ तो शब्द का होता है
और कविता में
शब्द—
सरोवर में डूबी सीढ़ी है
जहाँ हम समाप्त होते हैं
और सरोवर आरम्भ होता है।
सीढ़ियाँ तो
केवल खड़े होने के लिए होती हैं
जबकि अवगाहन
सीढ़ीहीन सम्पूर्ण समर्पण माँगता है।

इसीलिए—
शब्द पर जाकर खड़े मत रहो
शब्द का उल्लंघन ही कविता है।

अवांछित

होने की कोई भाषा नहीं होती।
भाषा की यह आवश्यकता
हमारी अपनी है,
जबकि होना—
निरपेक्ष है।
जब हम न हुए रहते हैं

तब कहना चाहते हैं।
कहने की यह आकुलता
भाषा की तलाश है
कविता की नहीं।

फूल को
फूल न भी कहा जाए
तब भी वह है
रहेगा भी।
उसका होना
न कहा जाने पर भी
न तो कम होता है
और न अनहुआ ही।
हमारा उसे फूल कहना
सिर्फ इतना बतलाता है, कि
हम एक फूल तक पहुंचे थे
परन्तु, क्या उसके फूलत्व तक भी?
जबकि फूलत्व ही कविता है,
लेकिन भाषा के साथ
क्या किसी के फूलत्व तक पहुँचा जा सकता है?
क्या फूल और फूलत्व के बीच
भाषा
तृतीय की सी अवांछित उपस्थिति नहीं है?

वृक्षत्व

माधवी के नीचे बैठा था
कि हठात् विशाखा हवा आयी

और फूलों का एक गुच्छ
मुझ पर झर उठा;
माधवी का यह वृक्षत्व
मुझे आकण्ठ सुगन्धित कर गया।

उस दिन
एक भिखारी ने भीख के लिए ही तो गुहारा था
और मैंने द्वाराचार में उसे क्या दिया?—
उपेक्षा, तिरस्कार
और शायद ढेर से अपशब्द।
मेरे वृक्षत्व के इन फूलों ने
निश्चय ही उसे कुछ तो किया ही होगा,
पर सुगन्धित तो नहीं ही।

सबका अपना-अपना वृक्षत्व है।

रोज-रोज

रोज ही तो
कुछ नयी हवाएँ
कुछ नये फूल और
कुछ नये दृश्य लेकर, दिन आता है
तो कैसा उत्साह लगता है कि
जैसे सहसा कोई मित्र आ गया है,
और वही रोज वाला आकाश—
बीते हुए कल के बजाय

कैसा सम्भावनाओं वाला आज लगने लगता है।
नदियाँ,
महिलाओं की तरह अपने वस्त्र-जल बदल डालती हैं;
घासें, कल की बजाय
आज कुछ अधिक लम्बी लगने लगती हैं;
चरागाहों के बीच से रास्ते
कैसे फिर से चलते लगते हैं
जैसे एक मुख है
जो बारम्बार आपको घूम-घूम कर देखता होता है।

यह सारा व्यापार
ऐसी सारी मार्मिकताएँ—
ऐसा नहीं कि कल नहीं थीं
और आज सहसा
नदी, घास, हवा बनकर उपस्थित हो गयी हैं
और आपको विह्वल कर रही हैं।
यह कल और आज के बीच
जो अव्यक्त थरथरातापन है
किसी के आँखें फेर लेने जैसा भाव है
यह सब रोज-रोज का छोटा-छोटा दर्द बनकर
तपाता है
पर कभी तपस्या नहीं बनता
इसीलिए काव्य निरन्तर उपस्थित होने पर भी
रोज कविता नहीं बनता।

भाषा और मौन

क्यों?
क्यों ऐसा होता है कि

जब मैं मौन हो जाता हूँ
तो भाषा
मेरे एकान्त में
सोलहों शृंगार किये
पान रचे ओठों के साथ
इलायची की सुगन्ध सी
रविशंकर की झनझनाती सितार सी समुपस्थित हो जाती है
और उत्सव लगने लगता है,
परन्तु सार्वजनिक अवसरों पर
भाषा ऐसी असूर्यम्पश्या हो जाती है कि
माथे पर पसीना आ जाता है
कान तक लाल हो जाते हैं
पर वह
अपने निभृत के किवाड़ नहीं ही खोलती है
और मैं विवश
मौन हो जाता हूँ।

क्यों?
क्यों ऐसा होता है?

भाषा–निपात

राजमहिषी अलंकृता भाषा ने
जैसे ही एकान्त देखा
तो अपने सारे आभरण, अलंकार और सार्वजनिकता
व्यक्तित्व पर से उतार डाले
और परिरम्भण मुद्रा में
निर्धूम हो गयी।

अब वह विशाल दीर्घाओं वाले
पूजाघरों के रत्नजटित दीपपात्रों का
प्रशान्त, सौम्य, औपचारिक नील प्रकाश नहीं थी
बल्कि लालसा-लोड़ित
एक लपलपाती सिंह-जिह्वा सी
तेजस् वह्नि बनकर
अपने सारस्वत-निपात के साथ
एक बाज पक्षी की भाँति झपटी
और मुझमें लीन हो गयी।

तब से यह नारायणी
अहोरात्र एक सूर्य-भाषा बनकर
मुझे आकाश बनाये
पृथिवी को धूप
और ब्रह्माण्डों को प्रकाश के अनुष्टुपों में लिख रही है।

चैत्य-पुरुष

यदि तुम मनुष्य को
केवल धरती पर ही देखना चाहते हो
तो मेरी कथा-कृतियाँ पढ़ो
जहाँ वह घटनाओं के सलीब पर
देश और काल में आबद्ध घटित हो रहा है
क्षरित हो रहा है
और इतिहास बनने की त्रासदी भोग रहा है।

परन्तु, मनुष्य में ही
इस देश और काल के पाश से मुक्त हो जाने की

केवल क्षमता ही नहीं है
बल्कि वह उस पुकार का श्रोता भी है
जो आकाशों के आकाश
परम व्योम से आती है
और उसे पैगम्बरत्व प्रदान करती है,
अक्षर बनाती है।

इसीलिए व्यक्ति का,
नहीं—
मनुष्य मात्र का चैत्य-पुरुष बनना ही
मेरा काव्य है।

●

काव्य-कपिला

गोरज की बेला भी झुक आयी
और कपिला
अभी तक नहीं लौटी,
पता नहीं आकाश के जंगलों में कहाँ भटक गयी है।
अभी थोड़ी देर पहले तक
यहीं कहीं इन्हीं ग्रह-नक्षत्रों के पीछे से
उस नन्दिनी का रँभाना सुनायी दे रहा था,
आओ, उसे खोजें।

वह कविता ही है
जो दिन में कपिला बनकर
आकाशों में विचरती है
और ग्रहों-नक्षत्रों के बीच बैठकर विश्राम करती है

जैसे वे वृक्ष हों।
मेरी यह श्यामा—कविता
कैसी नन्दिनी गौ की भाँति
आकाश से पूरा दिन चर कर
पुष्ट थनों वाली हो जाती है
और तब गलघंटी बजाती
मेरे पीछे-पीछे हुमसती
अपने थान और बछड़े के लिए अकुलायी चल रही होती है।

कविता इसी तरह रोज
आकाश से धरती पर उतरती है
और मुझे सहज तथा सार्थक बनाती है।

पार्थिव भी, पृथिवी भी

जब मैंने पृथिवी पर गिरे जल को
अर्घ्य बना कर सूर्य को प्रस्तुत किया
तो उस ज्योति-पुरुष ने कहा—
अब मुझे जल मात्र को पवित्र करना ही पड़ेगा
क्योंकि मेरे स्पर्श से जल, शक्ति बन गया है।
न तो मेरा स्पर्श वृथा जाता है
और न ही शक्ति कभी अपवित्र होती है।

जब मैंने वृक्ष से एक फूल तोड़कर
विग्रह को सज्जित किया
तो वह अभिराम उपस्थित होकर बोला—
अब मुझे वनस्पति मात्र को पवित्र करना ही पड़ेगा

क्योंकि मुझे निवेदित होकर फूल, शक्ति बन गया है।
मुझे किया गया निवेदन न तो वृथा जाता है
और न ही शक्ति कभी अपवित्र होती है।

जब मैंने अपने खेत से यव उखाड़कर
भोग के रूप में प्रस्तुत किया।
तो बन्द कपाटों के पीछे से आकाशवाणी हुई—
अब मुझे कर्म मात्र को देवत्व प्रदान करना ही पड़ेगा
क्योंकि मुझे समर्पित कर्म,
अमोघशक्ति सम्पन्न होता है।
मुझे किया गया समर्पण न तो वृथा जाता है
और न ही शक्ति कभी अपवित्र होती है।
इसीलिए
अब कर्म के समय मेरे लिए
यह धरती पृथिवी है
और पूजा के समय पार्थिव

नहीं है वह सर्वहारा

वह सर्वहारा नहीं हो सकता—

मेड़ पर जनक भाव से खड़े
इस कृशकाय के नेत्रों में
सर्जक की अनासक्तता, तथा
नवांकुरों को पहली बार
शशकों की भाँति बैठे देखकर
जो आनन्द है
वह ऋषि व्यक्तित्व में ही सम्भव है।

धरती को जो भोजपत्र की गरिमा दे दे
और उस पर सीता-रेखाएँ खींच
विभिन्न बीजाक्षरों में
कहीं गेहूँ की गायत्री
कहीं यव के अनुष्टुप, और
कहीं ईख के स्तोत्र लिख
धन-धान्य का महाकाव्य रच दे
और तब भी
कहीं रचयिता होने की कोई प्रतीति ही न हो
ऐसा असम्पृक्त—
सर्वहारा नहीं हो सकता,
हाँ, उपेक्षित हो सकता है
पर ऐसी अनात्मता केवल ऋषि में ही सम्भव है।

उपेक्षा से क्या होता है?
जो तत्त्व होता है
वह अपनी उपेक्षा के बाद भी
अपना कर्म नहीं छोड़ता;
नदियों की चिन्ता कौन करता है?
पहाड़ों को भी ठण्ढ लगती होगी
परन्तु क्या किसी ने उन्हें कम्बल ओढ़ाया?
इस पृथिवी को तो
बहुत पूर्व ही धैर्य खो देना चाहिए था
पर क्या किसी दिन भी
किसी तत्त्व ने अपना धर्म छोड़ा?
तत्त्व का धर्म-च्युत होना जानते हो क्या होता है?
इसी तरह ऋषि भी मानवीय-तत्त्व होता है
जो धरती को
अन्न, रंग और गन्ध की भाषा में रच रहा हो
ऐसा मनीषी—

देश को नहीं, देशत्व को
काल को नहीं,—कालत्व को, और
मनुष्य को नहीं मनुष्यत्व को पदार्थिक दृष्टि से नहीं देखता
इसीलिए वह सर्वहारा नहीं होता,
वह तो
मिट्टी में उगे गायत्री-व्यक्तित्व का ऋषि होता है।

सिंह-सूर्य

यह वह सूर्य नहीं है
जिसे गायत्री-मंत्र खोज रहा है।

यह आकाश तो
उस सिंह-सूर्य के सप्ताश्वों की वह भूमि है
जो सत्य है, पर
ऋत् नहीं।
ये वर्ण-अश्व ही क्या
स्वयं देवता भी
इस आकाश-भूमि का उल्लंघन नहीं कर सकते
क्योंकि वहाँ न कोई ग्रह है, न नक्षत्र है
और न कोई लोक,
केवल महाअन्धकारों की कृत्याओं पर आरूढ़
प्रज्ञा-पारमिता है
निष्कम्प!!
वह सिंह-सूर्य
ब्रह्माण्डों के भी ब्रह्माण्डों की

कलातीत गुफाओं में—
प्राचीनतम ग्रहों-नक्षत्रों के भी पार
जहाँ इस प्रज्ञा-पारमिता की ज्योतियाँ भी समाप्त हो जाती हैं
वहाँ, एक अक्षर,
जो नाद है
अपनी अग्नि-तर्जनी से
समस्त चराचर में अहोरात्र लिख रहा है—
प्रणव!!
कौन इस अक्षर-वीर्य के तेजस् को धारण करेगा?
क्या समुद्र?
और इस आवाहन मात्र से समुद्र खौलने लगते हैं।
क्या पर्वत?
और इस सम्बोधन मात्र से पर्वतों के टुकड़े-टुकड़े होने लगते हैं
तब क्या दिशाएँ?
और इस सम्भावना मात्र से दिशाएँ आकाशों में बगटूट भागने लगती हैं

तब कौन विश्वामित्र बनेगा और
गुफाओं से बाहर इस सिंह सूर्य को बाहर लाएगा?
और इस मन्त्र-पुरुष की तेजसता को भस्मीवत धारण कर
पार्थिव बनेगा?
कौन बनेगा ऐसा आवाहनकर्ता विश्वामित्र?

पक्षी-पण्डित

जरा देखो तो इन पक्षियों को—
कल ही बोये गये खेतों में
बीज के लिए

कैसे झुण्ड बनाकर टूटे पड़ रहे हैं।
गौरैया, तोते, हारिल और फाख्ता
कौन इस लूट में शामिल नहीं है?
और तो और सतबहनियाँ तक
पंजों से मिट्टी हटाने में लगी हैं।
केवल अपने आधिपत्य के लिए
कैसे सब एक-दूसरे को
चोंचों से, पंजों से भगाने पर कृतसंकल्प हैं
और इस कोलाहल में
सारा प्रातःकाल
कैसे फटे कपड़े सा चिंथा पड़ रहा है।

पर किस शास्त्रार्थ से कम है
इन पक्षी-पंडितों का यह कुहराम?
जैसे ये सब
इस पृथ्वी-वेद की
विभिन्न संहिताओं की
व्याख्याएँ और भाष्य करने पर लगे हैं।
प्रत्येक पक्षी-कुल
केवल अपने को ही प्रमाण मानता है
और अपने ही कोलाहल-पाठ को शुद्ध।
परन्तु इस वेदज्ञता के समय भी
व्यावहारिकता में
कोई भी पक्षी-पण्डित कुल किसी से कम नहीं है
तभी तो
वेद-पाठ के समय भी
मिट्टी में दबी बीज-दक्षिणा पर
सबकी काग-दृष्टि लगी है।

प्रत्येक प्रातःकाल
ये आकाशगामी पक्षी-पण्डित
इसी प्रकार यजमान की टोह में
खेतों की ओर निकलते हैं
पर यह पृथिवी
सदा कि भाँति अक्षय और अपरिभाषित ही रहती है
तब भी यह
इन पक्षी-पण्डितों की दक्षिणा देना नहीं भूलती।

धीमान

देखो इन्द्र का पुरुषार्थ—
वृत्त का वध करके
जलों को उनकी सारी पवित्रता के साथ
मुक्त कर दिया।
जल के राजहंस
इस प्रशान्त नील सरोवर आकाश में
कैसे शब्द-छन्द बनकर सन्तरित हैं।
आकाश अमृतमय हो गया है
सृष्टि मात्र को अमरता प्रदान करने के लिए
कौन इस अमृत-कलश को
अपने कन्धे पर उठाकर
प्राचीनतम आकाश-गंगाओं के
सबसे प्रथम नक्षत्र से लेकर
तत्काल उगी हमारे पैरों के नीचे दबी
विनम्र दूर्वा तक ले चल सकेगा?

अमरत्व उपस्थित है—
पर किसके पास है इतना स्थाम?
कौन है ऐसा धीमान?
जिसके पैर कृषक की भाँति मिट्टी में धँसे हों
जो कवि की भाँति
अपने विषपायी कंठ से सदाशिव हो
और ऋषि की भाँति नेत्रों से सूर्य पी रहा हो।

कौन है ऐसा धीमान?

सम्राज्ञी का आगमन

प्राची के दुर्ग-कपाट खोलकर
आकाश के नीलम-प्रासाद में
यह कौन गन्धर्व-व्यक्तित्व
भैरवी-राग सा आकर खड़ा हो गया है?
याम और पल की
छोटी-छोटी संगमरमरी सीढ़ियाँ चढ़ते
इस वसन्त-वर्णी राग-कन्या की
समुद्रों पर परछाईं पड़ रही है
और उफनाता समुद्र-जल गुलाल ही गुलाल हो उठा है।
पक्षियों को देखो—
सम्राज्ञी के इस आगमन को
वृक्षों से आकाश
और आकाश से वृक्षों में उड़ते हुए—
पंखों से पहुँचा रहे हैं

शब्दों से लिख रहे हैं।
कैसा है यह प्रकृति का भाषाई उत्साह, कि
पूरा प्रातःकाल पाठशाला बन गया है।

कितना विशाल है
दैवीयता का यह केतन कि—
आकाश छोटा पड़ गया है
और क्षितिज के वहाँ यह चीनांशुक
राजस असावधानी में
समुद्र में गीला हुआ जा रहा है

सम्राज्ञी!
पूरे दिन यह पृथिवी
तुम्हारी इस भूषा को
शाद्वल मैदानों, वृक्षों और पर्वतों पर फैलाकर सुखाएगी
ताकि तुम्हारे लौटने की वेला तक
इन्हीं वर्ण-गन्धों में
तुम्हें यह राजवस्त्र क्षितिज पर रखा मिले
और तुम पश्चिम के कपाट बन्द करते समय भी
आद्यन्त गरिमापूर्ण सम्राज्ञी ही लगो।

भव्यता की यही प्रकृति होती है कि—
होती वह सुदूर आकाश में है
पर प्रतिफलित निकटतम पृथिवी पर होती है।

योगदान

प्रत्येक दिन
कैसे सामान्य भाव से यह सम्पन्न होता है, कि—

पृथिवी के अन्तर को चीरती हुई
दूर्वाएँ—
प्रकाश-पिपीलिकाओं सी
आदिम अँधेरों और विशाल पेड़ों की
आयुजित जड़ों से होड़ लेती
ऊपर की ओर
किस उत्कटता से भागी चली जा रही होती हैं।
क्यों?
किस अदम्य पिपासा में
ये काव्य प्रकाश-पिपीलिका दूर्वाएँ
ऊर्ध्वाकुल रहती हैं?
पुराकालीन चट्टानों और अभेद्य मिट्टी को ठेलते हुए
मेरी इस जिज्ञासा पर
करुणार्द्र हो एक दूर्वा ने कहा, कि—
रोज ही पृथिवी पर
किस सार्वजनिक भाव से
सूर्य एक निसर्गोत्सव आयोजित करता है
जिसमें नदियाँ जल पहुँचाती हैं
पर्वत, हवाएँ भेजता है
और वृक्ष
फल-फूलों के साथ दरबारियों से उपस्थित रहते हैं
और हम
पूरी धरती के लिए
हरित मखमल का उपहार ले जाती हैं
जिस पर सूर्य-पुत्री धूप को चलना बहुत अच्छा लगता है।
विश्वास करो
हमें हमारा यह प्रकृति होना कृतार्थ हो जाता है,
पर, क्या मनुष्य इसमें कुछ भी योगदान नहीं करेगा?

देर होती देखकर
वह दूर्वा
मुझे और भी अप्रासंगिक बनाती
नदी, पहाड़ और पुष्ट पेड़ों से होड़ लेने के लिए
ऊपर पृथिवी तक पहुँचने के लिए
पुनः अपनी पुरुषार्थ-यात्रा में समा गयी।

मातृदेवी

किसके पास है
उस पहले दिन की स्मृति
जब सूर्य
अपनी प्रथम किरणों के साथ
उपरले गगन-मण्डलों से
हमारे इन निचले आकाशों में
धरती पर उतरने के लिए आया होगा।
और तब
धरती से अनभिज्ञ वे किरणें
कैसी सशंक मृगों सी चौंकते हुए वधूभाव सी
धूप बनकर उतरी होंगी।
चकित नेत्रों वाली उन आरम्भिक किरणों को
हमारा यह नवजात जलभीगा ग्रह—
जो कि तब तक पिण्ड ही था
और पृथिवी नहीं बना था,
कितना एकान्त और भयावह लगा होगा।

है किसी के पास प्रमाण, कि—
जलों को जब पहली बार
समुद्र बनने के लिए
इस ग्रह के अँधेरे अनन्त गर्तों में ठेल दिया गया होगा
और तब वे आदिम-जल
किस विवश भाव से टूटते भरते चले गये होंगे
उन विवर्तों में।
तब से आज तक
वे आदिम प्रथम जल
प्रकाश और हवा के लिए
उन विवर्तों से निकल कर धरती पर चलने के लिए
कैसे अहोरात्र व्याकुल हो तट की ओर लपकते हैं
हरहराते हैं, टकराते हैं, चिंघाड़ते हैं, और
नारिकेलों को पोर-पोर झकझोर जाते हैं
ताकि वे भी ऊपर आ सकें,
पर हर बार गीली बालू में
अपने क्रुद्ध फन पटक कर
केवल झाग और फेन के वर्तुल खींच
प्रतिशोधी सर्पों से लौट-लौट जाते हैं।
किसके पास है ऐसी आश्वस्ति कि—
एक दिन समुद्रों को गर्त-कारा से मुक्त कर दिया जाएगा?

कौन साक्षी देगा कि—
इस ग्रह की उस बर्फानी कापालिकता में भी
हिमांधियों के क्रूर-सर्द थपेड़ों को सहते हुए
हिम के मोटे-मोटे थुल्मों को लपेटे
तब भी कोई अवढर चल रहा था
और तब के
अक्षांश-देशान्तरहीन उजाड़ एकान्त को भोग रहा था।
न अभी पूरी तरह क्षितिज ही बने थे

और न दिशाएँ ही उन पर रखी गयी थीं।
उस प्रथम अंकुर के निर्दोष नेत्रों में
वह सर्द, उजाड़ एकाकीपन लिख उठा होगा, और
कैसा जड़ों तक उतरता चला गया होगा।
तब भी वसन्तवाहिनी वनस्पतियाँ
गीले-सूखे दलदलों
अलंघ्य पर्वतों और दुर्दान्त उपत्यकाओं में
अरण्य और जंगल लिखने के लिए
पथ बनाती नदियों के किनारे-किनारे
कहीं शाद्वलत्व
तो कहीं पादपत्व चली होंगी।

कोई क्या बताएगा कि—
हमारे इस ग्रह को
यही आकाश
इसी सूर्य का यह सौरमण्डल
और सबसे पास वाली यह आकाशगंगा ही क्यों मिली?
कौन उपस्थित था
जो यह बता सके कि—
किसने इस ग्रह के पृथिवीत्व में—
हवाओं के घोष
जैविक ध्वनियाँ
वनस्पतियों की औषधता और
ऋतुओं के रंग-वर्ण रोपकर
इसे गर्भवती बनाया।
अगत्या किसने इसे ग्रह-पिण्डवाली उजाड़ता से निकाल कर
धन-धान्य सम्पन्ना मातृत्व से भी ऊपर
मातृदेवी के रूप में अधिष्ठित कर
ऋतुओं अैर संवत्सरों के अयन प्रदान किये
और तब मातृदेवी

वेदवती बनने के लिए
पदार्थ-वेदिका से निकलकर भाषा-वेदत्व की ओर बढ़ी।

है किसी के पास
इस अयन व्यापी जीवन की स्मृति?
है कोई इस पिण्ड-प्रसव-पीड़ा का साक्षी?
और है किसी के पास
'प्रकृति' के अगत्या 'पुरुष' बनने का प्रमाण?

●

पुरुष-यात्रा

निकोलस रोरिक के चित्र के विषय से खड़े—
धूप लिखे ये पहाड़
उफनाते थनों वाली आकुला नदियाँ
वृक्षप्रिया विशाखा हवाएँ
पुष्ट स्तनों जैसे खिलखिलाते ये फूल—
कौन है आकाशों में
क्षितिज और धरती पर
जो अपनी सम्पदा लिये उपस्थित नहीं है?
पर, एक तुम—
कैसे कृतघ्नी हो कि
किसी के प्रति कृतज्ञ होना ही नहीं जानते,
न इस पगडण्डी के प्रति ही आभारी हो
जो कितनी एकान्त निष्ठा से
तुम्हारे पैरों के नीचे
न केवल यहाँ तक बिछी ही चली आयी
बल्कि आयात्रा तुम्हें वहन करने के लिए वाग्दत्ता भी है।

पेड़ों को भाषा देते पक्षी
सवेरे से शाम तक
ऊँचे-नीचे आकाशों में उड़ते हुए
यही तो चाहते हैं कि
तुम उनके इस सहज उल्लास को देखो कि
वे पूरे दिन
कैसे पेड़ों में ध्वनि की घंटियाँ लटकाते होते हैं,
आकाश में
कोलाहल की बन्दनवार टाँगने के लिए
कैसे आक्षितिज भाषा लिये उड़ते रहते हैं
और धरती में
शब्दों के मन्त्र-बीज रख आते हैं
ताकि जब भी तुम पृथिवी के पृष्ठ पलटो
तो तुम्हें धरती मृत्तिकोपनिषद् लगे।
पर, एक तुम
कैसे कृतघ्न हो कि
किसी के प्रति कृतज्ञ होना ही नहीं जानते,
न इस आम्रशाखा के प्रति ही आभारी हो
जो वृक्ष से प्रिया बनकर
तुम्हारी बाँह की टेक बनने के लिए
कैसी पृथिवी तक झुक आयी है
ताकि तुम्हें सर्वत्र अपना घर लिखा मिले।

धूप—
आकाश में ऊँचे चले गये पेड़ों को तो नहीं
परन्तु उनकी छायाओं को
तुम्हारे ही लिये तो रति-प्रसंग जैसी
धरती पर मखमल सी बिछाये रहती है
ताकि तुम्हें उस पर
वह विग्रह सी बैठाये
और किसी अन्य पेड़ की छाँह का विजना डुलाये।

पर, एक तुम—
कैसे कृतघ्न हो कि
किसी के प्रति कृतज्ञ होना ही नहीं जानते
न इस झरने के प्रति ही आभारी हो
जो तुम्हारी तृष्णा बुझाने के लिए
कैसे-कैसे जंगलों से होकर
चट्टानों से टूटता-गिरता
अपने जलों को धूल, मिट्टी से बचाता
किस ललक-भाव से
एक ग्रामीण बालक सा
तुम्हारे पास आकर खड़ा प्रतीक्षित है कि
तुम उसे स्पर्श दो।

किस दिन?
हाँ, किस दिन?
तुम यह समझोगे कि
ये निसर्ग-कृपाएँ
तुम्हें मनुष्य से 'पुरुष' बनाने के लिए
पदार्थ की अपनी जड़ता छोड़कर
चेतन-भाषा में तुम्हें सम्बोधन कर रही हैं।
किस दिन?
हाँ, किस दिन?
तुम अपनी पुरुष-यात्रा पर निकलोगे?

दैवीय-पुकार

कितना आश्चर्य है कि
देवता अहोरात्र मनुष्य को पुकारते हैं, कि—

आओ, धरती के कार्मिक मनुष्यो !
यहाँ आओ।
आकाशों की इस अपरिमेय ग्रहीय प्रशान्तता
और नक्षत्रीय शून्यता में आओ
और हमारी मैत्री तथा भ्रातृत्व स्वीकारो।
कभी हमारी इन आकाशगंगाओं तक आकर देखो—
मनुष्य के बिना
हमें भी इस कालहीन अनन्तता में
कितना आदिम सखाहीन अकेलापन लगता है।
जिस प्रकार ब्रह्माण्ड का प्रकाश
धरती पाकर नानावर्णी धूप बनता है
उसी प्रकार तुम्हारे आकाशों में पक्षी बनकर उड़ने
नदियों का लालित्य बनकर चलने
और छोटे-छोटे दूर्वा-अक्षरों में पद लिखने के लिए
हमारा देवत्व भी कैसा विवश आकुल है

आओ, धरती के कार्मिक बन्धुओ!
वैराट्य स्वयं कभी अभिव्यक्त नहीं होता
इसलिए हमारे माध्यम बनने के लिए आओ
और हमारी मैत्री तथा भ्रातृत्व स्वीकारो।
मिट्टी, प्रतिमा बनती ही तब है
जब वह धरती पर आकाश का प्रतिनिधित्व करती है,
मनुष्य, देवता बनता ही तब है
जब वह व्यक्ति का नहीं वैराट्य का प्रतीक होता है।
देखो, यह पृथिवी
कभी अन्धकार में डूबी कैसी उजाड़ थी
इन्द्र और वरुण जैसे मेधावियों ने
इसे हिमांधियों और अतिवृष्टियों से मुक्त किया,
आंगिरसों ने
इसके ठिठुरते अंगों को ऊष्णता दी

और सूर्य ने इस पर चलकर
वन, पर्वत, नदियों और वनस्पतियों के
सृष्टि-श्लोक लिखे
और धरती
कैसे खिलखिलाते मुखवाली
कहीं माधवी-प्रिया
तो कहीं उदात्त अन्नपूर्णा हो गयी।
इसी प्रकार हम भी तुम्हें
प्रकाश, सुगन्ध और भास्वर-वाणी के
अंगराग और अंगवस्त्रों से भूषित कर
मन्त्र-देवता बना देना चाहते हैं

इसलिए आओ, धरती के कार्मिक बन्धुओ!
यहाँ आओ
और हमारी मैत्री तथा भ्रातृत्व स्वीकारो।
आश्चर्य मत करो—
हमारे लिए न दिन है न रात्रि
न देश है, न काल
न सृष्टि है, न संहार
हम तो इस अपरिमेयता में केवल एक स्थिति हैं।
हम नित्य हैं
हमारी कोई छाया नहीं होती
इसलिए काल भी हमें व्यतीत नहीं बना पाता
इसीलिए देवता ही अहोरात्र मनुष्य को पुकार सकते हैं
और वे ही

समस्त प्रहरों, आठों यामों में पुकार रहे हैं, कि—

आओ, धरती के कार्मिक बन्धुओ!
यहाँ आओ
और हमारी मैत्री तथा भ्रातृत्व स्वीकारो।

महायोनि

एक अश्व है
जो द्यौ और पृथिवी के बीच
सिंह बना क्षितिज पर खड़ा
कैसे पुरुष-भाव से ब्रह्माण्ड का अवलोकन करता
हिनहिना रहा है।
प्रातःकाल की हवा में उड़ती
उसकी लाल-वासन्ती अयाल से
पूर्व दिशा रक्ताभ हो उठी है।
उसके पैरों से बँधी गतियाँ
हवा में उड़ती हुई दिखती हैं
और आकाश में टकराती शब्द करती सुनायी भी देती हैं।
उसकी तैलाक्त स्वर्णिम देह पर
न पानी
न दिन
और न दृष्टि कुछ भी तो नहीं ठहरता।
यह आत्मजन्मा प्रजापति अश्व
अपनी इस देवता-देह से
इन्द्र के हरित, नील, लोहित और ताम्रवर्ण के
कोटि-कोटि घृत्स्नु-अश्वों को जन्म दे रहा है।
यह कैसा मातृमनस वाला पिता है
जो अपनी प्रजा की देहों को चाट-चाट कर
उन्हें उनके वर्णों में चमका रहा है,
और ये नवजात घृत्स्नु-अश्व
चारों दिशाओं में
मरुतगति से हिनहिनाते भागने लगे हैं।
ये घृत्स्नु-अश्व
कामोद्दीप्त साँड़ों की भाँति

दिशाओं की देहों को, योनियों को सूँघ रहे हैं
और उन्हें गर्भवती बनाने के लिए कैसे आकुल हैं।
विद्युत-खुरों के इन अश्वों से
आकाश थरथरा रहा है
नहीं, खुँदा पड़ रहा है
और मण्डलाकार लाल धूल ही धूल भर उठी है।

आओ—
ओ प्रकाश के घृत्स्नु—अश्वो ! आओ,
अपने आदि पिता—अश्व के साथ आओ
जिसने पुरुष-भाव से
आकाश को पितृत्व प्रदान किया
और तुम
इस भाषा जैसी पृथिवी को गर्भवती बनाओ
प्रकाश के घृत्स्नु-अश्वों के पुरुषत्व के लिए
यह पृथिवी ही महायोनि है।

मृत्तिका

मैं तो मात्र मृत्तिका हूँ—

जब तुम
मुझे पैरों से रौंधते हो
तथा हल के फाल से विदीर्ण करते हो
तब मैं—
धन-धान्य बनकर मातृरूपा हो जाती हूँ।

जब तुम
मुझे हाथों से स्पर्श करते हो
तथा चाक पर चढ़ाकर घुमाने लगते हो
तब मैं—
कुम्भ और कलश बनकर
जल लाती तुम्हारी अन्तरंग प्रिया हो जाती हूँ।

जब तुम मुझे मेले में मेरे खिलौने रूप पर
आकर्षित होकर मचलने लगते हो
तब मैं—
तुम्हारे शिशु-हाथों में पहुँच प्रजारूपा हो जाती हूँ।

पर जब भी तुम
अपने पुरुषार्थ-पराजित स्वत्व से मुझे पुकारते हो
तब मैं—
अपने ग्राम्य-देवत्व के साथ चिन्मयी शक्ति हो जाती हूँ।
(प्रतिमा बन तुम्हारी आराध्या हो जाती हूँ)

विश्वास करो
यह सबसे बड़ा देवत्व है, कि—
तुम पुरुषार्थ करते मनुष्य हो
और मैं स्वरूप पाती मृत्तिका।

काव्य-यज्ञ

कौन है वह भद्र
जिसके लिए दूर्वा-से लेकर ध्रुव तक की समस्त सृष्टि
एक काव्य-यज्ञ है।

शब्दो !
अनन्त आकाशगंगाओं से अभिसिंचित होकर
इस अनुष्ठान में अभिषेक-जल बनो !
अक्षरो !
प्राचीन प्रकाशों और नवीन ज्योतियों से अभिमन्त्रित होकर
अक्षत बनकर आज तुम्हें अपनी हवि देनी है।
मात्राओ !
ब्रह्माण्ड की सीमा पर पहुँच कर समय
काल बने इसके पूर्व ही
गति मात्र को अपनी प्लुत-वाणी में तुम्हें प्रस्तुत करना है
और उच्चारणो !
समस्त सौरमण्डलों, अयनों और समुद्रों की शब्दता को
सरस्वती में परिणत करना है;
यज्ञ आरम्भ हो चुका है—
भाषा ने
यजमान भाव से
मन्त्रों के उदात्त उद्घोष के साथ
हविष्य वाला अपना स्वाहा-हाथ भी उठा दिया है।

ओ छन्द-व्यक्तित्व के भद्र ! अवतरित होओ,
यह काव्य-वेदी ही तुम्हारे विश्वात्मन को वहन करेगी
और सृष्टि को आश्वस्ति देगी
क्योंकि काव्य से बड़ी कोई आश्वस्ति नहीं होती।

●

तादात्म्य

जब भी मैं
फूल, नदी या आकाश पर कविता लिखता हूँ

तो वह मानवीय प्रकरण ही होता है
क्योंकि जब भी मनुष्य की आँखों में आँसू होते हैं
मैंने फूल, नदी आकाश को रोते देखा है—

इसलिए मेरे लिए न प्रकृति, केवल प्रकृति है
और न मनुष्य, केवल मनुष्य।

सरमा

सन्ध्या-आकाश में खड़ी
यह सरमा, देवशुनी
किस पर भौंक रही है?

प्रत्येक दिन यही होता है, कि
इधर सूर्यास्त हुआ नहीं कि
उधर सरमा
सँझाते आकाश में बगटूट भागने लगती है।
किस वेग से यह सन्ध्या-तारे के बाद
अँधेरे पड़ते आकाशों में उतरती ही चली जाती है।
प्रत्येक सौर-मण्डलों के
तारों, नक्षत्रों और ग्रहों के पास जाकर
उनके प्रकाशों को सूँघती है,
पंजों से आकाश खोदने लगती है, कि
कहीं-कुछ प्रकाश छूट तो नहीं गया है?
और उन प्रकाशों को लेकर
पूर्वांचल की ओर बढ़ती जाती है।

रोज ही यह न जाने किन-किन
अज्ञात, गहन और विगत के आकाशों के
पर्वतों और द्रोणियों में
प्राचीनतम नक्षत्रों तक पहुँच कर
प्रकाश तलाश आती है।
जब तक आकाशगंगाओं तक को नहीं खँगाल डालती
तब तक इसे चैन नहीं आता
तभी तो ब्राह्ममुहूर्त तक
सारा आकाश खाली हो जाता है

रात्रि के समस्त प्रकाश को मुँह में दबाये
सरमा पूर्वांचल पर खड़े
सूर्य की प्रतीक्षा करने लगती है
और सूर्य के आने के पूर्व ही
ऊषा और दिशाएँ फलाँग
ब्रह्माण्ड में कूद कर
स्वयं सूर्य बन जाती है।

शब्दास्त्र

मेरे हाथों में
यह कविता नहीं, शब्दास्त्र है।
देवताओं के लिए भी काम्य
यह संकल्पपूत अमोघ शक्ति सम्पन्न
काव्य-आयुध—
दक्षिणावर्त शंख है
जिसे मैं काल और दिशा बना कर उद्घोष रहा हूँ।

मैंने ब्रह्मणस्पति की तरह
इस आयुध-देवता का आह्वान किया
और यह मन्त्र बनकर उपस्थित हुआ,
मैंने त्रिविक्रम की भाँति इसे धारण किया
और यह छन्द बन कर मुखरित हुआ
और अब मैं पाशुपत रुद्र बनकर
इसे तुम्हारे
और इस शिखण्डी इतिहास के विरुद्ध प्रयोग करूँगा।
मैं भी देखूँगा कि
कब तक तुम
और तुम्हारा यह चारण-इतिहास
अपने वर्णसंकर व्यक्तित्व के साथ
मेरे इस मन्त्रपूत शब्दास्त्र के विरुद्ध खड़े रहते हो।
केवल जयाजय ही युद्ध नहीं होता—
मेरा युद्ध तो तुम्हें तेजोमय बनाने के लिए है
इस शिखण्डी इतिहास को पुरुषत्व प्रदान करने के लिए है
ताकि, न तो तुम
आजन्म कुरुक्षेत्र ओढ़े अघोरी अश्वत्थामा बने घूमते रहो
और न यह इतिहास
श्मशान-ग्रन्थ बन कर दुर्गन्ध देता रहे।

काव्य की यह अमोघ-शक्ति
अहोरात्र, अनाविल निसृत हो रही है।
यह धूप
ये हवाएँ
ये जल
ये अग्नियाँ
और यह आकाश मेरे काव्य के सर्ग हैं
जिनमें आकण्ठ मनुष्य निबद्ध है।

तुम मेरे लक्ष्य हो
किसी भी अयन और अक्षांश पर धरती क्यों न हो
आकाशों की असमतलताओं
और शून्य की गहन, विशाल द्रोणियों को भी
प्रकाशगति से भेदती
किरणें—
पृथिवी के एक-एक रोम तक
किस अचूक भाव से पहुँचती हैं कि—
प्रकाश—वनस्पतियाँ बन कर खिल उठता है,
हवा—पक्षी बन कर ध्वनियों के थरथराते चँदोवे तान देती है
अग्नि—फूल के वर्णों में सुलग उठती है
जल—धन-धान्य का ऋतु-उत्सव हो जाता है
ताकि मनुष्य का राजसूय-यज्ञ सम्पन्न हो सके।

देखो—
मेरा शब्दास्त्र भी
तुम्हें तुम्हारे अश्वत्थामा-अभिशाप से मुक्त कर रहा है
और तुम्हारे इस शिखण्डी इतिहास को
स्वस्ति स्वरूप दे रहा है।
सूर्य-सुगन्ध के इस तेजोमय व्यक्तित्व को छू कर देखो—

ऐसे सारस्वत तुम
और तुम्हारा यह इतिहास पहले कभी नहीं थे।
काव्य जब भी
मनुष्य या इतिहास
नदी या आकाश कुछ भी लिखता है
वे मानवीय-नेत्र हो जाते हैं
जिनकी भाषा को शताब्दियाँ भी अस्वीकार नहीं कर पाती हैं।
मेरे द्वारा लिख दिये जाने के बाद
अब तुम

चिड़ियों की तरह छोटे-छोटे क्षणों के टुकड़े नहीं चलोगे
बल्कि, दिन
जिस प्रकार सम्पूर्ण भाव से
काल के विरोधी जलों को ठेलता धरती पर चलता है
उसी तरह संवत्सर-पुरुष बन कर चलोगे
और यह इतिहास मनुष्यत्व को वहन करेगा।
दोनों ध्रुवों पर खड़े हुए तुम
मनुष्य नहीं, मनुष्यत्व हो चुके हो।

पर क्या तुम कभी जान सकोगे कि
इस युद्ध में
मैंने तुम्हें और तुम्हारे इस इतिहास को
केवल एक कवि की दृष्टि से देखा था
और यही
मेरे काव्य-आयुध का शब्दास्त्र था?

पंचानन

मत जगाओ
तत्त्वों के समरसी सिंह-व्यक्तित्व वाले
इस पंचानन को मत जगाओ।

यदि त्रिविक्रम सूर्य
ब्रह्मांडव्यापी अपने समस्त प्रकाश को
प्रलयंकारी तेजोमयता के साथ
केंद्रीभूत रूप में
इस धरती पर एक क्षण को भी उतार दे

तो क्या तुम्हें इसकी कोई परिकल्पना है, कि—
उस जाज्वल्यमान अंधकार-परशु का साक्षात करने के लिए
किसी के पास शक्ति और नेत्र होंगे?
तब क्यों?
क्यों तुम चाहते हो, कि
यह पृथिवी अंधी धृतराष्ट्र बन जाये
और हमेशा-हमेशा के लिए
इस ग्रह पर
अघोरी पूर्ण खग्रास ग्रहण उतर आये?

यदि विद्युत्नेत्री पर्जन्य
अपने मेघजलों को
उनकी समस्त प्रचंडता के साथ
इस धरती पर पिशाच-नृत्य करने के लिए मुक्त कर दें
तो क्या तुम्हें इसकी कोई परिकल्पना है, कि—
दिगंतव्यापी विकराल ज्वारों वाले विषाक्त सर्पों के
नागपाशों में विदीर्ण और विवशा
इस पृथिवी पर
क्या कोई एक भी मनु
पश्चाताप करने के लिए भी बचेगा?
और कहाँ?
क्या कोई हिमालय भी होगा?
तब क्यों?
क्यों तुम चाहते हो, कि
यह पृथिवी तिमिंगिलों का ग्रास बन जाये
और हमेशा-हमेशा के लिए
इस ग्रह पर
चिंघाड़ता समुद्र एक कापालिक बन कर हरहराता रहे?

यदि गरुड़पंखी मरुद्गण
पराआकाशगंगाओं तक की अपनी समस्त वायुओं को
उनकी श्येन प्रभंजनताओं के साथ
इस धरती पर संचरण करने का आदेश दे दें
तो क्या तुम्हें इसकी कोई परिकल्पना है, कि—
यह पृथिवी
उन संख्यातीत गरुड़पंखियों के महावेग के सामने
सुदूर के किसी अज्ञात और अनाम ब्रह्मांड में
एक कुशा के रूप में भी बच सकेगी?
तब क्यों?
क्यों तुम चाहते हो, कि—
यह पृथिवी वासंती ज्योतियोंवाला एक ग्रह न रहे
और हमेशा-हमेशा के लिए
इस ग्रह के स्थान पर
ब्रह्मांड में अमांगलिक अंधी आँख का खोखल शून्य लिख उठे?

यदि अग्निकेशिन ब्रह्मणस्पति
समस्त चराचरव्याप्त अपनी अग्नियों का आवाहन करके
अग्नियों की भी अग्नि बन कर
मात्र एक निमिष के लिए ही
इस धरती का स्पर्श कर ले
तो क्या तुम्हें इसकी कोई परिकल्पना है, कि—
सौर-मंडलों को भी भस्म कर सकने वाले
उस त्र्यंबक-स्पर्श की दाह्यता का
कहीं भी कोई साक्षी संभव है?
तब क्यों?
क्यों तुम चाहते हो, कि—
यह पृथिवी सती-सी दग्ध हो जाये
और इस ग्रह का शव उठाये
एक रुद्र
अनादि काल तक के लिए श्मशान-यात्रा पर निकल पड़े?

और, यदि यह पृथिवी स्वयं
अंतरकक्षीय आयुधों और अणु-विस्फोटों से उद्दीप्त होकर
गतियों की गति
और ध्वनियों की ध्वनि बन कर
अकल्पनीय घोषणा के साथ
अपने कच्छप केंद्र तक चिरती चीत्कार कर उठे
तो क्या तुम्हें इसकी कोई परिकल्पना है, कि—
इस शब्द-ब्रह्म के अक्षर-घोष वाले महानिनाद का
किसी ग्रह
किसी लोक में भी कोई श्रोता संभव है?
तब क्यों?
क्यों तुम चाहते हो, कि—
यह पृथिवी
बलिदान कर दिये गये महिष-सी रक्त-स्नात हो उठे
और हमेशा-हमेशा के लिए
यह ग्रह
महाकाल के हाथों में रक्त टपकाता खप्पर बन जाये?

तुम क्यों नहीं समझते कि
यह विश्वात्मना सृष्टि
तत्वों की पंचधातु की भाषा में लिखा
एक प्रयोजन है
पंचचामरी छंदवाला महास्तोत्र है।
पृथ्वी के इस उत्सवी सदाशिव-विग्रह को
पुनः रुद्र मत बनाओ
मत जगाओ तत्वों की इस शांभवी को
मत जगाओ इस पंचानन को
मत जगाओ।

अरण्यानी से वापसी

मेरी अरण्यानी ! मुझे यहाँ से वापस अपनी धरती
अपनी शाश्वती के पास लौटना ही होगा !!
ताकि मैं—
मात्र एक व्यक्ति
केवल एक कवि न रह कर
अपने समय की सबसे बड़ी घटना बन सकूँ—
एक कविता—

कविता—
जब केवल विचार होती है
तब वह
सत्य का साक्षात,
तब वह
परम-पुरुष की लीला
तब वह
आत्म-उपनिषद् होती है,
पर, जब वह
भाषा के भोजपत्र पहन लेती है
तब वह
आनन्द के मन्त्र
आसक्ति के पद
तन्मयता के कीर्तन
विनय की प्रार्थना
और लालित्य के गान के
अपराजित हिमालय तथा अक्षत उपत्यकाओं से उतरती हुई
जलते मानवीय मैदानों में पहुँच कर
विराट करुणा
पीड़ा मात्र बन जाती है।

मेरी अरण्यानी !
मेरी इस वैष्णवता को भी परीक्षा देनी होगी
मेरी इन प्रार्थनाओं को भी
अपने समय
और कोटि-कोटि लोगों के बीच
एक कविता
एक घटना
एक मनुष्य-सा घटित होना ही पड़ेगा।
युद्ध के अठारह दिनों के रक्ताभिषेक के बाद ही
कृष्ण की वैष्णवता
इतिहास का वासुदेव बन सकी थी।
शतानक हुई इस पृथिवी
और सन्त्रस्त लोगों के पुनः उत्सव होने से अधिक
न कोई मन्त्र है
और न वैष्णवता।
मनुष्य का कविता हो जाना ही उत्सव है
इसलिये मेरी अरण्यानी ! मुझे यहाँ से वापस अपनी धरती
अपनी शाश्वती के पास लौटना ही होगा !!

पाण्डवों के कीर्ति-स्तम्भों-जैसे भोजपत्रो !
ऊर्ध्वमनस् के योगियों-जैसे देवदारुओ !
गायों की त्वचा-जैसे चिकने और संस्पर्शी हिमनदो !
मैं अपने पर से उतार रहा हूँ
हिम के ये मलमली चीवर
वनस्पतियों के वल्कल
ओषधियों के ये अंगराग
ब्रह्मकमल की यह व्यक्तित्व-गन्ध
नदियों के ये यज्ञोपवीत
हवाओं की ये माधवी रागनियाँ
और एकान्त में धरोहर-सा रखे जा रहा हूँ

हिमालय का यह इन्द्र-मुकुट।
बादलों हवाओं, ग्रहों-नक्षत्रों में
अहोरात्र सम्पन्न होने वाला
यह राजसूय-यज्ञ भी छोड़े जा रहा हूँ।
मेरी अरण्यानी ! इतना वैराट्य
इतनी पवित्रता लेकर
कोई भी हाट-बाजार में नहीं जा सकता।
इतिहास और राजनीति में दग्ध हुए
मनुष्य मात्र को
अब केवल कविता की प्रतीक्षा है।
कविता का लोगों के बीच लौटना
मनु के लौटने-जैसा होगा।
कविता का लोगों के बीच लौटना
एक अविश्वसनीय घटना होगी
इसलिए मेरी अरण्यानी ! मुझे यहाँ से अपनी धरती
अपनी शाश्वती के पास लौटना ही होगा !!

मैंने सूर्य को अर्घ्य दिया ही इसलिये था, कि
उसकी तेजस्वी सूर्याएँ—
नित्य मेरी गलियों में
इस धरती पर आकर
मनुष्य, पशु, पक्षी, फूल-वनस्पतियाँ बनकर उगें।
नित्य एक शब्द-उत्सव
पेड़ों पर चिड़ियाँ बनकर
घर-आँगन में भाषा बनकर
और एकान्त में प्रिया बनकर सम्पन्न हों।
धरती, सूर्य की सुगन्ध हो जाए, पर
किसने अपमानित कर दिया है मानवीय देवत्व को?
जीवन की कुल-गोत्रता को?
नहीं—

मनुष्य से लेकर दूर्वा तक के अपमानित मुख पर
मेरी वैष्णवता !
मेरी कविता को लिखनी होगी
एक गरिमा
एक पवित्रता
एक उत्सव।
मनुष्य या दूर्वा
किसी के भी हँसते हुए मुख से बड़ी
न कोई प्रार्थना है
न कोई उत्सव है
और न स्वयं ईश्वर ही।
मेरी अरण्यानी !
युधिष्ठिर की भाँति आग्रह करना ही होगा, कि
मुझे अकेले नहीं
पूरी मानवता के लिए
सृष्टि मात्र के लिए स्वर्ग का प्रवेश स्वीकार होगा
इससे कम नहीं।
इसलिये मेरी अरण्यानी ! मुझे यहाँ से वापस अपनी धरती
अपनी शाश्वती के पास लौटना ही होगा !!

चलो मेरी वैष्णवता !
मेरी प्रार्थना ! मेरी कविता ! चलो—
इस पृथिवी पर वनस्पतियाँ बन कर
सृष्टि की भाषा बनकर चलो,
प्रत्येक चलना अवतार होता है
धूप, सूर्य का
और नदियाँ, बादलों का अवतार ही तो हैं।
सृष्टि मात्र को
मनुष्य मात्र को इतिहास और राजनीति नहीं
एक कविता चाहिए।

व्यक्तियों, घरों, दीवारों और भाषाओं—
सबसे कहना पड़ेगा कि
उतार फेंको ये आग्रहों की वर्दियाँ
पोस्टरों के वस्त्र—
ये मनुष्यता के अपमान हैं।
भाषा को दोगला बना देने वाले ये भाषण—
भाषा को गाली बना देने वाले ये नारे—
अपने स्वत्व और देह पर से नोंच फेंको
जो कि गुदनों की तरह
तुम्हारे शरीर पर गोद दिये गये हैं।

मेरे वैष्णवता !
एक कविता,
एक कदम्ब-सी उपस्थित होओ।
कविता जब प्रार्थना हो जाती है
कविता जब मनुष्य हो जाती है
तब वह
इस पृथिवी की
साधारण जन की रामायण हो जाती है।
मनुष्य मात्र में कविता अवतरित हो
इसके लिए मेरी अरण्यानी! मुझे यहाँ से वापस अपनी
धरती
अपनी शाश्वती के पास लौटना ही होगा !!
लौटना ही होगा !!

●

कालवृक्ष

कहाँ है?
कहाँ है वह कालवृक्ष

जो प्रकाशों का भी प्रकाश
जो ध्वनियों की भी ध्वनि
और जो समय का भी समय है,
वह सत्ता-सुमेरु कालवृक्ष कहाँ है?
जिसकी हमारे आकाशों में
दिवस और रात्रियाँ प्रशाखाएँ हैं
और यह सृष्टि जिसकी सुगन्ध है
कहाँ है?
कहाँ है वह कालवृक्ष

मैंने वायुओं से पूछा—

जो क्षितिज ऊपर के
आरम्भ होते हुए आकाश में
प्रातःकालीन धूपहंसों सी निःशब्द उड़ रही थीं।
मुझे विश्वास था कि इन्हें अवश्य ही
इस अक्षयवट जैसे कालवृक्ष का पता होगा
क्योंकि इनकी गति अन्तरिक्ष में भी है,
चिड़ियों की तरह चौंकते हुए
निर्दोष महीन कोलाहल के साथ
मेरा प्रश्न सुनकर
वे हवाएँ—
भीतरी आकाशों में उड़ जाने को हुईं
परन्तु मेरे दुबारा आग्रह करने पर बोलीं, कि—
भला उन्हें कैसे पता हो सकता है?
उनकी गति तो
गुरुत्वाकर्षण वाले बाहरी आकाशों तक ही है।
शब्दों, ध्वनियों और कोलाहलों को
शून्य के उस गोपुर तक वे ले जाती हैं
जहाँ से प्रकाश की अनन्तता वाले महाकाश आरम्भ होते हैं।

और वहाँ से वे तो
फिर अपने निचले आकाशों के दिगन्तों में उतर आती हैं।
भला उन्हें
कैसे इस कालवृक्ष के बारे में पता हो सकता है?
परन्तु सम्भव है
शब्दहीन ब्रह्माण्ड में व्याप्त
आदिम प्रशान्त मरुद्‌गण कुछ बतला सकें
क्योंकि सुना है, कि
वे ब्रह्माण्ड पार की
आकाशगंगाओं की भी आकाशगंगाओं तक जाते हैं।
लेकिन वे ऋषि मरुत्
कभी हमारे इन निचले आकाशों में नहीं आते
क्योंकि प्रकाशातीत उनके प्रभंजन-वेग को
जब मध्य आकाश तक नहीं झेल सकते
और वे भी उस वेग की कल्पना से ही थरथराने लगते हैं
तब भला क्षितिज ऊपर के
ये साधारण आकाश
कैसे उस प्रभंजन-वेग को झेल सकते हैं?
इसलिए वे महावायुएँ
ग्रहों पार के नक्षत्रों
और तारामण्डलों के बीच ही सन्तरित रहती हैं।

और वे हवाएँ
चिड़ियों के सान्द्र कोलाहलों सी उड़ गयीं।

मैंने तब पर्वतों से पूछा—

किसी प्राचीन काल में
इन पर्वतों के ज्वालामुखी पूर्वज सूर्य तक गये थे
पर प्रकाश-आकाशों में पहुँचते ही
उनके सारे विशाल अग्निपंख काट दिये गये थे

और धरती पर जलते उल्कापिण्ड से
वापस फेंक दिये गये थे।
शताब्दियों से मूर्छित पर्वतों के
उन शाबर-नेत्रों में
मेरे बारम्बार पूछने पर भी कोई प्रतिक्रिया नहीं हुई।
शताब्दियाँ से ये नेत्र
इस आश्चर्य में सदा के लिए विस्फारित रह गये, कि
प्रकाश ही सबसे बड़ा अन्धकार है।
नदियों के स्त्रोतोंवाली बाँबियों जैसे रन्ध्रों को
जब मैंने पर्वतों को जगाने के लिए
शंख बनाकर फूँका
तो उनके आदिम व्यक्तिताओं वाली रसातली घाटियों में
गूँज—
एक गिद्ध सी नीचे उतरती ही चली गयी
(घायल पक्षी सी जैसे वह टूट कर गिरी जा रही हो)
परन्तु तभी डूबी-डूबी सी एक प्रतिगूँज सुनायी दी
और लगा, कि
ये नेत्र
पुराकाल के कालातीत अन्तराल के बाद
मेरे इस सम्बोधन से चौंके हैं।
कैसी विडम्बना और विषमता थी कि
हम गणनातीत काल के विभिन्न सिरों पर खड़े थे—
मैं कह रहा था
और वह सुन रहा था।
मेरी जिज्ञासा सुनकर
उसके ठोस धातुई व्यक्तित्व में
दिगन्त तक सन्नाटा
एक विस्फोट सा लिखता, प्रतिलिखता लिख उठा।
पर्वतों के लिए भी
भय की कोई भाषा होती है

इसकी प्रतीति पहली बार हो रही थी।
उन्होंने कुल इतना ही कहा, कि
इसके उत्तर के लिए उन्हें समय चाहिए।

नहीं जानता कि कितना समय बीता—

मिट्टी और खनिजों में दबी
अपनी दग्ध चट्टानी-पर्तों में
अपने आदिम पूर्वजों के
उन अज्ञात आलेखों की खोज में
वे पर्वत—
न जाने किन-किन द्वीपों, प्रायद्वीपों और महाद्वीपों के
कान्तारों, दलदलों, गुफाओं और मरुथलों में भटकते रहे।
बनैले पशुओं की कन्दराओं में सोयी धरती और समय को
नृसिंह की भाँति बघनखों से चीरते, खोजते रहे।
न जाने कितनी नदियाँ अपने स्त्रोतों से कट गयीं।
कुछ के मार्ग सदा से लिए बदल गये
और पर्वतों के वराहों ने धरती को खूँद डाला।
और जब एक दिन
तेल-खनिजों से स्नात वे पर्वत लौटे
तो वे कुल इतना ही बता सके, कि
इसका कहीं कोई उल्लेख नहीं मिलता कि
वे पितामह पूर्वज सूर्य तक क्यों गये थे।
इसकी भी कोई साक्षी
धरती की नाभि तक नहीं है,
पर इस बात के प्रमाण अवश्य हैं, कि
किसी जिज्ञासावश वे पितामह
अपनी प्रलयंकारी ज्वालाओं के साथ
शायद अपनी तृषा और पिपासा शान्ति के लिए
आकाशगंगाओं के लिए निकले थे,

पर सूर्य ने—
और किस सूर्य ने, यह भी नहीं मालूम,
अग्नि को भी भस्म कर सकने वाले
अपने वज्र से
उनके सारे दिगन्त व्यापी विशाल पंख नष्ट कर डाले
और शून्य तथा आकाशों से नीचे
अनुमानित धरती पर फेंक दिया।
उनके जलते विशाल उल्कापिण्डों की असह्य अग्नि से
शून्य, आकाश, दिशाएँ और धरतियाँ त्राहि-त्राहि कर उठी थीं।
महावेग के साथ गिरने के कारण
समुद्र ही नहीं ब्रह्माण्ड की आसन्दियाँ भी हिल उठी थीं।
दिशाएँ, अक्षांश और देशान्तर
विषुवत, कर्क और मकर रेखाओं वाला त्रिपुण्ड्र
दोनों ध्रुव
सब चीत्कार कर उठे थे।
सम्भवतः यही प्रलय था,
महासत्ता की पूर्णता का वह मात्र स्पर्श था
जिसमें धरती
द्वीपों, प्रायद्वीपों और महाद्वीपों में चिर उठी थी,
यह धरित्री-पिण्ड
खौलते महाकढ़ाह सा धधकता हाहाकार करता
अपने भस्मीभूत अक्षांशों-देशान्तरों
तथा सौर-मण्डल तलाशता
शून्य में असहाय भटकता रहा।
अपने ज्वालामुखी पूर्वजों की यह दग्धगाथा सुनाते हुए
वे पर्वत
आज भी उस पुराकालीन भय से आक्रान्त लग रहे थे।
कई बार बोलना, बाँचना जैसा होता है
इसलिए इस पुराकथा के इस मर्मान्तक पाठ के बाद
शताब्दियों बाद के

उस हिमानी-युग के बारे में पूछना
जिसमें बर्फ की शून्यातीत ठण्ढकता में
देश और काल सब स्तब्ध, जड़ीभूत हो गये थे
अमानवीय ही होता।

जब मैंने समुद्रों से पूछा—

वे अपने प्रशान्त जलों के साथ
धूप की पारदर्शी विस्तीर्णता में
प्रसन्न भाव से हिल्लोल रहे थे
समुद्री उन्मुक्त हवाएँ
अवाबीलों सी झपट्टे मार
तट के नारियल और सुपारी के गुच्छल वृक्षों की खोज में
तेज सपाटों से उड़ती फिर रही थीं।
धूप की मांसली, कांचनी अप्सरा-देह के साथ
समुद्र-पुरुष
कैसे निर्भय, अदम्य सिंह-भाव में रमण में रत थे।
मेरी जिज्ञासा सुन
समुद्र-पुरुष भी
पर्वतों की भाँति चौंके और भयभीत हो उठे थे।
मुझे केलि-प्रसंग वाले अपने निभृत एकान्त में
उपस्थित देख
समुद्र
जिस प्रकार अपने अस्त-व्यस्त ज्वार-वस्त्रों को समेटने लगे
उसमें यही भाव था, कि
रमण के लिए इन बाहरी तटों को छोड़
सुदूर के भीतरी समुद्रों में लौटने की सोचने लगे हैं।
और जब मैंने उन्हें बारम्बार आश्वस्त किया
तो वे मुझे भी अपने साथ
अपने कालातीत अँधेरे जलों में

यात्रा करने के लिए विशाल ह्वेल से नीचे उतरने लगे।
वह उतरना, अतीत में उतरने जैसा ही था
और अपने अतीत में उतरना सबसे भयावह होता है।

प्रकाश—
ऊपर के जलों में क्रमशः पीछे छूटते हुए
अन्त में एक बिन्दु पर जाकर
ठहरा, और समाप्त हो गया,
नहीं, बल्कि जैसे बेले का अकेला फूल शेष था
और किसी ने उसे हठात् तोड़ लिया।
उसके बाद तो दुर्दान्त भाव से
जलों को अपने गुंजलक में लपेटे
अन्धकार
प्राचीनतम अजदहे सा
समस्त पशुओं का पशुत्व ओढ़े आत्मलीन था।
कितनी शताब्दियों के विभिन्न जल
हब्शियों से विवश बन्दी थे।
उन अतल आबनूस जलों में
प्राचीनतम पोतों, भग्न मस्तूलों
और मूँगों की विशाल पर्वत-गुफाओं में
इतिहासहीन अन्धी शताब्दियाँ
अन्धकार बनकर अपनी मुक्ति के लिए
अब भी आकुल दिख रही थीं।
कितने ही नगरों और बस्तियों
मत्स्यों और पुराकालीन जीवों के अस्थि अवशेष
कराहते कँप-कँप पड़ रहे थे
दैत्याकार आकृतियों वाली मांसभक्षी वनस्पतियाँ, सेवारें
और जल घासें
अपने राक्षसी विषाक्त आनन्द में
नाग-कन्याओं सी लहरा रही थीं।

सृष्टि के उन प्रथम जलों में तैरती
मत्स्य-देहों से निकलते फासफोरसी प्रकाश का
हल्का आलोक जैसा था।
उन जल डूबे पर्वतों की
अँधेरी गुफाओं की चट्टानों पर
आलेख जैसा ही कुछ था
जिन्हें पढ़ते हुए समुद्र-पुरुष ने बताया, कि
इन आलेखों का आशय मात्र इतना ही है, कि
उन समुद्री पूर्वजों ने ज्वालामुखी पर्वतों से कहा था, कि
इस प्रकार की तात्विक जिज्ञासा का बहुत बड़ा मूल्य
वे जाने कितने कल्पों पूर्व
स्वयं उनके समुद्र-पूर्वजों को भी चुकाना पड़ा था
क्योंकि वे अपने खारे जलों को
आकाशगंगाओं के मीठे जलों से बदल डालना चाहते थे।
और तब
उनके वे प्रथम समुद्र-पूर्वज
अपने क्षितिज पर्यन्ती विशाल, विकराल जलपंखों के साथ
आकाशों, महाकाशों और पराकाशों की ओर उड़े,
पर किसी भी सौर-मण्डल और तारा-मण्डल को
इन समुद्रों का वह ब्रह्माण्ड प्रवेश प्रिय नहीं लगा।
ब्रह्माण्ड की महानियोजना में
यह एक प्रकार का हस्तक्षेप जैसा ही था
इसलिए वज्रपाणि सूर्य को
उन्हें नष्ट कर देने का आदेश हुआ।
अधिकांश समुद्र वाष्प बना दिये गये।
शेष के जलपंख स्वाहा कर दिये गये।
उस महाशून्य से
खौलते समुद्रों के गिरने से
शून्य के प्रकाश अन्धे हो उठे
ध्वनियाँ, जले फूलों सी क्षार हो गयीं

और धरती, नाभि तक चिर उठी।
न जाने किन-किन ग्रहों-नक्षत्रों तक
समुद्रों के खौलते-तप्त जलबिन्दु छितराये
यह कोई नहीं जानता।
समुद्रों के प्रचण्ड दग्ध-निनाद से
संख्यातीत ग्रह-उपग्रह नष्ट हो गये
फलतः दण्डस्वरूप धरती पर लौटे जलों को
आदिम कन्दराओं, गहरी काराओं में बन्दी बना दिया गया।
कुछ को
हिम की अभेद्य ठण्ढकता के पाशों से जकड़ कर
सदा के लिए उजाड़ हिम बना
ध्रुव कर दिया गया।
बर्फ की मोटी-मोटी चादरों से
तथा खौलते समुद्री जलों से
धरती का नवजन्मा ग्रह चीत्कार कर उठा।
न जाने कितनी शताब्दियों तक
ठण्ढ में ठिठुराने के बाद ही
उन प्रथम समुद्री पूर्वजों को
बर्फ की अभेद्य शीत काराओं से मुक्ति मिली।
आज भी उस दुःसाहस की स्मृति में
उन प्रथम समुद्री पूर्वजों की एक प्रशाखा
ध्रुवों पर सदा के लिए बन्दी है।
तब से कोई भी सूर्य उन आकाशों में नहीं जाता।
आज भी वहाँ के पथरीले समुद्र
प्रकाश के रंग-मण्डलों से प्रार्थना करते रहते हैं कि
हमें इस आदिम दासता से मुक्त करो।
शायद इसके बाद से ही
विषुवत रेखा के जलों को आदेश है कि
कर्क और मकर रेखाओं को उलाँघते समय सावधानी बरतेंगे,
कितना ही ज्वार क्यों न उतराये

पर किसी भी पूर्णिमा के छल में नहीं आएँगे
और न ही अपनी सीमा के बाहर छलाँग लगाएँगे।
सूर्य कितना ही क्यों न तपाये
केवल कुछ ही जल
मेघ बनकर आकाश में जाएँगे
और तट का कैसा ही आमन्त्रण क्यों न होगा
समुद्र का कोई जल
कभी धरती पर जाने का प्रयास नहीं करेगा।
हो सकता है इन पारम्परिक निषेधों के पीछे
यह भाव रहा हो कि
अनुभवहीन भावी जलों को
न धरती, न आकाश
किसी भी आयाम में यह जिज्ञासा ही न हो, कि—

कहाँ है?
कहाँ है वह कालवृक्ष?
कौन-सा है वह कालवृक्ष जिसकी हमारे आकाशों में
दिवस और रात्रियाँ प्रशाखाएँ हैं!

●

आखिर समुद्र से तात्पर्य!

[रचनाकाल : १९८६ से १९८८]

वात्स्यायन

की

आत्मीय स्मृति को

फाल्गुनी

जिन दिनों मैं कविता नहीं लिखता
उन दिनों
वह—
वनों में जाकर
वृक्षों के फूल
और वनस्पतियों की सुगन्ध बनी
फाल्गुनी हो जाती है
और मुझे भी
अरण्य की यह उत्सवता चैत्र बना देती है।

और फिर एक दिन
जब द्वार पर दस्तक देता
वन—
इस फाल्गुनी के साथ
उपस्थित हो कहने लगता है—

''लो, सम्हालो अपनी यह कविता,
मैं भी तो कुछ दिन तुम्हारी तरह
निश्चिन्त रहना चाहता हूँ''
और वह मुझे अपनी आरण्यकता सौंप
बदले में मेरा पतझर लेकर
सामने की पगडंडियाँ उतरने लगता है।

मैं इस आरण्यकता से इतना ही कह पाता हूँ—
''स्वागत है, फाल्गुनी !''

''नहीं, फाल्गुनी मैं वन में थी
यहाँ नहीं,
यहाँ तो मैं तुम्हारी कविता हूँ।

और वह अपने पर से वन उतार
शब्द पहनने लगती है।

प्रतीक्षा

इन सूखे पत्तों पर मत चलो
देखते नहीं
इनकी भाषा कैसी चरमरा उठती है?
और इस चरमराने को सुन
वृक्ष चौंकते ही नहीं
उन्हें दर्द होता है।
क्या तुम प्रतीक्षा नहीं कर सकते?
अभी चैत्र-हवा आएगी
और देखना—
धरती पर
अपने खिलखिलाने की भाषा लिखते हुए
ये पत्ते स्वयं
मैदानों-चरागाहों तक दौड़ जाएँगे।

क्या तुम
इतनी भी प्रतीक्षा नहीं कर सकते?

प्रश्न

जल! तुम कब बनोगे नदी?
इन कान्तारी काँठों के पत्थरों पर
जो लिखी पड़ी है
क्या वह नदी है?
नहीं, वह तो नदी-पथ है
नदी की देह है
नदी कहाँ?

भ्रम है नदी का—
कगारों को ही नहीं
टिटहरियों को भी
तभी तो
नदी-पथ में नदी को ढूँढ़ते
पुकारों के वृत्त में वे उड़ रही हैं।

कगारों से उतरता
वह मार्ग
घुटनों तक उठाये वस्त्र
पार करता नदी जैसा लग रहा है।
धूप भी तो
नदी-पथ में उगी इन झरबेरियों में
अनमनी सी, रोज कैसे खोजती है, नदी।

हवाएँ, चील जैसी मारकर लम्बे झपट्टे
हार-थक तब बैठ जाती हैं
किसी पीपल तले।

पर यह विवश आकाश
जाएँ तो कहाँ जाए?

कैसा निष्पलक
है प्रतीक्षारत
क्षितिज से क्षितिज तक दिन-रात—

ओ जल ! तुम कब बनोगे नदी?

अन्तर

इतना तो सब जानते हैं, कि
पत्र, व्यक्ति नहीं होते
और न ही व्यक्ति, पत्र।
पर कई बार
ऐसा लगता है, कि
क्या सच ही ऐसा है?

कैसे कई बार
किसी पत्र के शब्द
ऐसे नेत्र लगते हैं
जैसे परिरम्भण आकांक्षा से आपूरित
दो माणिक हैं
जो पत्र से बाहर निकल
आपके पार्श्व में होने को आकुल हैं।
इसी तरह कई बार
किसी पत्र के शब्द
ऐसे बुदबुदाते अधर लगते हैं
जो कहने के प्रयास में
पीपल-पत्र से कँप-कँप पड़ते हैं
और जिन्हें—
अपने अधरों का सम्पुट देकर ही सुना जा सकता है।

इसी तरह कई व्यक्ति
अपने नेत्रों से
ऐसे अर्थहीन शब्द लगते हैं
जैसे शाबर-मन्त्र हों
और उनके बुदबुदाते अधरों वाले
वाक्यों के उठते बुलबुलों से
कैसी तीखी गन्ध आने लगती है।

इसीलिए शायद
कुछ पत्र—
व्यक्तियों से भी ज्यादा अमूल्य
खस की सुगन्ध जैसे होते हैं
और कुछ व्यक्ति—
ऐसे पत्र
जिन्हें रद्दी की टोकरी ही
शायद पढ़ना पसन्द करे
और, वह भी फटे हुए रूप में।

तपस्विता

तपते तो घर भी हैं
और वृक्ष भी,
मगर यह तुम पर निर्भर करेगा, कि
तुम किस तपस्विता को चुनते हो
घर की
या वृक्ष की?

तुमने देखा ही होगा, कि
हर घर एक द्वीप ही होता है
इसीलिए तपते हुए वे
सदा बन्द रहते हैं।
वहाँ की सुखद छाया भी
सिर्फ उन्हीं के लिए होती है
जो घरों की द्वीपता में विश्वास करते हैं,
इसलिए
वहाँ रहने वाले वे
और वहाँ की वह सुखद छाया
सभी कुछ
द्वीप के उस आत्मनिर्वासन को समर्पित होते हैं।

जबकि वृक्ष—
दीवारोंहीन मैदानों-पठारों में
दिगम्बर औघड़ बने
भीलों जैसी अपनी कृष्ण-कायाओं में
तपते होते हैं
और जो भी पहुँच जाता है—
पशु-पक्षी
या हम तुम, या कोई भी
उस पाहुन के सामने
कैसे निश्छल खिलखिलाते हुए
परस देते हैं
बाजरे की रोटी जैसी
अपनी तपती उपस्थिति
और खाल के जल जैसी
लू में झुलसती हुई
अपनी ठण्ढी छाया।

तपते तो घर भी हैं
और वृक्ष भी
मगर यह तुम पर निर्भर करेगा, कि
तुम किस तपस्विता को चुनते हो
घर की
या वृक्ष की?

शक्ति के रूप

समूह की शक्ति
पहाड़ जैसी विपुल, विराट अवश्य
पर मात्र जड़।
व्यक्ति की शक्ति
नदी का संकटपूर्ण एकाकीपन भले ही
पर प्रखर, चैतन्य और गतिशील।

विज्ञान-गृहविज्ञान

पत्नी ने पूछा,
—क्यों विद्युत का प्रकाश पहले आता है
और गर्जन कुछ देर बाद सुनायी देती है?
क्यों? ऐसा क्यों होता है?
मैं चौंका, कि हमारे इस भाद्रपदी रम्य क्षण में

यह विज्ञान का बाल कहाँ से आ पहुँचा?
बोला,
—प्रकाश पुरुष है और गर्जन स्त्री
    इसलिए स्त्री अपने पुरुष की अनुगामिनी होती है।
प्रवक्ता पत्नी ने
शरारती आँखों वाले अपने हँसने में
चौंकना जोड़ते हुए कहा,
—क्या? क्या कहा?
आकाश में बादल-बिजली की रमणीयता देखते हुए मैं बोला,
—और क्या, विज्ञान इसी प्रकार गृह-विज्ञान बनता है।

सिर्फ हाथ

इधर वह
कई दिनों से मनुष्य नहीं था
तभी तो—
जब भी मिला
जहाँ भी मिला
असुविधा के साथ ही कुछ-कुछ मिला
कुछ-कुछ नहीं मिला।
जब भी दिखा
जहाँ भी दिखा
गर्म जेब को छुपाते, आँखें चुराते कुछ-कुछ दिखा
कुछ-कुछ नहीं दिखा।

आखिरकार एक दिन पूछ ही बैठा,
—क्यों भाई, कितने दिनों से मनुष्य नहीं बन सके हो?

प्रश्न सुन थोड़ा हतप्रभ अवश्य हुआ
पर तत्काल अपना सफारी ठीक करते हुए
जीवन की मेरी मध्यकालीन समझ पर
तरस खाते हुए ठहाका लगा, बोला,
—क्या इन भेड़ियों के झुण्ड के लिए
मैं ही मेमना हूँ?
जनाब !
घर से बाहर मैं मनुष्य नहीं
सिर्फ हाथ हूँ,
हाथ।

गुमशुदा

रजिस्टर में वह नहीं
उसका हस्ताक्षर था,
सीट पर वह नहीं
उसका कोट था,
घर में वह नहीं
घूस का अम्बार था
स्वयं भी वह कहाँ,
फाइलें दबाये काँइयाँ बाबू था—
तब वह कहाँ था?
यह कोई नहीं जानता—
न उसके अफसर
न उसके मातहत

और न काम से चक्कर लगाते लोग
कि वह कहाँ था?

एफ० आई० आर० लिखवायी तो थी गुमशुदा की
लेकिन गुमशुदा गुमनाम नहीं होता।

परिभाषा

सिर से पैर तक
विवश देवत्व का नाम
स्त्री—
और सिर से पैर तक
आक्रामक पशुता का नाम
पुरुष।

वह व्यक्ति

मैंने देखा—
उसकी आँखों में, व्यक्तित्व में
मिट्टी के तेल की गन्ध वाली
तथा राशनकार्ड वाली धुँधली लिखावट में
मुश्किल से कहा जा सकने वाला जीवन लिखा था।

कुछ भी तो उस व्यक्तित्व में
ऐसा नहीं था
जिसे भीड़ से पृथक करके देखा जा सकता था।
उसके दयनीय रूप से झुके कंधों पर
उसके घर-परिवार का ही नहीं
बल्कि पूरे मुहल्ले का बोझ लग रहा था।
मैंने आत्मीय आश्वस्ति के साथ कहा,
—क्यों नहीं उतार फेंकते अपने पर से
व्यवस्था की यह दासता?
कब तक भीड़ में संख्या बने खड़े रहोगे?
अपने को संज्ञा दो
व्यक्ति बनो।
उसके व्यक्तित्व का सारा खून
उसकी आँखों में उतर आया,
पर वह अबोला ही रहा
और अपनी गली की ओर बढ़ गया।
मुझे उसकी इस विवश विद्रोही कापुरुषता पर ग्लानि हो
रही थी
कि तभी
एक तेज झनझनाता पत्थर आया
और मुझे लहूलुहान कर गया।
मैंने देखा
उसकी आँखों में, व्यक्तित्व में
तेजाब की गन्धवाली
रामपुरिया फलकवाली हिकारत की भाषा थी।

शायद भीड़ इसी प्रकार व्यक्ति बनती है।

●

कृपा करो

क्या कहूँ?
कहो तुम्हें क्या कहूँ
ओ मेरे जन्म-मास फाल्गुन!
तुम्हें क्या कहूँ?

तुम तो स्वयं ही संवत्सर द्वारा
रंग-वर्ण-गन्ध से सुसज्जित
वानस्पतिक अंग-अंग अनंग हो
नहीं—
पूर्णकाम काव्य-कृष्ण हो।

घास के अनाम फूलों से लेकर
पलाश औ कचनार तक,
कहाँ-कहाँ
कौन नहीं उपकृत है
तुमसे
तुम्हारे इस अनुग्रह रंग-रास से?
फूल होने का अर्थ ही है
फाल्गुन हो जाना।
ओ मेरे जन्म-मास!
मुझे तो पूरा फूल भी नहीं
मिल जाती यदि फूल की मात्र एक पाँखुरी
तो सच मानो
इस भाषा के जग में
बच जाता होने से किरकिरी।

ओ मेरे जन्म-मास फाल्गुन ! कृपा करो
मैं भी हूँ
नामहीन तुम्हारी ही मानुषी-वनस्पति।

कातरता

जब भी कहीं किसी वृक्ष को
पूर्णता देता
वर्णप्राप्त फूल खिला होता है
उस वृक्ष की वनस्पति
प्रियम्वदा नारी सी
सिर ढँकती आनत नेत्र हो जाती है
और मुझे लगता है—
मैं ऐसी
मानुषी पूर्णता को वहन करता वृक्ष क्यों न हुआ?
मुझे भी मिल जाती
वनस्पतियों वाले गुलाल-व्यक्तित्व की कृतार्थता।

क्यों न हुआ?
मानुषी काव्य-फूल की
ऐसी पूर्णता को वहन करता वृक्ष
क्यों न हुआ?
क्यों न हुआ?

जाने का समय

हमेशा की तरह
वह आज भी लिखता रहा था
पर कुछ थका था।
सामने के फैले कागजों पर
रख दिया उसने चश्मा।
आँखें मलीं, देखा—
खिड़की से रोज ही की तरह
गुलमोहर उसे देख रहा था।
एक लम्बे अरसे से
वे एक-दूसरे को इसी तरह
देखते हुए वृद्ध हो रहे थे।
वह उठा
और चल दिया।

कागजों पर रखे चश्मे के शीशों में से गुजरती हुई
एक पंक्ति के कुछ शब्द
बड़े हो आये थे—
''यह समय'' ''जाने का''
और तभी खिड़की से चैत्र-हवा आयी,
चश्मे में दबा पन्ना
पहले तो खड़खड़ाया
और फिर
फर्श पर गिरा और
उड़ गया—
दूर
दू ऽ र
दू ऽ ऽ र।

*स०ही० वात्स्यायन के निधन पर

यायावर लौटेगा

तुम अकसर अकेले ही
पहले भी यात्राओं पर जाते रहे हो
और चैत्र-वृक्षों की
नवागन्तुक पत्तियों की तरह
कोमल, निर्दोष मुसकराते हुए
सामने खड़े भी हो जाते रहे हो, कि
लो देखो—
मैं अकेला ही नहीं लौटा हूँ
साथ में कितने सारे वन हैं
औषधगन्धा हवाएँ हैं
और हैं
आदिम तेज प्रवाहवाली नदियाँ भी।
हर बार तुम इसी तरह
अपनी कविताओं की चिन्मयता में
सागर से शिखर तक लाते रहे हो
हमारे लिए।

निश्चित ही, इस बार भी
यायावर लौटेगा—
वनों-हवाओं के अलावा
और भी न जाने क्या-क्या होगा
उसकी उन मनस्वी कविताओं में
जिनकी हमें प्रतीक्षा है।
पर वह इस बार दस्तक नहीं देगा

व्यक्ति की तरह
केवल समय की भाँति घटित होगा
फूल बन, पत्र बन
हमारे वृक्षत्व में।

*स०ही० वात्स्यायन के निधन पर

पाण्डुलिपि

वह व्यक्ति नहीं
प्राचीन पाण्डुलिपि था!
लगभग आधी सदी तक
उसकी दुर्बोध लिपि को पढ़ने का प्रयत्न करता रहा
और जब जानने का क्षण आया
तो चैत्र-हवा आयी
और उड़ा ले गयी
सारे पत्र उस पोथी के।

*स०ही० वात्स्यायन के निधन पर

यायावर से

ले गये तुम कई-बार साथ में
हमें अपनी यात्राओं पर

चित्रकूट, वृन्दावन, सौराष्ट्री सागर-तट
या कहीं और भी,
पर यह कौनसी यात्रा है
यायावर!
जहाँ तुमने
अकेले ही असंग जाने का निर्णय लिया,
और चल भी दिये?

*स०ही० वात्स्यायन के निधन पर

सोने दो

चलो, देर रात हो गयी
अब चलो यहाँ से
सोने दो जंगल को।

दिन भर इन पगडंडियों पर
लोग अपना सौदा-सुलुफ लिये
हाट-बाजार से अकेले
या शोर मचाते बच्चों के साथ आते-जाते रहे हैं।
इन चैत्र-हवाओं ने भी तो
किसी क्षण चैन नहीं पड़ने दिया होगा,
गुलाल बनी हँसती-हँसाती रहीं
वृक्षों को, नदियों को
और अब वन को अकेला छोड़
इस आधी रात में

अपने तो
कहीं किसी छतनार वृक्ष में
या गहरी बावड़ियों में उतर झपक रही होंगी।
देखते हो नदी को
कैसी थकी-थकी लग रही है
कौन नहीं उतरा था
दिन भर इसके जलों में
आकाश दृश्य बनकर सारा का सारा वन
या पशु-पक्षी
और तो और गरवटें भी उतरती रहीं
इसके जलों में।
देखते नहीं—
तुम्हारे चलने से सूखे पत्ते कैसे चरमरा उठते हैं
और वन को लगता है
इस आधी रात में पानी पीने के लिए
कोई वनराज होगा
जिसकी दहाड़ पूरे पठार पर लिख उठेगी।
अपना सोना अधूरा छोड़
चिड़ियों का चहचहाना
और बन्दरों का चीखना
वन को फटा चीथड़ा बना डालेगा।
भला इस तरह चौंकते रहकर
वन क्या
कोई भी कैसे सुस्ता सकता है?
सवेरा होते ही
इन पठारी चरागाहों पर
सूर्य उगता नहीं है
आक्रमण करता है।
उसकी धूप के मारे
वन ही नहीं

पेड़ों की कोई पत्ती
नदी का जल तक नहीं सो सकता है।

कम से कम तुम्हें
अब तो इसे सोने देना चाहिए।
चलो, देर रात हो गयी
अब चलो यहाँ से
सोने दो जंगल को।

वृक्ष भी, आकाश भी

रोज सवेरे
गौरैया जैसी एक हरी चिड़िया
सूर्य की ओर मुँह किये
पठारी ठण्ढी फाल्गुनी हवा में
सामने के सूखे वृक्ष पर प्रसन्नभाव से बैठी
छोटा-छोटा हिल रही होती है
तब उसकी पक्षी-देह का हरा रंग भी
कैसा जलधुला सागर-छन्द हो जाता है
और उस लयात्मक स्वत्व में वह
उस सूखे वृक्ष का
एक मात्र ज्वाजल्य हरीतिमा वाला पत्र,
नहीं, पूर्ण वृक्ष
नहीं, आकण्ठ अरण्य हो जाती है।

पर जैसे ही वह
एक छोटी सी टेर के साथ

अपना उत्सव जैसा होना
उस वृक्ष पर छोड़
अकारण उड़ जाती है
तब वह सम्पूर्ण आकाश बनकर
जाने कहाँ विलीन हो जाती है
और मुझमें
तथा उस सूखे वृक्ष में
उसका वह उत्सव जैसा होना
अगले दिन तक के लिए कैसा थरथराता होता है
जैसे फूल अपने पीछे
सुगन्ध का थरथराना छोड़ गया हो।
पता नहीं
वह छोटी सी चिड़िया
अपने लयात्मक होने से
उस सूखे वृक्ष
और सूने आकाश को क्या देती है
पर वह मुझे
रोज एक कविता दे जाती है—
जो वृक्ष भी है और आकाश भी।

अखण्ड रामायण

मुकदमे का ध्यान आते ही
जल्दी से भरत-प्रकरण समाप्त कर
सिर से लगा
रख दी रामायण रील पर।
आज ही तो

भाई से पट्टीदारी के मुकदमे की तारीख है—
हे प्रभु! जिता देना
अखण्ड रामायण पक्की है।

•

भोगार्चन

कृष्ण का दर्शन
था, देवदर्शन,
गोपिकाओं का दर्शन
है, दूरदर्शन;
बच्चो!
इस भागवत-कथा का करो
अन्तर्राष्ट्रीय स्वाद वाली चाकलेट से
भोगार्चन।

•

अन्ततः

वे तब भीड़ में भी हुआ करते थे—
शेरवानी और पायजामे में।
फिर वे होते गये
मंच की सीढ़ियों पर तेज-तेज चढ़ती
साड़ी में से उझकी पड़ती
राजसी एड़ियाँ;

और फिर—
गोलियों से रक्षित शीशेवाले मंच पर पहुँचकर
मीलों दूर बैठायी गयी जनता के लिए
बुलेट-प्रूफ जैकेट में
अन्ततः राष्ट्र को समर्पित
एक राजकीय नमस्कार हो गये।

वृक्षत्व

मैंने चैत्र हवा से पूछा, कि
इतने सारे वृक्षों के पीले पत्ते
क्या तुम छाँट कर गिराती हो?
वह हँसी, बोली—
नहीं,
गिराना मेरा काम नहीं है
गिरते वही हैं
जो अपना वृक्षत्व खो चुके होते हैं।

चन्द्रोदय

जाऊँगा, चन्द्रोदय हो लेने दो—
वन में नदी को ऐसे अकेले छोड़कर
कैसे चला जाऊँ?
जाऊँगा, पर चन्द्रोदय हो लेने दो।

चन्द्रोदय होते ही देखना—
बाँसों के पीछे से टिटहरी बोलेगी
जिसे सुन
पगडंडियाँ थोड़ी सी निर्भय हो
जंगल में भटके पशुओं सी
चलने लगेंगी बस्तियों की ओर।
सरपतों में दुबके खरगोशों को लगेगा—
टिटहरी ही सही
पर अब वे अकेले नहीं हैं,
इन सरपतों पर विश्वास किया जा सकता है।
हवाएँ भी
पेड़ों से कूद कर नदी में
अबाबीलों सी पंख गीले कर
टीलों के कानों में बजने लगेंगी।
अभी यह जो निरभ्रता का सन्नाटा है
जिसमें पेड़ क्या
जंगल भी आसन्न है
चन्द्रोदय होते ही देखना—
तारों को भी नदी में उतरने में संकोच नहीं होगा
क्योंकि मछलियाँ
गहरे जल की चट्टानों में चली गयी होंगी
और आकाश दृष्टि सम्पन्न हो जाएगा।

इस पार से उस पार तक
अँधेरे में
किसी नाव के चप्पुओं की आवाज सुनायी पड़ना ही
काफी नहीं होता
बल्कि जरूरी होता है दिखना भी, कि
पेड़, पेड़ ही हैं
और दूरियाँ अभी भी जंगलों के पार जा रही हैं

जबकि जंगल
हिंस्त्र पशु सा झुका हुआ है नदी पर
और वह कैसी कपिला सी थरथरा रही है।

नहीं, वन में नदी को ऐसे अकेले छोड़कर
कैसे चला जाऊँ?
चन्द्रोदय में
जंगल को पहले वन हो जाने दो
तब जाऊँगा, चला जाऊँगा
पर चन्द्रोदय के बाद ही जाऊँगा।

कृतज्ञता

धूप और गरमी में तपता
पसीने से लथपथ
वह उस वृक्ष की छाया तले पहुँचा।
छाया क्या थी
जल था,
टिका दी तने से कुल्हाड़ी
और गमछा बिछा लेट गया—
निश्चिन्त।

नींद जब खुली
पहर ढल रहा था,
वह हड़बड़ाता उठा
और लगा पेड़ काटने।

सशंकित

उसे देख—
वन के वृक्षों का
मृगों की भाँति सशंकित होना स्वाभाविक था
पर वनों में भीतर दौड़ जाना तो नहीं;
क्योंकि वह मनुष्य कहाँ था
वह तो कुल्हाड़ी था।

●

केवल वही

सब नहीं
केवल वही कविता बने
स्वीकृत हुए जो फूल
अन्तर में विराजे
कदम्बप्रिय वनमाली को।

●

स्वभाव

कुत्ते—
सिर्फ क्वार में ही हो पाते हैं आदमी
जब कि आदमी
वर्ष भर क्वार में ही बना रहता है।

●

अर्थ

तुलसी बाबा!
भला झूठ तुम कैसे लिखते?

"जासु राज प्रिय प्रजा दुखारी
सो नृप अवस नरक अधिकारी"

सन्त-शिरोमणि ने
राजा की "प्रिय-प्रजा" कहा है
प्रजा नहीं,
कुछ समझा तुमने?
और भला "प्रिय-प्रजा"
कभी हो सकती है जग में दुखियारी?
तब क्यों कोई राजा होगा नरक-अधिकारी?

कवि-चूड़ामणि!
यदि ऐसा आशय था नहीं तुम्हारा
तब तुम कुछ ऐसा ही लिखते—

"जासु राज हो प्रजा दुखारी
सो नृप अवस नरक अधिकारी"

तुलसी की इस चतुराई पर
कौन नहीं होगा बलिहारी?

प्रयोजन

वृक्ष ने
धरती को तपते देखा

तो नये पत्तों वाली
अपनी छतनार छाया नीचे उतार दी।
कितनी कृपालु है
जल के स्वभाव वाली
यह चैत्र-हवा—
जो तपते हुए वृक्ष को नहीं
उसके नव-पल्लवों वाली
शालीन शीतलता मुझ तक लाती है।

ऋतु यह—
धरती पर वृक्ष-छाया लीपते हुए
जहाँ दृश्य लगती है
वहाँ मुझमें
एक अंकुर रोप जाती है
ताकि समय आने पर
मैं भी किसी तपती धरती पर
अपनी छतनार छाया उतार सकूँ।

●

फूल, कौन-सा?

यह तुम्हें बताना होगा, कि
कौन-सा फूल
फूल है—
क्योंकि वह वृक्ष पर भी है
और मुझमें भी।

वृक्ष
अपने फूल को दिखा सकता है

जबकि मैं
उसे सुना तो सकता हूँ
पर दिखा नहीं सकता।

यह तुम्हें तय करना होगा, कि
फूल का दिखना जरूरी है
या उसका सुना जाना—
जब कि फूल दोनों ही हैं
वह भी
और यह भी।

वह वहाँ वृक्ष की कविता है
और यह यहाँ मेरे स्वत्व का फूल।

रत्न

मैं जानता हूँ तुम्हारा वह देखना—
जब तुम अपने नेत्रों से निकल
अपना वह अलभ्य देखना लेकर
कितने संकोच के साथ मुझ तक आती हो
और मुझे सौंप
कैसे दबे-दबे
वापस नेत्र बन जाने के प्रयत्न में लग जाती हो।

तुम्हें जरूर लगता होगा कि
मैं तुम्हारे देखने की इस अलभ्यता को
अपने एकान्त में

सामने रख
क्या और किस तरह देखता हूँगा।

हाँ—
उस रत्न के सभी पहलुओं की तराश को देखता हूँ
और हतप्रभ रह जाता हूँ।
ऐसा अलभ्य देखना
अगर तुम्हें भी अमूल्य लगा होता
तो तुम उसे सौंपने भले ही आतीं
पर वापस नेत्र बन जाने की
शायद इतनी जल्दी भी नहीं करतीं।

अब यदि और कुछ नहीं किया जा सकता
तो कम से कम
तुम्हारे नेत्रों को
अलभ्य देखने से तो वंचित होते नहीं देख सकता।

●

स्वत्व की यात्रा

वह विदुषी थी, या नहीं
नहीं जानता,
वह तापसी थी, या नहीं
नहीं जानता,
पर वह विधवा थी इतना सच है
और यह भी कि वह एक नारी थी।

एक दिन
साध्वी की भूषा में लिपटी उस नारी ने

उतार दिये आवरण
लाँघे तापसता के सारे चौखटे
और मुक्ति के लिए वरण कर किसी का
लौटा दी
अपने को अपनी ही नारी।

शहर में दंगा है—
बैठे हैं लोग अनशन पर
धर्म जिनका धन्धा है,
इस आग्रह के साथ—
उसे वापस चौखटों की भेड़ बनना ही होगा
यदि लोग
इसी तरह इन बाड़ों को लाँघ कर
वापस मनुष्य बनने लगेंगे
तब ये चौखटे कहाँ रहेंगे?

लोग, हवाएँ तेज किये रखना चाहते हैं
ताकि पोखर का एकान्त जल
शान्त और निश्चिन्त न रह सके।

क्या होगा?

शेर तो दूर की बात है
अब तो बड़े से बड़े एम्पोरियम तक में
किसी भी दाम पर
शेर ही नहीं

किसी भी जंगली जानवर की खाल मिलना
कितना मुश्किल हो गया है!

समारोही व्यक्तित्व वालों पर
वैसे तो हमेशा ही
सभ्यता का एक दबाव
और तकाजा रहा है—
ओढ़े रहना एक खाल!
(दबावों को झेलने के लिए मोटी)

जानवर उस समय तक ही जानवर है
जब तक वह खुद है,
मगर खाल बनकर
जब सम्भ्रान्त भोजों और उद्यान-पार्टियों में
शालीन गौर कंधों की शोभा बनकर
संस्कृति लगता है
तब कहना कठिन लगता है कि
कौन-किसे पहने वहन कर रहा है।
पर हमें इस अवदान के प्रति
कृतज्ञ होना ही चाहिए
जानवरों का।

वैसे यह अच्छा ही हुआ, कि
इन सम्भ्रान्त आयोजनों के मुकाबले में
जंगल अब ज्यादा निरापद हो गये हैं
क्योंकि ज्यादातर हिंस्त्र जानवर
अब खाल बन चुके हैं।
मगर इधर खालों के न मिलने से
एक संकट—
इसे सांस्कृतिक-संकट भी कहा जा सकता है, कि

भविष्य में लोग
बिना खाल के सभ्य कैसे हो सकेंगे?

जो हो, मगर तब भी
उन लोगों से सहमत शायद नहीं हुआ जा सकता
जो मानते हैं, कि
जानवर कभी सभ्य नहीं हो सकते
और सभ्य, जानवर।

भ्रम

तुम्हें भ्रम है, कि
ये कविताएँ मेरी हैं;
नहीं, ऐसा नहीं है।

शायद यही हुआ होगा कि
मैंने तुम्हें अपनी भाषा में रखकर देखा होगा
और मुझमें ये कविताएँ
वैसी ही फूट उठी होंगी
जैसे फूल, वृक्ष में प्रस्फुटित हो उठता है।
वस्तुतः तुम्हारी ही नहीं
वरन मनुष्य, प्रकृति, जीवन,
जीवन ही क्या
समस्त सृष्टि की ये छन्द हैं।

आज तो नहीं
पर कल तुम अपने को

निश्चित ही इन कविताओं में वैसे ही पाओगे
जैसे आकाश, नदी या फूल देखते हुए
तुम अपने को उपलब्ध करते हो।
कल इसलिए कहा, कि
कल जब मैं नहीं रहूँगा
और ये कविताएँ प्राकृतिक सत्ता सी
हवाएँ बनकर तुम्हारे कमरे के पर्दे हिलाएँगी
या तुम्हारी खिड़की में
प्रातःकाल बनकर
एक दृश्य लगेंगी
तब निश्चित ही,
न तुम्हें और न इन कविताओं को ही
मेरा स्मरण रहेगा।

इसलिए मुझे भी
उसी कल की प्रतीक्षा है
जब मेरे अनुपस्थित होते ही
ये कविताएँ—
वृक्ष, आकाश ही नहीं
स्कूल जाती तुम्हारी बेटी बन जाएगी।
या और भी
कोई आत्मीय क्षण।

आश्वासन

बड़ी देर तक
हवा और वृक्ष बतियाते रहे।

हवा की हर बात पर
वृक्ष—
पेट पकड़-पकड़ कर हँसता रहा
और तभी
हवा को ध्यान आया अपनी यात्रा का;
और वह हड़बड़ाते हुए बोली,
—''हटो, तुम हमेशा देर करा देते हो।''
अपने धूप के वस्त्र व्यवस्थित करते हुए
वृक्ष बोला,
—''मैं देर करा देता हूँ या तुम्हीं...''
—''अच्छा, अब रहने दो,
तुम्हें तो कहीं आना-जाना है नहीं।''

हवा को जाते देख
वृक्ष उदास हो गया।
हवा—
इस उदासी को समझ तो ले गयी
पर केवल इतना ही बोली,
—''अच्छा अब मुँह मत लटकाओ
मैं तुम्हारे इन बाल-गोपालों को लिये जा रही हूँ
और हुआ तो लौटते में...''
वृक्ष ने देखा, कि
सामने के मैदान में
हवा को घेरे पत्ते
चैत्र-मेला घूमने के उत्साह में
कैसे किलकारियाँ मारते चले जा रहे हैं।

●

पताका

बालक के हाथ में पहुँच
वह फटी पतंग
बन गयी है
पताका।
कितने प्रसन्न हैं दोनों—
धूप में चिटख आया है रंग
हवा में लहरा रहे हैं अंग-अंग
दोनों के।

पतंग ने
उसे बालक से बना दिया है
विजेता
और बालक ने
उसे अपने गर्वोन्नत हाथों की
विजयनी पताका।

एक सुर

बच्चा अब अपने लिए नहीं
दूसरों के लिए रो रहा था,
तात्पर्य निश्चित ही
माँ से था
क्योंकि अपने लिए तो वह
उसे कभी का समाप्त कर चुका था।

माँ—
जो कि पत्नी भी है
और भी सम्बन्ध हैं,
बझी है गिरस्ती में
हाथों से, पैरों से, मुँह से
शायद सम्पूर्ण व्यक्तित्व से।
यही तो है रोना—
जो सुन लिया है रोना
बच्चे का,
पर हाथ खाली हों, तब ना!
ठीक है, तो—
बच्चे को ही कौन-सी जल्दी है?
उसने भी रोने को दे दिया है
एक सुर
और निश्चिन्त मन से बझ गया है
देखने—
पेड़ पर चढ़ती गिलहरी
मैदान में चरती गैया
नाली में बहता पानी
या और भी बहुत-कुछ।

रोज शाम को

अनिवार्यतः होती हैं कुछ चीजें
उस समय
जब मैं शाम को

उस पठार की अकेली सड़क पर घूमने जा रहा होता हूँ—
आकाश में थरथराते धुएँ को अनाथ छोड़ते जाती
वह ट्रेन,
साइकिलों पर दूध के डिब्बे खड़खड़ाते ले जाते
दूधवाले
जिनकी प्रतीक्षा में
सड़क पर ग्लास लिये खड़े कुछ लड़के
और उस हरहराते पीपल के पास के कच्चे मकानों से आता
कुत्तों का निरन्तर भौंकना।
ऐसा नहीं कि इन चीजों से
सिर्फ मेरी ही एकाग्रता भंग होती है
बल्कि जब भी कोई
किसी को पुकारने के लिए
अपनी पुकार को हवा में फेंक देता है
तो हवा को प्रायः चौंकते देखा है, कि
इस तरह की पुकार का वह क्या करे?
वह कौन है
जिसके लिए यह पुकार उसे ले जानी हैं?
और कहाँ?
और देखते ही देखते
पुकार का वह शब्द-बिन्दु
रेल की सीटी
या इंजिन के शोर जैसी चीजों में घुल जाता है
और वातावरण का फटा जल फिर समग्र हो जाता है।
उस समय प्रायः
लेवल-क्रासिंग का वह झालरदार फाटक बन्द होता है
जिसके खुलने की प्रतीक्षा करती
वह स्त्री भी होती है
जिसकी कमर पर बैठा
बच्चा

सारी गैर जरूरी चीजों की ओर ही देख रहा होता है—
पेड़ से आती कौवे की आवाज
या पास में आ खड़े हुए
पटेल की रंगीन पगड़ी।
कहना मुश्किल ही है कि
उस नवदम्पत्ति के मुख पर
जो जल्दी लिखी होती है
वह घर लौटने की होती है
या और कुछ?
क्योंकि उन दोनों से
कुछ ज्यादा जल्दी तो
उनकी उस साइकिल में होती है
जिसका अगला पहिया
फाटक की झालर के पार चला गया हुआ होता है।

ऐसे अनेक व्यापार हैं
जो अनिवार्यतः रोज घटते हैं
थोड़े-बहुत अन्तर के साथ।
मेरे रोज के इस घूमने के क्रम से
बहुत-कुछ लोग और स्थितियाँ
अब अभ्यस्त हो गये लगते हैं
तभी तो आँगन बुहारती उस स्त्री की
मुझमें अब कोई रुचि नहीं रह गयी है
और न ही
उसका वह नीम नीचे बैठा
बीड़ी पीता आदमी
अभ्यागत में पहले की तरह उठना जरूरी नहीं समझता है,
जो दिन भर तो मिल में मजदूर था
पर घर पहुँचते ही
धारीदार जाँघिये में रौबदार पति हो गया है।

वैसे कुत्ते अब भी भौंकते हैं
पर मुझे देखकर नहीं।
हो सकता है घूमना जिस प्रकार
मेरी अनिवार्यता है
उसी प्रकार भौंकना उनकी,
इसलिए।

●

गन्धर्व-यात्रा

पीली घासों वाले चरागाह के जल को हलराती
मजूरिनें
अपने वस्त्रों के रंग
उस पठार पर लिखती हुईं
लौट रही हैं घर की ओर
सोयाबीन-प्लान्ट से।
पठार—
एक कैनवस ही नहीं,
बल्कि इन मजूरनियों के
हवा में उड़ते गीतों के साथ
संगत करता
सिंगाजी का इकतारा हो गया है।

घर के काम से
पेट की दाड़की के बीच की
यह गन्धर्व-यात्रा
रोज ही सम्पन्न होती है
एक चित्र
एक गान बन कर।

●

चित्र भी, कविता भी

वह उठा हुआ पठार—
क्षितिज में
पीली घासों की एक लम्बी रेखा खींचते हुए
चरागाह के रूप में
दूर तक जाकर
ठीक आकाश के नीचे पहुँच
एक वृत्त बन जाता है।
पठार की
पीली घासों वाली इस अयाल में
हवाएँ—
दिन भर न जाने कौन-कौन से
देहाती खेल खेलती रहती हैं
धूप के साथ।
रास्तों-पगडंडियों को
ठीक से अपना रास्ता देखने के लिए
इन लम्बी पीली घासों को
हर बार
अपने मुँह पर से कैसे हटाना पड़ता है।
लाख समझाओ
पर ये पठारी हवाएँ
कभी न तो पेट पकड़-पकड़ कर हँसने के
अपने ग्रामीण ढंग को ही छोड़ सकती हैं
और न ही खिलखिलाकर आप पर झुकना।
एक भोजपत्र की तरह फैले
इस पठार पर
यहाँ-वहाँ शब्दों की तरह लिखे—
कुछ वृक्ष

कपास की सफेद तितलियों वाले खेत
और घरों की प्रतीति कराते
कुछ पुरवे।
पठार का
दिन भर का तपता यह चित्र
शाम होते तक
कैसे कविता में बदल जाता है।

आधी रात में

सुनो—
इतनी आधी रात में
यह हवा नहीं हो सकती
निश्चित ही कोई पेड़ कराह रहा है।

आधी रात में आँधियाँ हो सकती हैं
हुआ भी करती हैं
परन्तु हवाएँ—
सामने के उस पहाड़ पर भी नहीं होतीं
जहाँ उन दिनों भी बरफ होती है
जब दूसरे सारे पहाड़ नंगे हो जाते हैं।
और अगर होती भी हैं—
तो वे चीख सकती हैं
गुर्रा सकती हैं
पर कराहती कभी नहीं हैं।
आदमी के अलावा
इस तरह तो सिर्फ पेड़ ही कराहते हैं

वैसे बस्ती के बड़े-बूढ़े बतलाया करते थे कि
अकसर तेज बारिश के बाद
या घने हिमपात के बाद भी
बलूत या चिनार
शीशम या शाल के
कद्दावर बूढ़े पेड़ कराहते सुने गये हैं।
और अगर कहीं संयोग से
वह रात अमावस की हुई
और तुम कहीं
अपनी भटकी गाय या बकरी को ढूँढ़ते हुए
वैसे ही अकेले हुए
जैसे कि कुछ बरस हुए
पहाड़ी की ढलान पर बसे गाँव का
एक गड़रिया
इन जंगलों में आकर
तेज वर्षा में घिर गया था।
लोग बतलाते हैं कि
वह जिस शीशम के नीचे खड़ा था
उसकी कराहने की आवाजें
नीचे उतर कर
उसके पैरों में जैसे कीलें बन कर ठुक गयी थीं
और तब वह
कैसे धीरे-धीरे
ऊपर
और ऊपर
वैसे ही कड़ा पड़ता चला गया था
जैसे धरती
धीरे-धीरे कड़ी होते हुए
सिर्फ पत्थर हो जाती है।
आदमी से पत्थर की मूरत बनते जाने के

ऐसे हादसे
अकसर तुमने भी सुने होंगे, कि
कभी-कभी आदमी बिन कराहे ही
पत्थर का पेड़ बन जाता है।
इसीलिए लोग
सूर्यास्त के बाद
खासकर काली रातों में जंगलों में नहीं ही जाते हैं।
मगर चाँदनी रातें भी
अपनी सारी खूबसूरती के बावजूद
कम खतरनाक नहीं होतीं
आधी रात के बाद।
वैसे तुम्हें क्या लगता है
पेड़ों का यह कराहना?
और कोई क्यों कराहता है
खासकर जब वह पेड़ हो?
ठहरो—
जरा ध्यान से सुनो—
कोई कराह रहा है न?
उन बड़े-बूढ़ों, गड़रियों और औरतों की बातों पर
न भी जाया जाए
जो हर चीज को जिन्न या भूत-प्रेत से जोड़ देते हैं
मगर फिर भी
यह सवाल तो बना ही रहता है, कि
कोई क्यों कराहता है
खासकर जब वह पेड़ हो?
क्या तुम्हें नहीं लगता कि
अपनी जड़ों का धरती से अलग होने का
दर्द—
उस विशाल बूढ़े पेड़ में
धीरे-धीरे

वर्षों में जाकर लिखा जाता है
और जब पेड़
उसे पढ़ सकने की स्थिति में आता है
या उसे इसकी प्रतीति होती है
तब वह सिर्फ कराह ही सकता है।
भाषा की विवशता के पार जाना
क्या कराह नहीं है?
शायद
यह टूटने का वह बिन्दु है
जब पेड़ को पहली बार
नहीं, ज्यादा अच्छा तो यह होगा कहना, कि
आखिरी बार—
ऐसा लगता होगा, कि
वर्षों से
अपने जिस शाखा-प्रशाखाओं और पत्तियों वाले
छतनार व्यक्तित्व को
जिस सहजता से वह वहन किये हुए था
धरती के विरुद्ध—
वह महज उसका भ्रम था,
व्यक्तित्व के बोझ का भ्रम।
और जिस दिन
खुद को खुद का बोझ अनुभव होता है
उस दिन
आदमी या पेड़
सिवाय कराहने के और कर भी क्या सकता है?
निश्चित ही स्वत्व की यह विडम्बना ही है कि
कराहने के इस बिन्दु के बाद
न आदमी, आदमी बना रह सकता है
और न पेड़, पेड़।

तुम खुद ही देख रहे होगे, कि
इस कराह को सुनकर
दूसरे सारे पेड़ चौंके से लग रहे हैं
जैसे एक-दूसरे से पूछ रहे हों; कि
क्या तुम कराहे थे?
कैसे सन्नाटे में आ गये लगते हैं
जैसे वे पेड़ नहीं हैं
और जैसे उन्हें किसी भी दिन कराहना नहीं है।
वैसे पेड़ भले ही न जानें
परन्तु जंगल जानता है—
एक तो यह, कि
बलूत का कराहना चिनार से अलग होता है
और शीशम का शाल से।
अपने वृक्षत्व-बोध के समय
जिस तरह सारे पेड़ स्वतः होते हैं
यानि कि अलग
उसी तरह
हर पेड़ की अपनी-अपनी कराह होती है
जो उसके और धरती के संबंधों की गहराई को व्यक्त करती
है,

दूसरे यह, कि
हर पेड़ अपनी जगह नितान्त अकेला है।
अपनी शाखा-प्रशाखाओं, फूलों और फलों में
जिस तरह केवल वही होता है
उसी तरह
वह अपनी कराह में भी।
इसलिए जब भी कोई पेड़ कराहता है
तो सबसे पहले जंगल जान जाता है, कि
यह कौन कराहा,
क्योंकि कराहने के बाद की अनिवार्य प्रक्रिया

या नियति है—गिरना।
इसलिए तुम देखोगे, कि
गिरने वाले पेड़ के कराहते ही
उसके आसपास
एक अलिखित सन्नाटा उभर आता है
कुछ ज्यादा ही,
जो यह बतलाता है कि
जंगल यहाँ से थोड़ा दूर हट गया है
ताकि पेड़
गिरते समय भी—
अपनी वृक्षत्व गरिमा को
अन्तिम समय तक बनाये रख सके।

देखो—
मैंने कहा था न कि
कोई पेड़ कराह रहा है?
वो देखो
वह शाहबलूत—
तुम्हें झुकता हुआ नहीं लग रहा है?
मिट्टी से बाहर आती जड़ों से लेकर
कँपती हुई फुनगियों तक में
कराह—
उस समग्र सघनता में पहुँच चुकी है
जब पूरा पेड़ आवाज बन जाएगा और
और धमाका होगा।
अभी तुम देखोगे, कि
जंगल में ही नहीं
बल्कि हर पेड़ में एक दहशत
एक सन्नाटा खिंच उठेगा
जैसा कि धमाकों के बाद होता है।

मगर यह सन्नाटा
उस कराहने से भी कहीं ज्यादा भयावह होगा
क्योंकि दूसरे सारे पेड़ों की तरह
तुम्हें अपने भीतर भी
एक प्रतिधमाका उत्तरोत्तर तेज होता सुनायी देगा
जिसे सुनकर तुम—
लगभग पत्थर के पेड़ बनने की सीमा में पहुँच चुके होगे।

मुझे विश्वास है, कि
अब तुम कभी आधी रात में
जंगल में नहीं आओगे
क्योंकि उस समय
अकसर पेड़ कराहते होते हैं
जिसे लोग आम भाषा में कह दिया करते हैं, कि
जंगल बोल रहा है।

सागर-तट

जब भी गया हूँ
सागर-तट
उसने यही प्रकट किया होगा
जैसे मैंने ही उपकार किया है
उस पर।
उसके व्यक्तित्व के पोर-पोर में
प्रसन्नता, कृतज्ञता
न जाने क्या-क्या नहीं लिखा होता है;
और वह

कितने शालीन संकोच के साथ रख जाता है—
कुछ शंख
कुछ सीपियाँ
और कुछ मणियाँ उपहार में।
अभी मैं कुछ पूछूँ
इसके पूर्व ही
वह ज्वारों को समेटे
सुदूर क्षितिज में
इतनी दूर लौट चुका होता है
कि मैं उसे पुकार भी नहीं सकता।
पर, वह नहीं जानता, कि
मैं नहीं
वही मुझे उपकृत करता है
क्योंकि उसके निकट पहुँच
सदा यही लगा है कि
मैं अपने काव्य के सागर-तट आया हूँ।

चिरंजीविता

सागर ! तुम्हें नहीं लगता, कि
तुम्हारी यह चिरंजीविता
स्वयं तुम्हारे ही लिए अभिशाप है?
तुम किसी भी दिन क्या
किसी भी क्षण
कहीं भी
ध्रुव से लेकर ध्रुव तक
अपनी इस विशालता को

कितना ही उलटो-पलटो
पछाड़ें खाओ
पर यह विशालता
तुम्हारे व्यक्तित्व में ऐसी निबद्ध हो गयी है, कि
तुम्हें एक क्षण को भी
छोटे से जलाशय वाली
न मनोरम काम्यता ही प्राप्त हो सकती है
और न मधुरिमा।

गन्ध है, सुगन्ध नहीं

सागर में गन्ध है, सुगन्ध नहीं,
जैसी कि
शताब्दियों के बासी किसी भी जल में होती है—
असहनीय, तीखी
केवल एक गन्ध।
सागर! मैं पराशर सा अविवेकी नहीं हो सकता
जो सत्यवती की मत्स्यगन्धा देह के लिए
कामान्ध हो
वह सब करूँ
जो उस महर्षि ने किया।
कितना बड़ा मूल्य
तुम्हारी उस मत्स्यगन्धा देह से उत्पन्न
पुत्र के लिए
समय और मानवता को चुकाना पड़ा—
एक महाभारत !!

नहीं, मैं इस तीखी, असहनीय गन्ध को
कामान्ध हो जाने पर भी
व्यास का स्वरूप नहीं दूँगा
क्योंकि व्यास का अर्थ है—
महाभारत। ।

●

निर्णय

इस सागर से कहो, कि
या तो कमरे में आ जाए
या फिर लौट जाए,
पर बाल्कनी की रेलिंग तक आकर
खड़े-खड़े न तो दृश्य लगे
और न ही इस प्रकार देखे
जैसे वह विवश है
उस नारी सा—
जो प्रेमिका और पत्नी की सन्धि पर खड़ी है।

●

अलभ्यता

सागर! क्या तुम जानते हो कि
जब तुम दृश्य होते हो
तो कैसे लगते हो?
पोत—

जल के डैने फैला
वृत्त बनाता कैसा तिरता है,
सागर-पाखी
लहरों पर बैठकर
कैसे झूला झूलते होते हैं
और हवाएँ
अपनी गरम देहों को
तुम्हारे जल से जरा सा छुवा कर
कैसी उड़ रही होती हैं।

सागर! क्या तुम जानते हो अपनी इस अलभ्यता को?

बुद्धू

सागर कितना बुद्धू है—
अहोरात्र चेष्टा करने पर भी
दो डग तट पर नहीं चल पाता
गिर-गिर जाता है
और उदास लौट जाता है।
मैं जानता हूँ,कि
बुड्ढे तोते को राम-राम नहीं सिखाया जा सकता
पर फिर भी
सागर ! आओ
यहाँ आओ
मेरी अँगुली पकड़ो
और चलो तो इस तट पर।
अरे, चलने में रखा ही क्या है

तुमसे अच्छे तो ये बालक हैं
जो तुम्हारे लौटते जल में
किलकारियाँ मारते दौड़ रहे हैं।
बुद्धूराम! चलने के लिए
केवल अपने को साधना पड़ता है
बस—
पर तुम तो निरे पोंगा हो,
सारी देह को ही पैर बना लेते हो
तभी तो गिर पड़ते हो।
हटो, तुम कभी कुछ नहीं सीख सकते—
चलना भी।

सागर-भाषा

सागर में एक भाषा है
जो निवेदित है—
वृक्षों को,
बालू को
उपवस्त्र जैसे परित्यक्त
इस निर्जन-तट को
जिसमें बेलाएँ
सैलानियों सी चहलकदमी करती रहती हैं
सभी समय।
कब से
सागर का यह भाषा-निवेदन निवेदित है
लहरें बन
तरंगें बन

ज्वारों की पछाड़ें बन।
कोई तो बताता नहीं—
नारियल,सिकता या निर्जन-तट
या यह दूर-दूर तक का एकाकीपन
कोई भी
हाँ, कोई भी नहीं बताता।
सब मन्त्रमुग्ध से जहाँ के तहाँ ठिठके खड़े हैं—
पेड़, पेड़ बने
सिकता, सिकता बन।
केवल हवाएँ ही
चिड़ियों सी सागर पर से उड़ती हुईं
गाछों में पहुँच निःशेष हो जाती हैं
और वृक्ष चहचहाने लगते हैं।
मुझे भी
क्यों नहीं सागर की यह घोष-भाषा
वृक्ष या सिकता या चट्टान
या निर्जनता बना देती है
ताकि मेरे चलने से
यह निष्कम्प शान्ति
खुले केशों सी फैली रहे
चौंके नहीं।
मैं इस अद्वैतता में
अब और द्वैत नहीं रहना चाहता।

सूचना-पट

तुमने यह सूचना-पट तो
अवश्य ही पढ़ लिया होगा, कि—

''आगे जो चट्टान है
उस पर से खड़े होकर
समुद्र को देखना खतरनाक है।''

इसलिए नहीं कि
यहाँ निर्जनी एकान्त है
या यहाँ जंगली जानवरों का
अथवा नरमांसभक्षी जातियों का कोई भय है,
नहीं, ऐसी कोई बात नहीं है।
तुम स्वयं ही देख सकते हो, कि
बूमरेंग के जैसे चन्द्राकार कटाव के कारण
यह किनारा—
पथरीला होने के बावजूद
नारियलों, सुपारियों
और दूसरी सारी दमकती जंगली हरितिमा के साथ
अविश्वसनीय रूप से कितना रमणीक हो गया है,
जैसे समुद्र के गले में पड़ा
पन्ने का हार हो।

हाँ, हवाएँ जरूर तेज हैं,
मगर इस निर्जन द्वीप पर
और वह भी इतनी ऊँचाई पर
निर्द्वन्द्व समुद्री हवाओं से
तुम और अपेक्षा भी क्या कर सकते हो?
वैसे कभी-कभी भभकेदार समुद्र की गन्ध आ जाती है
मगर जब
हवाओं में जंगली वनस्पतियों की ताजी गन्ध होती है
उस समय लगता है न कि
वन,स्त्रियों की भाँति पार्श्व में आकर खड़ा ही नहीं हो
गया है

बल्कि उसकी साँसें
तुम्हारे कंधे पर चींटियों जैसी बारीक रेंग रही हैं।
तुम चौंक सकते हो
पर, यह भय का कारण तो नहीं हो सकता।

तुम अपने और समुद्र के बीच की
फासलेवाली गहराई को
इस चट्टान पर खड़े होकर तो नहीं देख पाओगे-नीचे,
मगर दूरी पर जाते जहाजों को देखकर
या किनारे की ओर झपटते
सपाटे मारते समुद्र को देखकर
अनुमान तो लगा ही सकते हो, कि
इस प्यालेनुमा विस्तृत विशाल फलक में
तुम शायद एक
नहीं, कोई बिन्दु भी नहीं हो।
चट्टान में उगे
उस टेढ़ी बाँहवाले बूढ़े जंगली पेड़ पर बैठी
चील को देख रहे हो
जिसके डैने हवाओं में रह-रह हिले पड़ रहे हैं?
वह
नीचे चट्टानों में अपने घोसले तक उतरने के पहले
हर बार इसी तरह
इस पेड़ पर या चट्टान पर बैठकर सोचती है
और फिर
सन्तुलित उड़ान के साथ डगमगाते
कटी पतंग की तरह
समुद्री घोष और पानी की उड़ती फुहारों के बीच
यह
या दूसरी चीलें भी इसी तरह उतरती क्या हैं
डूबती होती हैं।

मैं तो सिर्फ यही कह सकता हूँ, कि
चीजों को भयावह रूप से सुन्दर नहीं होना चाहिए
क्योंकि तब वे अनिवार्यतः आदिम हो जाती हैं,
और आदिम सौन्दर्य की ओर देखना
आक्रमण के अन्तिम बिन्दु पर खड़े हिंस्त्र की ओर देखना है।
अगर तुमने कभी प्रेम किया हो,
जो कि किया ही होगा,
तो तुम जानते ही होगे, कि
सौन्दर्य—
सबसे खतरनाक आकर्षण होता है,
और जो सौन्दर्य अनिंद्य हो
वह क्लियोपेट्रा के आमंत्रणी नेत्रों का नागपाश होता है।
पानी से भी पतली धार वाले
रत्नजटित बेशकीमती खंजर को
अपने भीतर उतरते अनुभव करना—
पन्ने के प्याले में अनिंद्य सौन्दर्य के विष की उपस्थिति है।

अगर विश्वास न हो तो देखो—
सैकड़ों फीट ऊँची इस चट्टानी कगार से
नीचे झाँक कर
इस खोह में देख सकते हो, तो देखो—
जिसमें आवाज, दरआवाज सदियों से पछीटी जा रही हैं
और कोई नहीं बता सका है, कि
इस खूँखार रम्यता वाली खोह से
आवाजों की गुर्राहट का आना कभी बन्द हुआ या नहीं।
व्यायाम की हुई कसरती नीली देह के समुद्र का
आक्रमण करता ग्रीक पुरुषत्व
अपनी कामान्ध उद्दामता में

चट्टानों के कड़े अंगों पर झाग डालता
न जाने कब से चीखता आ रहा है।
हर बार समुद्र
उद्दीप्त साँड़ की तरह
अपने खुर उठा चट्टानों की देह पर हुमसता है
और हाँफते हुए लौट जाता है,
जैसे सिंह
अपने शिकार को घसीटकर माँद के सामने पटक
उसके चारों ओर घूम-घूम कर चींथे,
नहीं, जैसे कोई कामान्ध शराबी
आधी रात में औरत के जिस्म की बोटी-बोटी के साथ
भोग कर लेने पर भी अतृप्त हो
गालियाँ बकते-बकते
हमेशा के लिए खुद एक उद्दाम गाली बन जाए।
धूप के डरे हुए टुकड़ों में
चट्टानों की गीली खुली जाँघें
इस मदान्ध पुरुषत्व के सामने
कितनी परास्त और विवश पसरी हुई हैं
जैसे अब वे फिर कभी देह नहीं बन सकेंगी।

यह सूचना-पट
इस चिंघाड़ती समुद्री-खोह से सचेत कर देना
इसलिए जरूरी समझता है, कि
अगर तुम्हारे भीतर भी
कहीं ऐसा ही कामान्ध समुद्र जाग उठा
तो तुम—
चट्टानों की इन चमचमाती खुली जाँघों के
आमन्त्रणी नागपाशों से

कभी बाहर नहीं आ सकोगे।
इन चट्टानी खुली जाँघों के साथ परिरम्भण करते
समुद्र के पुरुषत्व की
इस बर्बर कामान्धता को देखने का अर्थ है—
एक अनाम चीत्कार के साथ
इस अनिंद्य सौन्दर्य के अमूल्य खंजर को
मूठ तक अपने सीने में उतार लेना।
इसे अगर एक बार भी देख लोगे तो
तुम अपने भीतर के खौलते समुद्र को
क्लियोपेत्राई इस आदिम खूँखार मादकता को
अपने को सौंप देने के अलावा
और कुछ नहीं कर सकोगे।
इस खोह से उठ रही
आवाज, दरआवाज की किस पर्त में तुम डूब गये हो
इसकी प्रतीति
न समुद्र को, न खुली जाघों वाली चट्टानों को
किसी को भी नहीं होगी
क्योंकि आवाज बिन्दु की नहीं
समुद्र की
सिर्फ समुद्र की ही होती है
और, जो कि हो रही है।

इसलिए—
अगर नहीं पढ़ा है यह सूचना-पट, तो
अब तो तुम्हें पढ़ ही लेना चाहिए, कि

''आगे जो चट्टान है
उस पर से खड़े होकर
समुद्र को देखना खतरनाक है''

आखिर समुद्र से तात्पर्य!

देखने को तो
समुद्र कहीं से भी देखा जा सकता है—
होटल की खिड़की से
टेरेस की रेलिंग से टिके
या गोदियों के लम्बे प्लेटफार्मों से
या सामने वाले द्वीप की उस चट्टान से भी
जिस पर पुर्तगाली जमाने की जेल बनी हुई है
और लोग बतलाते हैं, कि
पुर्तगाली जेलर अकसर वहाँ खड़ा दिखायी पड़ता था,
वहाँ गुर्राती हवाओं के साथ
पछाड़ें खाती लहरें
अपनी थूँथें रगड़ती कभी नहीं थकतीं।
मगर देखना
इस बात पर निर्भर करेगा कि
तुम्हारा समुद्र के साथ क्या और कैसा रिश्ता है?
और तभी
यह भी तय हो सकेगा, कि
समुद्र से तुम्हारा तात्पर्य क्या है?
दर्शन की भाषा में
जो ब्रह्म है
वही गणित का शून्य है।
ब्रह्म को पृथक से नहीं जाना जा सकता
क्योंकि वह जगत की भाँति सत्ता नहीं है
उसी तरह
शून्य को भी अलग से नहीं जाना जा सकता
क्योंकि अंकों की भाँति उसकी सत्ता नहीं है।
इसीलिए प्रत्येक सत्ताहीनता को जानने के लिए
सत्ता का सन्दर्भ चाहिए होता है।

हम चाहें
तो कुछ इस तरह के नतीजे पर पहुँच सकते हैं
और जो शायद बहुत गलत भी नहीं होगा, कि
जानने मात्र के लिए जरूरी होता है—
एक नक्शा,
और यह विश्व, ब्रह्म का
तथा एक से नौ तक की संख्या का विस्तार
शून्य के नक्शे हैं।
इसी तरह धरती की गोलाई को जानने के लिए भी
जरूरी होता है—
एक समतली नक्शा,
ताकि जिसे सामने फैलाया जा सके।
इस समतलता के द्वारा ही जाना जा सकता है, कि
चीजों के वृत्ताकार अस्तित्वों के अक्षांश और देशान्तरों के
साथ

हमारी उपस्थिति का मीजान
उसी तरह बैठता है कि नहीं
जिस तरह जहाजी—
रात में तारों से
और दिन में कुतुबनुमा से
समुद्र की उद्दाम मार्गहीनता के जंगली शून्य के साथ
अपने मार्ग का मीजान बैठालते हैं।
मैं तुम पर अविश्वास नहीं करता
और न ही तुम्हारे सुने हुए
उस सारे ज्ञान पर, कि
समुद्र—
दुस्साहसी लुटेरों के मौजपानी के लिए
खतरनाक सही
मगर सबसे सुखद आरामगाह है

साथ ही अपनी लूट को छुपाने के लिए लाजवाब तहखाना।
डिनर-टेबलों की
खाने के बाद की वक्त काटने वाली चर्चाओं में
अकसर सुना होगा, कि
सिगारनुमा डोंगियों वाले
अफरीकी नरमांस-भक्षी आदमियों के लिए
अपने खूँखार जंगलों से भी बढ़िया सैरगाह तो
धूप में तपते हुए पानी वाले
खुले समुद्र हैं।
ह्वेल मछलियों के समागम का रस ले-लेकर
मछुहारे गप्पियों ने
जरूर यह दून की हाँकी होगी कि
समुद्र से बढ़िया कोई विहार-स्थली नहीं हो सकती।
यह बीमारी
अकसर इन मछुहारों को हो जाती है
क्योंकि अपनी औरतों से दूर
हफ्तों समुद्र की इस जानलेवा निर्जनता से लड़ते हैं
मछलियों के लिए भी
और शरीर की भूख के लिए भी।
मल्लाहों की बस्ती वाले शराबखानों में
जरूर तुमने किसी बूढ़े, खुर्राट शराबी मल्लाह
या भगोड़े कप्तान की शेखियाँ सुनी होंगी, कि
डूबते समय जहाज जब तिरछे होने लगते हैं
तब कितने खूबसूरत लगने लगते हैं
क्योंकि वे मृत्यु का वरण भी
उसी राजकीय गरिमा के साथ करते हैं, कि
जिस शाही शान-शौकत के साथ
समुद्र फाड़ते हुए यात्रा कर रहे थे—
इसीलिए जलपोतों के लिए
समुद्र, आदर्श समाधि-स्थल हैं।

और मुझे कोई आश्चर्य नहीं होगा
अगर तुम यह बताओ कि ऐसा कहते हुए
उन काल्पनिक डूबते जहाजों के सम्मान में
उसने अपना हैट उठाने की कोशिश भी की थी।
दोस्त! तुम्हें मालूम होना चाहिए कि
तिलिस्मी और जलपरियों वाले इन चटखारेदार किस्सों की
ये रोमांचकताएँ
जरूरी नहीं कि सच ही हों
पर सिरे से निराधार भी नहीं होंगी
मगर हाँ
इन किस्सों में खौफनाक तत्व का
जो तेज मिर्च-मसाला होता है
वह वास्तव में
उन मछलीवालियों के लिए ही होता है
जिनके बिना
वे चौथे पैग के बाद नहीं रह सकते।
वैसे सच तो यह है, कि
ये बातें
या इस तरह के तमाम किस्से सच हों भी
मगर इतने आम भी नहीं होते, कि
लाउंज में बैठे हुए लोग
धुएँ के छल्ले छोड़ते हुए
आवारा औरतों के रसीले किस्सों के साथ
इन साहसिकताओं की चर्चा भी वैसे ही करें
जैसे ये किसी टेलकम पाउडर के विज्ञापन हों।

मैंने कहा था न, कि
समुद्र का मतलब
सेवारों और मछलियों की तेज बदबूदार भभक ही नहीं है
और न ही विशाल हिल्लोलती

जलराशि
जो दोनों ध्रुवों के बीच फैले
द्वीपों-महाद्वीपों की धरतियों को घेर कर
शताब्दियों से फैली हुई है।
बल्कि एक ऐसी आदिम सत्ता
जो सिर्फ अपनी ही तात्विकता जानती है।
उसके अस्तित्व के सामने
किसी का कोई अर्थ नहीं है
चाहे वह कोलम्बस हो या वास्कोडिगामा,
चाहे वे ध्रुव प्रदेशों की खोज में निकले दुस्साहसी रहे हों
या मार्कोपोलो,
चाहे वह आर्मेडा हो या सेवन्थ-फ्लीट।
समुद्र के लिए इनमें से किसी की भी हैसियत डूबते-उतराते
एक कार्क जितनी भी नहीं रही होगी।
इसीलिए यह निर्णय तुम्हें
सिर्फ तुम्हें—
किसी दूसरे के लिए नहीं
वरन अपने लिए करना होगा कि
समुद्र से आखिर तुम्हारा तात्पर्य क्या है?
और तभी शुरू हो सकती है तुम्हारी यात्रा।
वरना अनजाने समुद्र पर पैर धरना
और धरती के गुरुत्वाकर्षण के बाहर
शून्य में पैर धरना—
इन दोनों में कोई अन्तर नहीं है।
वैसे समुद्र को इससे कोई फर्क नहीं पड़ता कि
तुम उसे
अपने होटल की खिड़की के चौखटे में रखकर देख रहे हो
या समुद्र नहाती औरतों के
चमकते जिस्मों की उद्दीप्तता को देखने के बहाने
लगे हाथों उसे भी देख रहे हो,

या तेज हवाओं में उड़ते
अपने बाल और कपड़ों के साथ
उस पुर्तगाली जेलवाले द्वीप की नुकीली चट्टान पर खड़े हो
जहाँ से भाग निकलने के प्रयास में
अकसर कैदी कूदे हैं
और जानें गँवायी हैं।
तुम्हें उस चट्टान पर खड़े होकर लग सकता है कि
तुम एक लाइट-हाउस जैसे लग रहे होगे
पर न तो भटके जहाजी ही इतने मूर्ख होते हैं
और न अबाबीलें ही
जो तैरने के आनन्द में
सूर्यास्त से पहले अपने बसेरों तक लौट जाना भूल जाती हैं
और तब अँधेरों में चीखते हुए
समुद्र में चक्कर लगाती होती हैं,
और समुद्र को मूर्ख
आज तक किसी ने नहीं कहा होगा,
क्योंकि ये सब जानते हैं, कि
लाइट-हाउस के न तो बाल होते हैं
और न कपड़े।
लाइट-हाउस का मतलब ही है, रोशनी
जिसके न होने पर
किसी में उसे सिद्ध नहीं किया जा सकता।

मैं तो तुम्हें यही सलाह दूँगा कि
लोगों की इन लंतरानियों पर जाने से कहीं अच्छा है
अपनी काफी या चाय को ठण्डा न होने देना
या चिल्ड बीयर को गरम न होने देना।
सवेरे की धूप में
चाँदी की तरह चमकते समुद्र पर
जाता हुआ जहाज
जब दृश्य बना हुआ होता है
उस समय समुद्र एक तैलचित्र लगता है।

ऐसी सारी मार्मिकताओं और अपने बीच
लोगों को न आने दो तो अच्छा है।
तुम निश्चित ही
इस 'लोग' शब्द से मेरा आशय समझ ही गये होगे।
दुनिया का आधे से ज्यादा दिमाग
इस शब्द को परिभाषित करने में लग गया
मगर हर व्याख्या और परिभाषा वैसी
ही छोटी पड़ जाती रही है
जैसे हर बरस बढ़ते बच्चों के कपड़े।
ऐसी सारी तात्विक
और क्रान्तिकारी परिभाषाएँ तुम्हें
अरस्तू या मार्क्स तक तो पहुँचा सकती हैं
मगर लोगों तक नहीं।
सच तो यह है कि
लोगों को लेकर की जाने वाली
ऐसी सारी परिभाषाएँ
वैसी ही मूर्खतापूर्ण हैं
जैसे देशों के आधार पर किये गये
समुद्र के विभिन्न नाम।
तुम पाओगे कि स्वयं लोगों को ही
न तो इन परिभाषाओं की
और न ही अपने इन क्रान्तदर्शी रहनुमाओं की कोई चिन्ता है
और न ही कोई जानकारी।
अकसर ऐसा भी हुआ है, कि
परिभाषित हो जाने पर
लोग
वापस लोग होना या कहलाना
दोनों ही पसन्द नहीं करते
क्योंकि वापस लोग होने का मतलब है
राजमार्ग से फिर गली-कूचों के नाबदानों में जाना।
तुमने भी जरूर ही यह देखा होगा कि
शराब शुरू होने के पूर्व

समारोही व्यक्तित्व वाले जो व्यक्ति होते हैं
वे खाली बोतल में जलती तीली फेंकने के समय तक
आँखों और बातों से ही नहीं
विचारों तक से वापस
वो लोग हो गये होते हैं।
जिन्हें बो और टाइयों में छुपाने के लिए
व्यक्तित्व पर भी यू-डी-कोलोन छिटके रहना पड़ता है।
इसीलिए इन प्रमादी चीजों
और बकवास बहसों से कहीं ज्यादा महत्वपूर्ण बात
यह जानना है कि
चीजों की स्वयं कोई परिभाषा नहीं होती
और न ही उनके होने का कोई अक्षांश या देशान्तर।
अपने होने को जानने के लिए
हम नक्शों में
इन चीजों के अक्षांश-देशान्तरों पर
लाल-नीली बिन्दियाँ लगाते चलते हैं।
तुम्हें यह मालूम होना चाहिए, कि
कोलम्बस या मार्कोपोलो का
अमरीका खोज निकालना
या कुबलाखान के दरबार में चीन पहुँच जाना
तुम्हारा भी वहाँ पहुँच जाना नहीं होता।
इसी तरह सिकन्दर की फौजों का ईरान रौंध डालना
या चंगेज खाँ के मंगोल घोड़ों का
पंजाब के मैदानों में पहुँच कर कहर ढाना भी
तुम्हारा वहाँ होना नहीं होता।
अगर तुम इस सबमें कहीं हो भी तो
ज्यादा से ज्यादा हाशिये पर ही हो सकते हो,
और सभी इतिहासकारों के लिए
हाशिये हमेशा से गैर जरूरी रहे हैं
और इतिहास में जरूरी जगह पर
तुम हमेशा तलवार पाओगे
आदमी नहीं।

इसलिए व्यक्ति के रूप में जरूरी है
इतिहास की अपनी इस दूरी को भूगोल के नक्शे पर भी
समझना।

तुमने कभी गोताखोरों को भी देखा होगा
वैसे नहीं भी देखा हो सकता है,
मगर उनके बारे में
स्कूलों की भ्रष्ट छपी और गलत ज्ञान की किताबों में
पढ़ा तो होगा ही, कि
वे सैकड़ों फीट नीचे
मकड़ों की तरह तैरते हुए
समुद्र के काले जलों में पहुँच जाते हैं
जहाँ वे मूँगे के पहाड़ों, सेवारों के जंगलों
तथा न जाने किन-किन अल्लम-गल्लम
चीजों के अम्बार में से
कितनी आसानी से मूँगे-मोती ले आते हैं।
तुम्हें ताज्जुब भी होता रहा होगा
और पूछना भी चाहते रहे होगे, कि
कैसे?
मगर वह बेचारा दयनीय भूगोल का अध्यापक
भला क्या बता सकता था, कि कैसे?
मतलब बिलकुल साफ है—
समुद्र उनके लिए
न जल है, न सत्ता,
वह तो एक रास्ता है
सिर्फ एक जलमार्ग
जो उन्हें रत्नों तक ठीक वैसे ही ले जाता है
जैसे ट्रेनों के जंगल में
तुम कितनी आसानी से
खास जगह के लिए
खास ट्रेन पकड़कर पहुँच जाते हो
भटकते नहीं।

बिलकुल भी आश्चर्य की कोई बात नहीं है,
यदि चीजों के साथ अपना अक्षांश-देशान्तर पता हो
तो चीजें सटीक तरीके से
किसी भी आयाम में पायी जा सकती हैं
अन्तर सिर्फ धरती, आकाश और समुद्र के आयाम का ही
होगा।
दुनिया की ज्यादातर चीजों और बातों के बारे में
सच तो यह है कि
न शास्त्र, न दार्शनिक, न रहनुमा
किसी की भी जरूरत न कभी थी
और न होगी।
तुम्हारे सन्दर्भ में
दूसरी सारी बाहरी जानकारियों से कहीं ज्यादा जरूरी है
सिर्फ इतना जानना, कि
अपने भीतर के समुद्र के साथ
बाहरी समुद्र का रिश्ता क्या है
और इन दोनों के बीच की दूरी।
अपने होने के नक्शे में
जहाँ इनके अक्षांश और देशान्तर मिलेंगे
वहीं है तुम्हारा समुद्र
उस पर तुम लाल या नीली जो भी बिन्दी लगाना चाहो
लगा सकते हो।
भला इतनी सी मोटी बात के लिए
किसी तत्वदर्शी को तकलीफ देना
या रहनुमा का मुँह ताकना महज मूर्खता ही है।
कोई दूसरा
किसी दूसरे के समुद्र के बारे में
क्या और कैसे बता सकता है, कि
तुम्हारा समुद्र
यह है।
इस दुनिया में तुम
सिर्फ अपनी देह को ही अपनी कह सकते हो

क्योंकि वही तुम पहने हुए हो
और जिसे किसी से भी बदला नहीं जा सकता
भले ही तुम्हें उसका रंग या आकार पसन्द न हो,
इसी तरह समुद्र भी।

भ्रमवश लोग यह समझते हैं कि
सब एक हैं।
यह एक विचार हो सकता है
नेक भी,
पर जरूरी नहीं कि हर नेक विचार सही ही हो।
जो लोग नेक विचारों को
आचरण में लाने के लिए मानते हैं
वे सरल हैं,
पर वे धूर्त हैं
जो ऐसी सारी बातों को सिद्धान्त का जामा पहनाकर
पताका के रूप में लोगों को थमा देते हैं
और खुद
इतिहास के कंगूरों पर खड़े होकर
परिणाम की प्रतीक्षा करते हैं।
सिद्धान्तों के गलियारों में
ऐसे अनेक महानुभावों का कूड़ा-कचरा मिल जाएगा
जो अपने जमाने में क्रान्तिकारी ही नहीं
क्रान्तदर्शी भी रहे होंगे।

सच तो यह है, कि
किसी के लिए
पिक्चर पोस्टकार्ड वाला समुद्र ही समुद्र होता है।
किनारे की बालुओं तक आ जाने वाला
झागभरा अपना समुद्र मिल जाने पर
तुमने बच्चों को अकसर
किलकारियाँ मारते देखा होगा,
मगर ज्यादातर लोगों का समुद्र तो

स्नान तक ही सीमित होता है।
जबकि मछलीमारों और गोताखोरों का समुद्र
खाड़ियों के मुहानों से वहाँ शुरू होता है
जहाँ लहरें उठने का मतलब है
समुद्र का अपने जलों पर चिंघाड़ते हुए खड़े हो जाना।
बल्कि कई बार वहाँ तो समुद्र
विशाल गरुड़ सा अपने पंखों में
अपने जलों को भर-भर कर आकाश भर देना चाहता है
और वे विकराल जल की पर्तें
समुद्र में पछाड़ें खाती हुईं
समुद्र को जल की घायल विशाल ह्वेल बना उछाल रही
होती हैं।
इसीलिए मैंने कहा था, कि
देखने को तो समुद्र कहीं से भी देखा जा सकता है
पर अपना समुद्र देखने के लिए जरूरी है
यह जानना, कि
समुद्र से तुम्हारा तात्पर्य क्या है?
इसके बाद ही तुम उसे
खिड़की से, टेरेस से, गोदियों से
या उस पुर्तगाली द्वीप की चट्टान से
कहीं से भी देखो—
इस देखने से तुम्हें ही नहीं
बल्कि समुद्र को भी फर्क पड़ेगा।

●

भूमिकाएँ

दूसरा सप्तक

वक्तव्य में क्या कहा जाय, यह ऐसा ही प्रश्न है कि तीसरा महायुद्ध होगा कि नहीं? किन्तु इस वक्तव्य वाले प्रश्न को तो किसी तरह भी टाला नहीं जा सकता। भले ही विश्व-युद्ध टल जाय। अपने बारे में क्या कहूँ?

केवल यही कि अभी तक अनाम रहा हूँ। और सन् '३६ से लेकर '५० तक बराबर लिखता रहा हूँ। वर्षा ऋतु की धूप की तरह से मेरी कविताएँ प्रकाशित हुई हैं। मैं खुद अनुभव करता हूँ कि इतना कम प्रकाशन मेरे लिए ही अधिक हानिकर हुआ है। किन्तु इस प्रकार की अनाम अवस्था ने मुझे लोहे की-सी प्रेरणा भी दी है। जबकि साहित्य के छायावादी और प्रगतिवादी खेमों में लगातार भगदड़ मची हुई है। वे दिन छायावाद की पदच्युति के थे और प्रगतिवाद सिंहासनारूढ़ हो रहा था। अवसरवादी पनपे और खूब पनपे। किन्तु आज चारों ओर शान्ति का वातावरण है। शान्ति से मेरा मतलब है भगदड़हीनता। अवसरवादी रोमांस का मोह छोड़ न सके थे, इसलिए वे वापस 'कसकन' 'मसकन' गाने लगे हैं। उन क्रान्तिकारी कवियों के घर या तो बाँसुरियाँ बज रही हैं या फिर हंसों की टोलियाँ उड़ रही हैं।

तात्पर्य यह कि यशार्जन के पश्चात् बारीक पलकों के कवि वापस रंगमहलों में लौट चुके हैं। और रहे-सहे लौट रहे हैं।

आज हिन्दी में कोई नियमित रूप से निकलने वाला पत्र नहीं है। हिन्दी साहित्यकारों में व्यक्तित्व प्रयोगवादियों को छोड़कर कोई भी ऐसी प्रतिभा नहीं है जो युग को मोड़ पा रही हो। हमारे साहित्यकारों को लकवा-सा मार गया है। बहुत-कुछ अजीब-सा ही है चारों ओर।

मुझे क्षमा करें! हिन्दी का उपन्यास मील के पत्थर की तरह तटस्थ होकर 'गोदान' और 'शेखर' की जगह से एक इंच भी आगे नहीं बढ़ रहा है। नाटकों की अवस्था उससे भी बदतर है। और कविता की तो अकाल मृत्यु-सी हो गयी है।

यह सब कहने का मैं अधिकारी नहीं माना जा सकता; और साथ ही मुझे आप लोगों की दम्भी, क्रोधपूर्ण, उपेक्षा-भरी, तथा सहानुभूति की नानावर्णी आँखें दीख रही हैं। उनमें से कुछ चाहेंगी कि मेरी वाणी किसी प्रकार दबा दी जाय। किन्तु बसन्त को रंग-छाप, और मनुज की पेशानी की चरागाह में ज़मीन और आसमान का अन्तर है।

यह एक सत्य बात है कि युग तब नहीं बदला था बल्कि युग तो आज बदल रहा है। नयी प्रतिभाएँ अब आ रही हैं। हमसे पहले जो नयापन मध्यवर्गीय लाये थे, वह न तो सांस्कृतिक दृष्टि से ही स्वस्थ रक्त का था और न जीवन की दृष्टि से ही।

संस्कृति भ्रामक शब्द है। फिर भी संस्कृति की शोध तो की ही जा सकती है और हम मनुष्य के आदिकाल के काव्य से भावों की विराटता ग्रहण करके सुन्दर कल्पनाप्रधान साहित्य

रच सकते हैं। इस प्रकार के प्रयोगों में उदाहरण रूप में मेरी 'उषस्' है। ऋतु की इस नित्य-कौमार्य कन्या का मैं प्रतिदिन अपने क्षितिज पर आह्वान करता हूँ। वह हमारे खेतों में अपने पति सूर्य के साथ हमारे बीजों में अपनी गरम-गरम किरनें बो कर गेहूँ उपजाती है।

तो दूसरी ओर 'मेघ में' तथा 'समय देवता' जैसी लम्बी कविताएँ हैं जिनमें जीवन के शस्त्र से सब चीजों का वर्णन किया हुआ मिलेगा।

बस, यही सब मैं हूँ। पिछली अपनी छायावादी एवं रहस्यवादी कविताओं को मैं कविता नहीं मानता। क्योंकि किसी भी प्रकार के प्रभाव से लिखी गयी कविता को द्वितीय श्रेणी का काव्य कहना होगा। और यह द्वितीय वाली बात मुझे नहीं पसन्द है। आपके बारे में मैं जान ही कैसे सकता हूँ? क्योंकि आपका वक्तव्य मुझे पढ़ने को मिल ही नहीं सकता। किन्तु कोई चिन्ता नहीं।

साहित्य में नये प्रयोगों के द्वार बन्द नहीं हुए हैं। हिन्दी में प्रयोगों की आवश्यकता दिन-पर-दिन बढ़ती जा रही है। विगत, अनुकरणीय नहीं हो सकता। हाँ शोभालंकार बन कर रह सकता है। नया तो मेरा युग है, मेरी प्रकृति है, तथा सबसे नया मैं हूँ।

●

बनपाखी सुनो

अपने इस संग्रह के बारे में कुछ भी नहीं कहना; कारण कि इन कविताओं का लिखना भर मेरा कर्त्तव्य रहा, इनके बारे में कहना, नहीं। लिखकर धर्म पूरा हुआ। मुझे सुख यही है कि मेरे कवि से 'विशेष' की आशा किसी को भी नहीं रही इसलिए 'स्वागत' 'तिरस्कार' का प्रश्न ही नहीं उठता। यदि एक पंक्ति भी 'कविता' लगे, तो मेरा धर्म सार्थक हो जाएगा। अस्तु—

अधिकांश '५३ के बाद की हैं। कुछ अवश्य ही '४६-'४७ की भी हैं, किन्तु वैषम्य अधिक नहीं लगेगा।

इति नमस्कारान्ते—

दीपावली, नयी दिल्ली, १९५७

●

बोलने दो चीड़ को

आज की कविता ने गत पाँच प्रकाशन-वर्षों में साहित्य में स्थान तथा सम्मान प्राप्त कर लिया है। प्रत्येक नयी अभिव्यक्ति को आरम्भ में विरोध सहना ही होता है, लेकिन वर्चस्व

वरेण्य बनकर ही रहता है। कल तक, आज की कविता उपेक्षिता थी, लेकिन आज स्वीकृता है। इसका एकमात्र कारण इस काव्य की उपलब्धियाँ हैं, जो समग्र हैं। कल जब ज्वार और भी शान्त होगा तब अधिक गहराइयाँ लक्षित हो सकेंगी, व्यक्तिगत भी तथा समष्टिगत भी। अस्तु—

अपने प्रथम संकलन 'बनपाखी सुनो' के समय अनेक कविताएँ छोड़ देनी पड़ी थीं, उनमें से कुछ यहाँ संकलित हैं। ऐसा ऐतिहासिक कारणों से किया गया है। उस समय काव्य की स्थिति बड़ी संक्रान्तिपूर्ण थी। काफी देर बाद प्रमुख कवियों के संकलन निकलने शुरू हुए थे। स्वयं मेरा संग्रह ही बारह वर्षों के बाद निकल रहा था अतएव पुरानी कविताएँ छोड़ देनी पड़ी थीं। इस समय भी वैदिक तथा अन्य फुटकर कविताएँ नहीं दी जा रही हैं। यद्यपि इस बीच अनेक बड़ी रचनाएँ लिखी गयी हैं और आशा है कि उनके शीघ्र प्रकाशित होने पर मेरे रचनाकार का वास्तविक स्वरूप स्पष्ट होगा। साथ ही तभी आज की कविता की उपलब्धियों का भी व्यक्तिगत एवं समष्टिगत परिपार्श्व तैयार हो सकेगा। फिर भी प्रस्तुत संग्रह द्वारा अधिक व्यापक परिचय मिलेगा, ऐसी आशा है।

पिछले दिनों अन्य प्रमुख कवियों के संकलन न होने के कारण आलोचना में बड़ी 'मनोरंजक' बातें कही गयीं। आशा करनी चाहिए कि इस प्रकार की 'मौलिकताएँ' कम होकर आज के काव्य का सही एवं ऐतिहासिक पक्ष सामने प्रस्तुत करेंगी।

इस संग्रह के इतने शीघ्र आयोजन में कल्याणेषु श्रीविपिन शर्मा को काफी श्रेय है। मुझे आशा है कि यह संग्रह भी पाठकों तथा विज्ञों का ध्यान आकर्षित करेगा।

इति नमस्कारान्ते—

१३ मई, १९६१

९९-ए, लूकरगंज, इलाहाबाद

●

मेरा समर्पित एकांत

संकलन के प्रथम खण्ड की सभी कविताएँ अप्रकाशित हैं। इनका कारण यह है कि गत तीन-चार वर्षों में जहाँ विधा-विशेष की पत्रिकाएँ पनपी हैं वहाँ शुद्ध साहित्यिक पत्रिकाओं का ह्रास हुआ है। संकलन के पूर्व इनका प्रकाशन इसी विषमता के कारण नहीं हो सका।

संकलन का दूसरा खण्ड 'समय देवता' है।

'समय देवता' सन् ४९-५० की रचना है। आज इसकी काव्य सम्बन्धी तथा राजनीतिक मान्यताओं से सहमत न हो सकने पर भी इसे यहाँ संकलित करने का प्रमुख कारण इसकी ऐतिहासिकता है। मेरी तथा नयी कविता की यह प्रथम लम्बी महत्त्वपूर्ण रचना होने के कारण

इसका साहित्यिक इतिहास रहा है, और प्राय: मुझे कहा गया है कि इसे स्वतंत्र रूप से मुझे प्रकाशित करवाना चाहिए। कुछ रचनाएँ लेखक के अनचाहे भी स्वतन्त्र सत्ता ग्रहण कर लिया करती है, 'समय देवता' भी उसमें से एक है, अस्तु—

आशा है कि पूर्व संकलनों की भाँति यह भी आपके निकट सार्थकता ग्रहण करेगा।

इति नमस्कारान्ते—

९९-ए, लूकरगंज, इलाहाबाद

उत्सवा

अथातो काव्य जिज्ञासा

यदि यह कहा जाए कि ये कविताएँ अभिव्यक्त होने के पूर्व भी थीं तो इसका तात्पर्य यही है कि कविता, सर्वत्र तथा सार्वकालिक भाव से नित्य उपस्थित है। अपनी अभिव्यक्ति के लिए इन कविताओं ने मुझे माध्यम चुना, तो इसका तात्पर्य भी यही है कि कविता का कोई कर्ता नहीं होता; और यदि कोई है, तो वह स्वयं अपनी आत्मकर्ता है, स्वयंसृष्टा है। जिसे कवि कहा जाता है वह तो मात्र प्रस्तोता होता है, वह इसलिए कि कवि नहीं बल्कि उसका मनीषी-व्यक्तित्व या चैत्यपुरुष उस काव्य-साक्षात का अनुभवकर्ता या दृष्टा था। उस अनभिव्यक्त को उस कवि ने मात्र अभिव्यक्त करने की चेष्टा की। मैं भी प्रस्तोता के अर्थ में ही इन कविताओं का कवि हूँ, कर्ता के अर्थ में नहीं; मेरा यह कथन शायद रचनात्मकता की प्रक्रिया या वस्तुस्थिति की वास्तविकता के अधिक निकट हो। वैसे यह कि—यह आरोपित मुद्रा है, अथवा यह कि कवि और कविता की रचनात्मक पारस्परिकता को अधिक रहस्यात्मक ही बनाया गया है—ऐसा लगना तो नहीं चाहिए, क्योंकि जिस प्रकार कुछ स्थितियों और जिज्ञासाओं के विषय में 'नेति' के द्वारा ही 'अस्ति' का इंगित सम्भव है, अथवा अस्वीकृति के द्वारा ही स्वीकृति की प्रतीति करायी जा सकती है, उसी प्रकार कवि और कविता की रचनात्मक पारस्परिकता या सृजन-प्रक्रिया के सन्दर्भ में भी अविश्वसनीय ही विश्वनीय हो सकता है। सन्तों की 'सन्ध्या-भाषा' के तात्पर्य और प्रकार की प्रकृति भी बहुत कुछ ऐसी ही है।

अनभिव्यक्त कविता भी परम-सत्य या परात्पर-सत्ता की भाँति ही एक अविभक्त-चेतना है, बल्कि चेतना-प्रवाह, जो सतत विद्यमान है। अनभिव्यक्त एक, अभिव्यक्त हो जाने पर अनेक हो जाता है, क्योंकि अभिव्यक्तकर्त्ता अनेक होते हैं। अभिव्यक्ति एक को अनेक बनाती है। कविता भी वस्तुत: एक ही है, उसका रचनात्मक स्वरूप अनेक का हो जाता है। रचना, अनभिव्यक्त कविता का सम्प्रेषित स्वरूप है। ऐसा भी कहा जा सकता है कि रचना, अनभिव्यक्त कविता की प्रतीक है। मूर्ति प्रभु नहीं, प्रभु की प्रतीक होती है। एक प्रकार से रचना, काव्य के महत्-प्रासाद का मात्र प्रवेश-द्वार है। रचना, कविता की प्रतीति है, कविता

नहीं। कविता का प्राप्य-रूप रचना ही हो सकता है। सर्वत्र, सार्वकालिक होने पर भी वह अप्राप्य है। समुद्र ही मेघ-वर्षण का कारण होने पर भी हम समुद्र से सीधे जल नहीं ग्रहण कर सकते। रचना की गुणात्मकता, कविता की न होकर कवि की होती है। कविता जिस भाव, मुद्रा और स्वरूप में अभिव्यक्त होकर रचना कहलाती है, उससे मात्र इतना ही स्पष्ट होता है कि एक कवि विशेष ने कविता का साक्षात किस आनुभाविक स्तर पर किया था। वैसे तो यह सत्य नहीं है, क्योंकि इससे कहीं यह निष्कर्ष नहीं निकलता है कि अभिव्यक्त रचना ही वह अनभिव्यक्त कविता है जिसका साक्षात कवि ने नहीं, बल्कि कवि के मनीषी-व्यक्तित्व या चैत्य-पुरुष ने किया था। उस भावातीत स्थिति एवं मुहूर्त में न कोई भाषा थी और न कोई अभिव्यक्ति। एक सनातन चेतना का प्रवाह मुहूर्त भर के लिए उपस्थित होकर दृष्टा को देश-कालातीत कर गया। भला ऐसे तीव्र संवेग वाले भावातीत साक्षात के समय, रचना की कामना क्या सम्भव है? भाषा कहे, इसके पूर्व ही पटाक्षेप। वहाँ जब उच्चारण ही नहीं है तब अभिव्यक्ति कहाँ? रचना, इच्छा है जबकि कविता, इच्छा मात्र के अभाव से ही आरम्भ होती है। अतः ऐसी भाषाहीन अनिर्वचनीयता को क्या भाषा के द्वारा अभिव्यक्त किया जा सकता है? 'प्रकाश' शब्द स्वयं प्रकाश नहीं है। एक तो, वह उस तत्त्व की प्रतीत कराना चाहता है जो वह स्वयं नहीं है; दूसरे, ऐसी प्रतीति के लिए सम्बोधित व्यक्ति का उस तत्त्व से पूर्व परिचित होना आवश्यक है, तभी शब्द बोध करा सकता है। बोध, शब्द में नहीं आपमें होता है। शब्द तो केवल उस बोध को जगाता है; जो कहीं अन्यत्र है। भाषा न यात्रा है न यात्री, वह तो केवल मार्ग है। गन्तव्य पर पहुँचने का तात्पर्य ही है मार्ग का निःशेष होना। रचना में निहित कविता की प्राप्ति, रचना में प्रयुक्त भाषा को उत्तरोत्तर छोड़ते जाना है। भावातीतता के समय जिस प्रकार कवि और भाषा वहाँ उपस्थित नहीं थे, वे उस साक्षात्कर्ता मनीषी-व्यक्तित्व, चैत्य-पुरुष में लीन थे उसी प्रकार काव्यानन्द के लिए भी यही प्रक्रिया है। मनीषी-दृष्टा के पास केवल भावातीतता थी, भाषा नहीं, जबकि कवि के पास भाषा है पर दृष्टा की वह आनुभाविकता नहीं, केवल भावातीतता का मात्र आभास है। स्पष्ट है कि दृष्टा की उस आनुभाविकता और कवि की इस रचनात्मकता में कुछ तो गुणात्मक पार्थक्य है ही। तो, इन दो अपरिमेय पार्थक्यों के बीच क्या कोई सेतु है? शायद है, जिसे काव्य-साधना कहा गया है! ऐसी काव्य-साधना, भाषा तथा व्यक्तित्व दोनों स्तरों पर करनी होती है। अपने चैत्य-पुरुष या मनीषी-व्यक्तित्व वाले दृष्टा की भावातीत विराटता में अपने कवि की सीमाओं, भाषागत एवं व्यक्तित्वगत का उत्तरोत्तर विस्तार करते जाना ही साधना है। सरल का ही विस्तार होता है, निगूढ़ का नहीं। एकात्मता की इस प्रक्रिया में कवि को ही उत्तरोत्तर ऊर्ध्वगामी होना होता है। साक्षात, स्वयं नीचे नहीं आता, हाँ वह उच्च होने में सहायता कर सकता है। लेकिन इस साधना में व्यक्तित्व के स्तर पर यदि कोई सन्धि रह जाती है तो रचना में वह सन्धि या जोड़ या दरार नहीं दिखेगी, यह सम्भव नहीं। एकात्मता का तात्पर्य ही है सन्धिहीनता। उपनिषदीय अद्वैतता और वैष्णवी समर्पण, तत्वतः एक ही है। समरस व्यक्तित्व में से ही समरस रचना सम्भव है।

वैसे तो यह एक संयोग ही है कि मैं इन कविताओं का कवि हूँ, परन्तु कोई भी संयोग निष्प्रयोजित या अनायास नहीं हुआ करता। सृष्टि के नियमन और व्यवहार में कहीं भी और कभी भी योगायोग या हठात या संयोग की भाषा अथवा क्रिया नहीं है। सर्वत्र एक सुविचारित प्रयोजन-दृष्टि है। चीड़ की परम ऊर्ध्वता के ठीक पदतल में अनाम घास का जो वृत्त होगा वह संयोगवशात नहीं होगा। एक निश्चित प्रयोजन है—सन्तुलन का, समरसता का। विपुल की अत्यल्प से, विराट की लघुता से, प्रकाश की अंधकार से, कठोर की कोमलता से पग-पग पर चूल बैठायी गयी है। चट्टानों और पहाड़ों की पुंजीभूत राशीय जड़ता को तराशने के लिए किसी लौह-परुषता को न चुनकर जल की अनाविल मसृणता का व्यवहार क्या संयोग है? मरुथलों में बालुओं की अपार राशि को निरन्तर समतल बनाये रखने का उत्कट-कार्य किसी अन्य को न सौंपकर पारदर्शी हवाओं को क्या संयोग से दिया गया है? सृष्टि में, मानवीय-सभ्यता की औपचारिकता या आडम्बर या मिथ्या-भाषा का व्यवहार कहीं नहीं मिलेगा और न कोई असन्तोष। प्रकृति में, सृष्टि में सामरस्य है, प्रतिद्वन्द्विता नहीं। सृष्टि एक निश्चित अवधारणा है, फेंटेसी नहीं कि प्रकाश की इच्छा हुई और प्रकाश उत्पन्न हो गया। क्रिया-प्रतिक्रिया, कार्य-कारण का विवेक और फल दोनों मिलेंगे। वृक्ष से फल तक संयोगवशात नहीं टपकता। गुरुत्वाकर्षण की प्रयोजन-दृष्टि यदि न हो तो शायद शताब्दियों तक एक भी फल नहीं टपकेगा। चूँकि मानवीय-बोध, व्यवहार और उपस्थिति की सीमा है इसलिए देशगत असीमता और कालगत अज्ञातता के बीच पहुँचकर हम संयोग की भाषा बोलने लगते हैं। वस्तुतः एक अकल्पनीय लम्बी प्रक्रिया, कई बार जन्म-जन्मान्तर तक की, में से गुजरने के बाद ही हम केवल मुहूर्त भर के लिए उस आनुभाविक-बिन्दु पर पहुँच पाते हैं जहाँ कि कविता का वह साक्षात, वह शक्तिपात, वह अहैतुकीकृपा होती है, जो हमें देश-कालातीत बनाती है। भावातीतता के उस क्षण में, अनुभूति के उस संस्पर्श में तथा चेतना-प्रवाह के उस मुहूर्तजीवी सान्निध्य में एक ऐसी शीर्षता, एक ऐसा शिखरत्व बोध होता है जहाँ केवल मनीषी-व्यक्तित्व, चैत्य-पुरुष, दृष्टा या अनुभवकर्ता ही उपस्थित हुआ रहता है। यह वह सन्ध्याभाव है जिसे बारम्बार पकड़ने के लिए दैनिक-पूजा को 'सन्ध्या' नाम दिया गया।

कविता की कोई संज्ञा नहीं है, क्योंकि वह तो शुद्ध शक्ति है। उसका अनुभव या साक्षात भी निपात जैसा ही होता है। निपात का साक्षात भी मात्र व्यक्ति नहीं, मनीषी ही कर सकता है। जब स्थूल ऊर्ध्वता के लिए अतिरिक्त बाह्य उपकरणों की आवश्यकता होती है तब उस मनीषागत ऊर्ध्वता के लिए बाह्य नहीं आन्तरिक उपकरण क्या नहीं चाहिए? तो, ऐसी कविता अपनी अभिव्यक्ति के लिए उस कवि-विशेष की संज्ञा, भाषा, मुद्रा आदि धारण कर लेती है और रचना बन जाती है। समुद्र और गंगा, जल की नहीं बल्कि जल की रचनात्मकता की संज्ञाएँ हैं। जल तो तब भी जल ही रहता है। संज्ञाएँ, मूलतत्त्व की महत्ता को केवल अंगीभाव से ही व्यक्त करती हैं, इसलिए कि वे विभक्तरूपा हैं, अविभक्त तो केवल परम-तत्त्व ही है। अनेक, एक की झलक दे सकते हैं। वे स्वयं अपने में समग्रता नहीं बन सकते। अंग या अंश, वह कोई हो, सृष्टि की प्रयोजन-दृष्टि का उल्लंघन नहीं कर सकते। परशुराम और राम दोनों

ही अवतार हैं, परन्तु अपने-अपने अंश से जुड़े प्रयोजन का वे भी उल्लंघन नहीं कर सकते थे। प्रयोजन के उल्लंघन का अधिकार केवल उसे है जो 'अस्ति' नहीं है, जो न क्रिया है न प्रतिक्रिया। ईश्वरत्व भी एषणा है। वह उसका भी उल्लंघन है। इसी तर्क से क्या यह नहीं कहा जा सकता कि रचना का उल्लंघन ही कविता है? पर कविता स्वयं अपना ही उल्लंघन नहीं होगी इसका क्या प्रमाण है? परन्तु प्रवाह की प्रक्रिया में उल्लंघन ही वरण है, और वरण ही उल्लंघन की ओर अग्रसर होता है। इसीलिए काव्य के सनातन सातत्य के सम्पर्क में कवि आते हैं और प्रयोजन की पूर्ति करते हैं। अस्तु,

क्या इन कविताओं का कोई अन्य भी कवि हो सकता था? या क्या मैं किसी अन्य की कविताओं का कवि हो सकता था? शायद नहीं। एक साक्षात-विशेष के लिए एक व्यक्ति-विशेष ही हुआ करता है। सीमा, सर्वत्र व्यापी नहीं हो सकती। आप केवल प्रतिनिधित्व कर सकते हैं, पर न तो स्वयं 'वह' हो सकते हैं और न अन्य ही। वृक्ष, जल को ग्रहण करने के बाद उसे केवल वृक्ष रूप में ही अभिव्यक्त कर सकता है। फूल, जल के साक्षात को फूलत्व में ही प्रदर्शित कर सकता है। इसी प्रकार जल, पक्षी बनकर सन्तरित है; तो गाय बनकर दूध के रूप में उपलब्ध है, तो मनुष्य बनकर विचार कर रहा है, कविता लिख रहा है। सारे कर्म और सारे स्वरूप उस साक्षात की अनभिव्यक्ति को निरन्तर तथा उत्तरोत्तर अभिव्यक्त करने की चेष्टा में रत हैं। प्राय: ये अभिव्यक्तियाँ इतनी विरोधी होती हैं कि प्रत्येक अभिव्यक्ति, उस अनभिव्यक्त को और अधिक अनभिव्यक्त बनाती जाती हैं। प्रत्येक रचना के बाद कविता और अधिक अप्राप्य हो उठती है। रचना, सृष्टि है और सृष्टि का अर्थ ही है विस्तृति, समाप्ति नहीं—कोई अपनी अभिव्यक्ति को बदल भी नहीं सकता और शायद इसकी आवश्यकता भी नहीं है। पहाड़ की अभिव्यक्ति यदि स्थिरता में है, तो नदी की अभिव्यक्ति सतत प्रवाह में है। भेद-दृष्टि अंगीभाव के कारण होती है; वह समग्र, न स्थिर है न प्रवाहित है। सिवाय सन्ध्या-भाषा के इस स्थिति को कोई कैसे व्यक्त कर सकता है? पर इस सन्ध्या-भाषा को अर्थ से नहीं समझा जा सकता, शायद एक सीमा तक सम्बोधित भले ही किया जा सके। चूँकि कविता, एक सतत-प्रवाह के रूप में सर्वत्र विद्यमान है इसलिए भिन्न कवि का उस कविता से भिन्न साक्षात ही सम्भव है। वह 'अभिन्न' भी चाहता यह है कि उसे विभिन्न ही अनुभव किया जाए, क्योंकि अभिन्न का सम्पूर्ण साक्षात, निपात कोई नहीं सहन कर सकता। अवतार भी अंश के ही प्रतिनिधि हैं। सर्वांश उपस्थित ही नहीं हो सकता और 'वह' कहाँ उपस्थित हो? अत: एक ही क्षण में विभिन्न कवियों को कविता, विभिन्न रूपों में साक्षात्कृत होगी। दिशाओं की संज्ञाएँ अर्थहीन होने पर भी गति के लिए उतनी ही आवश्यक भी हैं।

अहं, स्वत्व का ही एक पर्याय है; और स्वत्व, रचनामात्र के लिए आवश्यक होता है। रचना का स्वत्व वस्तुत: रचयिता का ही स्वत्व होता है, अत: सृजन के लिए अहं एक अनिवार्यता है। रचे जाने पर जिस प्रकार रचना विस्तार चाहती है, उसी प्रकार कवि-व्यक्तित्व

का भी विस्तार, यदि होता नहीं है, तो होना चाहिए। कवि-व्यक्तित्व के विस्तार से तात्पर्य उसके अहं के विस्तार से ही हुआ। सामान्यत: तो अहं, व्यक्तित्व को विस्तृत नहीं होने देता। व्यक्तित्व के मानवीकरण की अपेक्षा वह उसे आत्मकेन्द्रित होने को प्रेरित करता है। पर इसे अहं न कहकर अहंकार कहना अधिक समीचीन होगा। यद्यपि अहं, अहंकार नहीं है, क्योंकि एक स्वत्त्व है तो दूसरा केवल मुद्रा। एक व्यक्तित्व की प्रतिश्रुति है तो दूसरा प्रदर्शन है। एक असंगता है तो दूसरा आक्रान्ता। फिर भी दोनों में गोत्रिक समानता है। अत: जब कवि-व्यक्तित्व का अहं, दृष्टा की भावातीतता से जुड़ता है तब अहं का विलयन, विसर्जन या उदात्तीकरण होने लगता है। 'एकोऽहं बहुस्याम' या 'सोऽहं'—ये प्रपत्तियाँ, अहं के महिमामण्डित उदात्त स्वरूप हैं। एक से अन-एक होने की यह प्रक्रिया है। इसे विलयन न कहकर विशाल होना कहा जाएगा। 'अन-एक' (अनेक) में नष्ट हो जाने की ध्वनि नहीं है। आप ही हैं—अनेक रूप में। अन-एक, आप नहीं हैं, यह नहीं व्यंजित करता, आप विस्तार पा गये हैं। पर इस विस्तार में अहं, विनम्र बनकर उपस्थित है। बल्कि अन्य की अस्वीकृति 'एक' है पर आपके 'एक' का विस्तार अन-एक है। दृष्टा की भावातीतता के सम्पर्क से जो अकल्पनीय महनीयता आपके कवि-व्यक्तित्व को प्राप्त हुई उसके प्रति विनम्र ही हुआ जा सकता है। अपने अहं को सर्वमान्य मानना अहंकार है, परन्तु दूसरे के अहं की रक्षा करना विनम्रता है। अपने अहं के प्रति कोई प्रतीति न होना अनासक्ति है, परन्तु दूसरे का अहं अनुभव ही न करना परात्परता है। जिस कवि में जिस कोटि की मानसिकता होगी, रचना की उदात्तता एवं सम्बोधन का परिवृत्त भी वैसा ही विशाल होगा। दोनों एक-दूसरे के कार्य-कारण बन जाएँगे। रचना की उदात्तता से तात्पर्य है कि वह केवल अपने स्रष्टा, रचयिता की गरिमा, महत्ता का ही बोध न करवाए, बल्कि पाठक की गरिमा तथा स्वत्व को भी सम्बोधित, जाग्रत तथा उदात्त करे। यह नहीं हो सकता कि रचना अपने रचयिता के प्रति तो प्रतिश्रुत हो और पाठक की अवहेलना करे। सृज़न के समय रचना और रचयिता में जो सृजनात्मक समरसता थी वैसी ही एकात्मता, उसके पाठ के समय रचना और पाठक में भी अनिवार्य है। कवि के रचने की तुष्टि और पाठक के द्वारा ग्रहण करने के आनन्द का स्तर, समान होना चाहिए। रचने की तन्मयता और ग्रहण करने की तल्लीनता यदि तद्वत नहीं, तो दोनों बहुत भिन्न भी नहीं हो सकतीं। मनीषी और कवि तथा कवि और पाठक—रचना के ये दो ऐसे बिन्दु हैं जिनमें सम्पूर्ण मिथुनत्व स्थापित होना चाहिए तभी कविता के साक्षात, कविता के सृजन और कविता के ग्रहण एक रेखा में आएँगे। उस अवस्था में भाषा और कवि कहीं न रहकर पाठक को कविता का वांछित साक्षात अनुभव होगा। पर किसी भी स्तर पर पार्थक्य है तो भाषा, कवि और रचना पाठक से तादात्म्य नहीं स्थापित कर सकते।

कवि का अहं प्राय: रचना की तेजस्विता के मार्ग में आ जाता है। जिस जलाशय का जल जितना अधिक स्फटिक होगा, सूर्य की तेजस्विता उतनी ही अधिक स्पष्ट तथा विश्वसनीय सम्प्रेषणीयता होगी। रचना में कवि या रचयिता अपनी उपस्थिति (रचना में कवि-अहं इसी रूप में होता है) सर्वथा विलुप्त नहीं कर सकता है, परन्तु उसकी प्रतीति को कम अवश्य कर

सकता है। ऐसी स्थिति में उक्त रचना में कविता की तेजस्विता को अधिक स्पष्ट देखा जा सकता है, अन्यथा बारम्बार कवि-अहं का प्रतिबिम्ब, कविता की उपस्थिति को संदिग्ध करता रहेगा। अध्यात्म का असंग, काव्य के क्षेत्र में अनाग्रह रूप में ही सम्भव है। भक्त का 'मैं नहीं हूँ, प्रभु हैं', काव्य के क्षेत्र में 'मैं नहीं हूँ, कविता है' ही कवि के आग्रह का उदात्तीकरण होगा। ऐसे भाक्तिक जैसे काव्यात्मक-समर्पण की स्थिति में ही कविता उपस्थित हो सकती है। रचना में कवि और कविता दोनों समान वर्चस्व में नहीं हो सकते हैं। एक की उपस्थिति के लिए दूसरे को अनुपस्थित होना पड़ेगा—अपेक्षाकृत। भक्त कवियों ने काव्य के आनन्दोत्सव के समय उपस्थित रहने के लिए एक भिन्न मार्ग का अनुसरण किया, कि वे रचयिता ही नहीं हैं। प्रभु को पूर्ण-समर्पित, व्यक्ति-विसर्जित अनाग्रही सेवक हैं। यदि वे नहीं होंगे तो प्रभु की सेवा कौन करेगा? इस प्रकार की सीमा तक अव्यक्ति बन जाने का संकल्प आज के कवि को शायद स्वीकार न हो, पर यह भी एक मार्ग है—बहुत कुछ निरापद।

व्यक्ति-विस्तार के बहुस्याम हो जाने की निष्पत्ति औपनिषदिकता है, तो व्यक्ति-समर्पण की निष्णात प्रतिश्रुति वैष्णवता है। एक में परम विराट हो जाने की चिति है, तो दूसरे में एकान्त के सान्निध्य की तुष्टि। एक में ब्रह्माण्ड है, तो दूसरे में वृन्दावन। एक में ताण्डव है, तो दूसरे में लास्य। एक में यज्ञ-भाव है, तो दूसरे में लीला-भाव; परन्तु यह भेद केवल देखने का है, होने का नहीं। 'अहं ब्रह्मास्मि' का उद्घोष तथा 'प्रभु! तुम चन्दन हम पानी' की एकात्मक आकुलता तत्त्वत: एक ही हैं। उपनिषद्, काल को माध्यम चुनते हैं तो वैष्णवता, देश को। अहं, अहं का विलयन, 'स्व' का विस्तार—औपनिषदिक-प्रक्रिया है जो साक्षात या निपात (तंत्र-दृष्टि से) में तिरोहित होती है; जबकि वैष्णव भक्ति-दृष्टि अहैतुकी-कृपा, प्रभु की अनुकम्पा, नित्य का सान्निध्य, सेवा की निकटता की कामना में विलीन होती है। प्रयोजन और परिणति की दृष्टि से दोनों एक ही हैं। उपनिषद यदि पुरुषार्थ-भाव है तो वैष्णता, 'कृष्णार्पण'। उपनिषद में यदि अर्जन का वर्चस्व है, तो वैष्णवता में अनुकम्पा की प्रशान्तता। एक में यदि जाया गया है, तो दूसरे में जाना कहाँ है? एक में सर्वात्म का संग्रह है, तो दूसरे में अनात्म के द्वारा सब कुछ का परित्याग। कवि और कविता की सारी मानसिकता, सृजनात्मकता को समझने में यह आध्यात्मिक भाषा, दृष्टि और सम्बन्ध सहायक हो सकते हैं।

सृष्टि का ही प्रयोजन नहीं है, काव्य का भी है। कविता जब प्रति-कविता को जन्म देती है तो वह उसका प्रयोजन होता है। इसी प्रकार कविता का अर्थ भी कविता से पृथक नहीं होता। कविता स्वयं अपना अर्थ उसी प्रकार है जिस प्रकार फूल, अपना ही अर्थ भी होता है। जब फूल, हममें प्रति-फूल उत्पन्न कर देता है तब न केवल उसकी प्रयोजन-पूर्ति हो जाती है बल्कि वह अर्थवान भी हो जाता है। फूल और प्रति-फूल के अर्थ में कोई अन्तर नहीं होता। प्रयोजन की पूर्ति के बाद फूल की उपस्थिति अनावश्यक हो जाती है। कविता और प्रति-कविता में थोड़ा-सा अन्तर यह होता है कि कविता, प्रति-कविता को अपनी कविता तो दे पाती है, पर भाषा नहीं दे पाती है। प्रति-कविता के जन्म ले लेने पर कविता की भाषा का बोझ वह प्रति-कविता नहीं वहन करती। प्रति-कविता की कविता तो कवि की होती है पर

भाषा, ग्रहणकर्ता की अपनी ही होती है। यह भी कहा जा सकता है कि कविता की भाषा विलुप्त हो जाने पर ही प्रति-कविता उत्पन्न होती है। कविता, कवि का व्यक्तित्व है, वह उसके संस्कारों की वाहिका है। कविता के स्वरूप, प्रभाव पर कवि के संस्कार और उसकी भाषा बहुत अधिक प्रभाव डालते हैं। पाठक में उत्पन्न प्रति-कविता, कवि की अपनी कविता का प्रयोजन-परिणाम है। यदि कवि का कोई विशेष प्रयोजन है तभी विशेष प्रति-कविता भी जन्म लेगी। सामान्यत: सभी युगों में अधिकांश कविता ही जब मात्र अनुकरण होती है तब प्रति-कविता की दुरवस्था स्पष्ट है। परन्तु अनुकरण-काव्य के कारण हमेशा मौलिक कवियों और कविता को उलझन हुई है। धर्म और राजनीति में ही नहीं, साहित्य और कविता में भी इस अनुकरण-प्रवृत्ति के कारण हमेशा सम्प्रदाय बनते आये हैं। इस प्रकार की एकनिष्ठता जहाँ एक ओर निष्ठा उत्पन्न करती है, वहीं वह भिन्न के प्रति असहिष्णु, अनुदार और कट्टर भी बनाती है। शायद सभी क्षेत्रों में, सभी युगों में साम्प्रदायिकता का ऐसा ही स्वरूप होना उसकी नियति है। अपना सृजन करना एक बात है, परन्तु पर के सृजन का विरोध करना दूसरी बात है। दूसरे का विरोध व्यक्ति करता ही तब है जब या तो उसका अपना लिखना शेष हो गया हो अथवा दूसरा यदि समकालीन-रचनात्मकता से सर्वथा भिन्न भूमि, दृष्टि पर सृजन कर रहा है तो उसके कारण जो आधारभूत चुनौती उसके सृजनात्मक व्यक्तित्व को मिल रही है, उससे उसे आधारभूत खतरा लगता है। चूँकि अनुगामी की कोई अस्मिता नहीं होती, अनुकरण ही उसका इष्ट होता है इसलिए वह अस्मिता मात्र के विरुद्ध हो जाता है। आज हम सृजनात्मकता के एक ऐसे मोड़ और बिन्दु पर आ खड़े हुए हैं जब हमारे न चाहने पर भी परिवर्तन होगा। अच्छा हो कि ऐसा हमारी संकल्प-शक्ति से सम्पन्न हो। १९वीं शती सम्बोधन की शती थी जिसकी परिणति २०वीं शती के आन्दोलनों और मोह-भंग में हुई। मध्य-युग में माना कि हमारी अस्मिता सोयी हुई थी, परन्तु १९वीं और २०वीं शती की सारी शुभेच्छाओं के बाद भी आज आधारभूत रूप से सृजन के स्तर पर भी हमने अपनी अस्मिता का विसर्जन कर दिया है। इस भूमिका में मात्र संकेत भर ही किया जा सकता है, उसका ऐतिहासिक या सम्यक विश्लेषण नहीं। अस्तु—

वास्तविकता तो यह थी कि आरम्भ में मैं पृथक से अपनी कोई भूमिका लिखने ही वाला नहीं था और यह शायद अच्छा ही होता, पर भवितव्य, अस्तु। इस संग्रह की जो भूमिका है वह, आधुनिक तेलगू के शीर्षस्थ कवि तथा मेरे अभिन्न मित्र श्री शेषेन्द्र शर्मा ने लिखी, जिनके द्रष्टा और कवि के प्रति मेरे मन में आदरभाव है। इसमें अतिरिक्त कुछ भी नहीं है, सब सहज रूप में ही परिणत हुआ है। शेषेन्द्रजी के प्रति अपना आभार किस सम्बन्ध से प्रकट करूँ यह तो ज्ञात है, पर किस भाषा में करूँ यह नहीं जानता; सम्प्रति इतना ही। इसी प्रकार भाई श्री धर्मवीर 'भारती' के स्नेह और भाव को भी व्याख्यायित करना सम्बन्ध को गरिमाहीन करना

होगा। इन कविताओं के अन्यत्र एवं निरन्तर प्रकाशन के सम्बन्ध में स्नेही श्री मनोहर श्याम जोशी का अवदान एवं श्री राजेन्द्र अवस्थी का सहयोग कदापि कम नहीं है। हाँ, भोपाल में 'मध्य-प्रदेश कला-परिषद्' के तत्त्वावधान में श्री अशोक वाजपेयी ने इन कविताओं के पाठ का जो अनुष्ठान किया था उसे केवल स्तबक की संज्ञा ही दे सकता हूँ। आकाशवाणी इलाहाबाद के श्री नर्मदेश्वर उपाध्याय भी इनके लिखे जाने में निमित्त हैं क्योंकि बराबर उन्होंने काव्य-प्रसारण की बाध्यता मेरे सामने उत्पन्न की। पर, एक खेद अवश्य है कि स्वर्गीय श्री सुमित्रानन्दनजी पन्त इन कविताओं को संकलन रूप में देख जाने को बहुत उत्सुक थे और उनके व्यक्ति-पुरुष के सामने यह सम्भव न हो सका, परन्तु आत्मपुरुष तो विद्यमान है ही। 'लोकभारती' के श्री रमेशचन्द्र ग्रोवर और दिनेशचन्द्र ग्रोवर इन कविताओं के केवल प्रकाशक होते तो शायद मैं उनका यहाँ उल्लेख भी नहीं करता, परन्तु उनकी आत्मीयता को भाषा न देना ही श्रेयस्कर होगा। और अन्त में मैं उन सब सुदूर-पास के, हिन्दी-अहिन्दी के ज्ञात-अज्ञात पाठकों-श्रोताओं का आभारी हूँ जिन्होंने अविश्वसनीय प्रशंसा-पत्र लिखे, शुभाशंसाएँ एवं आशीर्वाद दिया और इसी के फलस्वरूप मुझे यह प्रतीति हुई कि कोई कवि, केवल अपना ही पुरुषार्थ नहीं होता, बल्कि समस्त देश और काल का प्रतिफल होता है।

इति नमस्कारान्ते—

फाल्गुन, कृष्णा चतुर्थी, १९७९

९९-ए, लूकरगंज, इलाहाबाद

तुम मेरा मौन हो

यह प्रेम-कविताओं का संकलन है—इस कथन से जब मुझे ही कुछ सम्प्रेषित नहीं होता है तब भला आप तक क्या अभिव्यक्त हो सकता है! यह शायद इसलिए कि शब्द 'प्रेम' अब उस उदात्तता को सहसा नहीं व्यक्त करता, उस कोमल गान्धार-आत्मीयता की नहीं प्रतीति कराता, जिसकी कि उससे अपेक्षा रही है। अब यह फूल नहीं, फूल का चित्र जैसा हो गया है। लगता है कि मैं जो कहना चाहता हूँ वह इस शब्द के द्वारा व्यंजित नहीं हो पाएगा अत: यदि कहूँ कि ये मेरे एकान्त मनस् के राग-भाव की ऐसी स्वीकृतियाँ हैं जो देश और काल की देहरी लाँघती लाल एड़ियों सी दिखती हैं। अहोरात्र कभी बाँशी सी बजती हैं, तो कभी हठात केश खोले उपस्थित हो जाती है। कविता ऐसी मध्यकालीन माधवता के साथ मेरे निकट आएगी इसकी कभी कल्पना भी नहीं थी। इस सारे कथन से सम्भव है कुछ सम्प्रेषित हुआ हो।

काव्योत्सव सी इन कविताओं ने मुझे कभी 'मेघदूत' के यक्ष की सी आकुलता दी, तो कभी अपने 'गीत-गोविन्द' वाले निभृत परिरम्भण में तिरोहित कर दिया, तो कभी सामने

बैठालकर 'भ्रमर-गीत' वाले उपालम्भों से कदम्ब ही बना दिया। माधुर्य का यह आसव कभी सुगन्ध बनकर, कभी कोई प्रसंग बनकर हेरता है, टेरता है या फिर हवा का बोध देकर परदों के घुँघरुओं में बजकर बीत जाता है और मैं इस स्मरणों, मुद्राओं को स्तब्ध हो देखता रहता हूँ, जैसे कोई इतिहास बोलने का प्रयत्न कर रहा हो। आसक्ति की मानसिकता में से ऐसे गुजरना, जिसमें कविता आप में घटित हो रही हो, न जाने कहाँ ले जाता है। स्वत्व का यह भटकाव कभी नदी का कोई अनस्पर्शित कूल होता है तो कभी प्रिया के चौंकते, थरथराते नेत्र—जो कि चपल पत्र बने आपको उत्सुक सुन रहे हैं, पर भाषाहीन।

शायद इसके पहले कभी कविता को मैंने इतने और ऐसे समग्र रूप में नहीं अनुभव किया होगा, तभी तो 'उत्सवा' की कविताओं की वैष्णवता और इस संग्रह की कविताओं की वैयक्तिकता, दोनों ही समान रूप से काव्यात्मक निवेदन हैं। मेरे इस कथन से कुछ स्पष्ट होता हो तो कहना चाहूँगा कि कविता अवतरित होती है, घटित होती है, तभी तो राग-पाश में बँधी आसक्ति की ये कविताएँ लिखी जा चुकने पर भी कैसे बारम्बार अपने लिखे जाने के आग्रह के साथ मेरे सामने अरात्रिक बैठी रहती हैं। कविताएँ, लिखने के लिए आपको कैसे मसृण विवश करती हैं, जैसे जल, चट्टान पर से चलकर उसे अपनी एक प्रकार की कोमलता दे देता है।

प्रेम पर कुछ भी लिखना जब कठिन होता है तब भला कविता—'तलवार की धार पे धावनो है।' यदि मन में किंचित भी विकार है तो वह स्रष्टा न रहकर मारक बन जाएगा। सृजन की उदात्तता के लिए स्वयं कविता बन जाना पड़ता है। कहना कठिन है कि मेरी उपरोक्त बातें इन कविताओं के सन्दर्भ में कितनी सही हैं। सच तो यह है कि केवल प्रयास किया जा सकता है और यही तो मैंने किया है। नहीं जानता कि प्रयास करने की भी पात्रता थी या नहीं। कविताएँ अवश्य मेरे निकट आयीं पर मैं उनके निकट हो सका, इसका निर्णय इन कविताओं के माध्यम से आप ही तो कर सकते हैं।

इति नमस्कारान्ते—

१ जनवरी, १९८२

९९-ए, लूकरगंज, इलाहाबाद

अरण्या

काव्य, एक शब्द-यज्ञ

काव्य का स्थान समस्त वैचारिक सत्ता में न केवल सर्वोपरि है बल्कि अपनी भाववाची सृजनात्मक प्रकृति के कारण परमपद भी कहा जा सकता है। अन्य वैचारिक सत्ताएँ, भले ही

वे धर्म, दर्शन, ज्ञान-विज्ञान या अध्यात्म की ही क्यों न हों, भाववाची सृजनात्मक न होने के कारण वे किसी-न-किसी कारण से सीमाएँ हैं। इस अर्थ में काव्य ही एक मात्र निर्दोष सत्ता है। वैचारिक विराटता जब सृजनात्मक तथा संकल्पात्मक होती है तब उस ऋतम्भरा मधुमती-भूमिका की प्रतीति सम्भव है जिसके लिए धर्म, दर्शन, ज्ञान-विज्ञान या अध्यात्म विभिन्न माध्यम और मार्ग सुझाते हैं। सामान्यत: तो प्रयोजन एक ही है, अत: काव्य का भी प्रयोजन है कि मनुष्य मात्र को उसके भीतर जो अनभिव्यक्त 'पुरुष' है (जिसे दर्शन, 'योगमाया-सुप्त' की संज्ञा देता है) उसको रूपायित तथा संचरित किया जाए, साथ ही जितनी भी पदार्थिक सत्ताएँ हैं उनको उनके महत् रूप 'प्रकृति' के साथ तदाकृत किया जाए। विराट 'पुरुष' और महत् 'प्रकृति' की यह युगललीला, जिसे आज की वैज्ञानिक भाषा और विगत कल की आध्यात्मिक दर्शनसूत्रता में जो कुछ भी कहा जाये, ही काव्य का प्रेय है। काव्य ही शब्द-शक्ति और प्राण-शक्ति दोनों की पराकाष्ठा है। काव्य, न तो विज्ञान की पदार्थिक खण्ड-दृष्टि है और न ही अध्यात्म की अनासक्त तत्त्व-भाषा और योग-मुद्रा। यदि काव्य की कोई मुद्रा सम्भव है तो वह अर्धनारीश्वर जैसी ही होगी। लग्न में जिस प्रकार 'मिथुन' और राशियों में जिस प्रकार 'कन्या' है, प्रतीति और अभिव्यक्ति के क्षेत्र में वही स्थिति काव्य की है। कहा जा सकता है कि सृष्टि, सृष्टि का कारण और सृष्टि की क्रिया का यदि कोई नाम सम्भव है, तो वह 'काव्य' है। जब काव्य किसी का तिरस्कार नहीं करता तब भला मनुष्य का तिरस्कार कैसे कर सकता है? सच तो यह है कि काव्य, तिरस्कार नहीं, संस्कार करता है, समस्त जैविकता का। जहाँ अन्य वैचारिक माध्यम, मानवीय-जगत और इतर जैविक-जगत के बीच चेतना और संप्रेषण के स्तर-भेद देखते हैं, स्थितियों का द्वन्द्व देखते हैं, वहाँ काव्य-'पुरुष' की विराटतम महासत्ता और 'प्रकृति' की आणविक नगण्य सत्ता में चेतना, शक्ति और स्थिति की समरसत्ता का छन्दगान करता दिखलायी देता है। देश और काल दोनों के सामरस्य स्वरूप का नाम ही काव्य है। आकाशी सूर्य और पृथ्वी के सूर्यवंशी राम दोनों के लिए काव्य के पास मंत्र और छन्द हैं। यह सामरस्यता ही काव्य की आत्मा है, और वस्तुत: काव्य का अयन भी यही है।

यह ठीक है कि चेतना के स्तर पर मनुष्य ही श्रेष्ठ रचना है, लेकिन प्रकृति द्वारा प्रदत्त इस श्रेष्ठता का यह अर्थ नहीं है कि मनुष्य अपने से इतर जैविकता को नगण्य या उपयोग के रूप में देखे। जब हम मनुष्य शब्द का व्यवहार करते हैं तब उसका तात्पर्य शारीरिक मनुष्य होना नहीं है। केवल शरीर से मनुष्य होना, मनुष्य होना नहीं कहा जा सकता। चेतन के स्तर पर जब हमने शारीरिकता से परे इस दृष्टि को अभिधानित किया तब हमारे ऋषि-व्यक्तित्व ने कुछ पशुओं, वनस्पतियों और पदार्थिक सत्ताओं में भी देवत्व अनुभव किया और हम प्रणम्य हुए। हमारी इस संकल्प-दृष्टि ने हमें शेष सारी जैविकता से ऐसा जोड़ा कि यह घोषित करना पड़ा, कि जो कुछ है वह 'आत्मवत् सर्वभूतेषु' है। यदि यह भाव है, तो यह यज्ञ-भाव है; और यदि यह दृष्टि है, तो यह काव्य-दृष्टि है। इस भाव और दृष्टि को नि:संकोच शब्द-यज्ञ कहा जा सकता है इसलिए कि मनुष्य, चेतना का नाम है, शरीर की उपाधि नहीं। इस मनुष्य की चेतना का देशकालातीत, विस्तृततम आयनिक स्वरूप, गुण और प्रकृति ही वह 'पुरुष' है

जो—'क्रियान्वित' है और 'क्रिया-रत' भी है। ऐसा पुरुष, न केवल सर्वज्ञ और सर्वशक्तिमान ही होता है बल्कि समस्त देश और गणनातीत काल के जीवन मात्र की मुक्ति का प्रतीक होता है। पौराणिकता ने इसके लिए 'अवतार' संज्ञा का आविष्कार किया। ऐसा प्रतीक-पुरुष, अपनी शारीरिकता में भले ही बीत जाता हो, क्षरा जाता हो, परन्तु नाम-रूप बनकर काल में सदा-सदा के लिए अक्षर हो जाता है। राम या कृष्ण, बुद्ध या ईसा की नामरूप शक्ति ही वास्तविक शक्ति है। स्वयं वे समय-बद्ध थे, परन्तु नामरूप में वे काल के भी उल्लंघन हैं। जब तक ऐसे प्रतीक-पुरुष समय-बद्ध होते हैं तब तक वे हमसे पृथक होते हैं, वे अपनी क्रियाओं में रत रहते हैं, परन्तु नामरूप बनते ही वे हममें अनुस्यूत हो जाते हैं, उनकी क्रिया हमारी प्रक्रिया बन जाती है। व्यक्तित्व का यह शक्त्यान्तरण लोकोत्तर जैसा लगता है, पर ऐसा नहीं है। प्रत्येक मनुष्य को ऐसी ही लोकोत्तर सत्ता या काल का उल्लंघनकर्त्ता बनने का आमंत्रण सनातन से काव्य देता आ रहा है। ऐसा शब्दयज्ञ संसार की सारी भाषाओं और सारे काव्यों द्वारा अपनी-अपनी भौगोलिकताओं के अनुकूल सम्पन्न हो रहा है, केवल प्रतीति की आवश्यकता है। मुक्ति का तात्पर्य मनुष्य की मुक्ति न होकर जीवन मात्र की मुक्ति होना चाहिए। काव्य की यह उदार-दृष्टि ही उसे धर्म, दर्शन, ज्ञान-विज्ञान और अध्यात्म के निकट भी ले जाती है और अपनी स्वतन्त्र सृजनात्मक दृष्टि के बने रहने के लिए आवश्यक दूरी की सम्यकता भी बरतती है।

इतिहास, सभ्यता और राजनीति की 'कृपा' से हम देख चुके हैं कि शारीरिक मनुष्य होना, एक प्रकार की दासता ही है। और जो (चाहे वह कोई हो) स्वयं दास होगा वह भला किसी दूसरे को क्या और कैसे मुक्त कर सकता है? इसलिए मनुष्य होने के क्रम में हमें सबसे पहले स्वयं का ही उल्लंघन करना होता है। अपने व्यक्तित्व की विस्तृति इस उल्लंघन की आरम्भिक दिशा है। इसलिए काव्य का सम्बोधन, व्यक्तित्व की विस्तृति है। यह एक प्रकार से अपने को देना है, प्रक्रिया है। इसे यज्ञ की भाषा में आहुति देना कहा जाएगा। चूँकि शब्द, हमारे संकल्पित व्यक्तित्व के सम्प्रेषण को मूर्त्त करता है इसलिए हम अपनी विस्तृति में शब्द को माध्यम बनाते हैं, और शब्द को माध्यम बनाना ही शब्द-यज्ञ है। हमारे उत्सर्गिक व्यक्तित्व की उत्कटता और सार्थक शब्द की शक्ति जिस क्षण तदाकृत होती है—तभी हममें विराट छन्द जन्म लेता है। ऐसे शब्द-यज्ञ से उत्पन्न छन्द को ही गायत्री नाम दिया गया है। राम और सूर्य के बीच यह गायत्री-छन्द ही अनाहूत भाव से शब्द-यज्ञ कर रहा है। जब तक यह काव्य का शब्द-यज्ञ सम्पन्न होता रहेगा तब तक यह सृष्टि, पुरुष और प्रकृति की मिथुन-मूर्ति बनकर लीला करती रहेगी। अत: हम चाहें तो कह सकते हैं कि समस्त जैविकता के लिए किये गये शब्द-यज्ञ का नाम ही, काव्य है।

शारीरिक विकास-क्रम में प्रकृति, नाद और ध्वनि के सम्प्रेषण-स्वरूप में सन्तुष्ट न रह सकी। जैविकता के विकास में सम्भवत: यह इच्छा ही मूलाधार रही हो। इस विकास-प्रक्रिया में शरीर के मेरुदण्ड का सीधा होना एक क्रान्तिकारी घटना थी। इसे प्रकृति का ऊर्ध्व रेतस् होना कहा जा सकता है। इस विकास के कारण मृत्युन्मुखी देशगत जीवन, कालगत अमरता के सम्पर्क में आया। उन्नत तथा प्रलम्ब मेरुदण्ड वाले इस मनुष्य के पैर तो पृथ्वी पर रहे पर हाथों

से वह ग्रहों-नक्षत्रों को छूने की कोशिश में लगा। शरीर से पृथ्वी के 'गुरुत्वाकर्षण' में या विराट की 'पुकार' में खिंचा यह मनुष्य नामधारी प्रतीक—व्यक्ति से संज्ञा, संज्ञा से प्रतीक और प्रतीक से मिथक उत्तरोत्तर होता ही चला गया। वस्तुत: यह जैविकता की चेतना-यात्रा ही थी। अब तक प्रकृति की सारी जैविक और पदार्थ-सत्ता न केवल नामहीन ही थी बल्कि भाषाहीन और अक्षरहीन थी। संलापहीन स्थिति में पर्वत से नदी निकलकर मैदानों को पार करती समुद्रशायी होती थी पर यह सारा व्यापार प्रतीतिहीन था। देवदार के महावृक्ष थे, धूप भरी द्रोणियाँ थीं, पक्षियों की द्वीपान्तरण यात्राएँ भी हुआ करती थीं, हिम के अवधूत व्यक्तित्व वाले ध्रुव भी थे पर सब अनभिव्यक्त थे और मनुष्य ने इन विभिन्न सत्ताओं से वर्ण-गन्ध और ध्वनियाँ लेकर कितने काल-अन्तराल में तथा कितने सोपानों से होते हुए अक्षर से साक्षात किया होगा इसे क्या किसी दिन जाना जा सकेगा? फिर इन अक्षरों को शब्द रूप देने में पदार्थ और जैविक-सत्ता का कैसा उल्लासपूर्ण सहयोग रहा होगा इसे भी हम कभी नहीं जान पाएँगे। तब ये शब्द न जाने कितने अनुभवों के बाद भाषा बने होंगे। उसके बाद यह भाषा, छन्द और मन्त्र तक किस कठिन काव्य-तपस्या के बाद पहुँची होगी इसकी भी कोई कल्पना हमें नहीं है। उसमें जब हर बार अर्थ और विचार जुड़ते गये होंगे तब के भाषा आनन्द को क्या किसी दिन जाना जा सकेगा? देशगत प्रकृति मात्र की मुक्ति तथा जैविक विकास के लिए जब पहली बार उस अक्षर प्रधान भाषा अर्थ और विचार की आहुति रूप में प्रयुक्त कर शब्द-यज्ञ में आहूत किया होगा तब की उत्सवी मांगलिकता की क्या कोई कल्पना हमें है? वैसे 'यज्ञ' शब्द से चौंकने की कोई आवश्यकता नहीं है। शब्द का उच्चरित होना ही यज्ञ है। किसी भी काल, किसी भी देश और किसी भी भाषा की कविता—हमारे न जानने और न चाहने पर भी शब्द-यज्ञ ही कर रही है। हाँ, यदि हम काव्य की इस शब्द-शक्ति उसकी इस याज्ञिकता को नहीं जानते हैं तो इस शब्द-यज्ञ के माहात्म्य का न तो यज्ञकर्त्ता कवि को और न देश-काल रूपी यजमान किसी को भी फल या पुण्य नहीं मिला करता। मेघ, वर्षा बनें इसके लिए पृथ्वी को उठकर पर्वत बनना होता है। स्वयं मेघ, संज्ञा से क्रिया प्राय: कठिनाई से ही बना करते हैं और इसके लिए वर्षों वंचित तक रह जाना पड़ता है।

काव्य के सन्दर्भ में अक्षर की महत्ता को रेखांकित किया जाना चाहिए क्योंकि वही भाषा-बीज है। अक्षर ही शब्द, शब्द से वाक्य, वाक्य से भाषा, भाषा से रचना की यात्रा करता हुआ अन्त में महाक्षर 'प्रणव' किस प्रकार बनता है इसे भी जानना चाहिए। चूँकि यह स्वतन्त्र विषय है, इसलिए यहाँ इतना ही संकेत काफी है; पर इस सन्दर्भ में एक और विचारणीय बात है, वह है अक्षर और अंक का अन्तर। अक्षर, संज्ञात्मक होते हैं और अंक, संख्यात्मक। अक्षर पदार्थ की सत्ता, क्रिया और उसके आयामों को व्यक्त कर सकता है, परन्तु अंक के पास ऐसी कोई अभिव्यक्ति नहीं है। अक्षर, विद्या है और अंक, ज्ञान। विद्या, विधान होती है जबकि ज्ञान, सूचना। विद्या, स्वयंसिद्ध होती है, परन्तु अंक को सिद्ध करने की आवश्यकता पड़ती है इसलिए उसे स्थूल का भी माध्यम स्वीकारना पड़ता है। अक्षर तो अंक को व्यक्त कर सकता

है, परन्तु अंक, अक्षर को नहीं। भाषा बनकर अक्षर, सत्तामुक्त अनाकृत रूप में भी सम्प्रेषण की क्षमता रखता है, परन्तु अंक के लिए आकृति या स्वरूप की आवश्यकता होती है। अक्षर, मुक्त करता है, अंक बाँधता है। अक्षर, बोध जगाता है इसलिए आकृति या स्वरूप से मुक्त करता है, परन्तु अंक को प्रस्तुत करना होता है इसलिए वह आकृति और स्वरूप में बाँधता है। अंक की इस आकृति निर्भरता ने रेखाओं की आकृति वाले तन्त्र और स्वरूप प्रधान यन्त्र को जन्म दिया। प्रकृति को जानने की इस प्रक्रिया में तंत्र और यन्त्र स्वयं में प्रकृति के समानान्तर प्रतिप्रकृति की भाँति व्यवहार करने लगे। जब यह प्रतिप्रकृति, मूल प्रकृति के समानान्तर नियमों और क्रियाओं के स्तर पर टकराने लगी तो अनेक प्रकार के व्यतिपात उत्पन्न हुए। फलतः तब मूल प्रकृति इस प्रतिप्रकृति को लील गयी। जब तन्त्र ने प्रकृति के सिद्धान्तों में हस्तक्षेप करना आरम्भ किया तो वह ज्ञान ही लुप्त हो गया। जब यन्त्र ने आणविक सत्ता को जगाया तो अकल्पनीय विस्फोट हुआ। जब प्रकृति अपने कण तक में इतनी शक्तिरूपा है तो शेष के बारे में क्या कहा जा सकता है? एक ही देश और काल में दो विपरीत शक्ति याँ या सत्ताएँ न तो विद्यमान रहा करती हैं और न ही व्यवहार किया करती हैं। कैसी ही क्रिया, महाक्रिया से स्वतन्त्र नहीं होती। अंक-प्रधान विज्ञान इसीलिए पदार्थ को छोड़ने के लिए बाध्य हुआ। ठोस, तरल और शून्य सब तरंगमय है। ये तरंगें ध्वनि की भी हैं और प्रकाश की भी, परन्तु अंक-प्रधान विज्ञान को अभी भी सत्ता के चेतनात्मक 'स्व' की कोई प्रतीति नहीं है इसलिए चेतना और 'स्व' के लिए कोई अंक-भाषा भी नहीं है। हमें यह नहीं भूलना चाहिए कि मनुष्य के सन्दर्भ में काल की अवधि निर्णायक होती है। चूँकि यह अवधि इतनी नगण्य है कि निरवधि काल या सत्य को किसी प्रकार जाना तो जा सकता है, परन्तु किसी अन्य के निकट सिद्ध नहीं किया जा सकता। सिद्ध करने के लिए शास्त्र, उपकरणों का कर्म-काण्ड तथा विभिन्न प्रकार के विरोधी तत्त्वों के समीकरण आदि की आवश्यकता होगी और यह मानवीय-काल की अवधि में सम्भव नहीं। काव्य इसीलिए सिद्ध नहीं करता बल्कि वह तो केवल सम्प्रेषित करता है। वैसे मान भी लिया जाये कि एक दिन विज्ञान, प्रकृति के गुण, स्वरूप और धर्म को सूत्र रूप में प्रस्तुत और सिद्ध भी कर दे, पर क्या वह उपलब्धि होगी? क्योंकि उसके बाद से ही तो प्रकृति का वह गुणातीतता, स्वरूपातीतता और धर्मातीतता वाला 'स्व' आरम्भ होता है जो ध्वनि की भी ध्वनि है, जो प्रकाश का भी प्रकाश है और जो शून्य की भी यात्रा को भेदकर उस अ-शून्य की ओर धावित है जिसे व्यक्त नहीं किया जा सकता, तब भला कहा कैसे जा सकता है या सिद्ध किया जा सकता है? कोई विरल ही उस अनुभव के शक्तिपात को क्या कर पाता है—यह भी नहीं कहा जा सकता है क्योंकि उतना भी वह इन्द्रियातीत है। इस परम भाववाचिता को जब काव्य नाना-बिम्बों, प्रतीकों और मिथकों के द्वारा आभास भर दे पाता है तब भला विज्ञान किस प्रकार अंक-भाषा के द्वारा व्यक्त या सिद्ध कर सकता है? मानवीय शारीरिकतंत्र को तो विज्ञान अंक-भाषा में व्यक्त कर सकता है, परन्तु भावनाओं के लिए कोई अंक-भाषा नहीं, तब परम भावनात्मकता के लिए कैसे सम्भव है? हम जानते हैं कि मनुष्य, शरीर ही नहीं चेतना भी है और चेतना, अक्षर हो सकती है, ध्वनि हो सकती है, प्रकाश हो

सकती है पर वह अंक नहीं है। चेतना, अनाकृत है, उपकरणातीत है। चेतना-गुण, स्वरूप और धर्म से भी स्वतन्त्र है। यदि कुछ है, तो आत्मरूपा है। अंक की सीमा यह भी है कि न केवल पदार्थ बल्कि पदार्थ के परिवर्तित होते तरल और वाष्प स्वरूप के साथ उसका गणित-रूप या तो भिन्न हो जाता है या उक्त रूप परिवर्तन को अपनी भाषा में व्यक्त ही नहीं कर पाता। साथ ही अंक का गणितीय-निदान भी सार्वकालिक सत्य नहीं हुआ करता। एक और एक, 'दो' का गणितीय निदान क्या ठोस, तरल और वाष्प के सन्दर्भ में सत्य सिद्ध किया जा सकता है? इसके अतिरिक्त अंक कोई बोध नहीं करवा पाता। जब वह कहता है—'एक', तो यह कुछ भी हो सकता है। जब किसी अभिव्यक्ति के द्वारा कुछ भी समझे जा सकने की विस्तृति की अविश्वसनीयता हो तो क्या कुछ भी निश्चयात्मक समझा जाना सम्भव है? क्योंकि कुछ भी समझा जाना भ्रम होगा, सत्य नहीं। अंक की अनेक सीमाएँ हैं—वह वस्तु का भी तो आकार, प्रकार और क्रिया कुछ भी तो व्यक्त नहीं करता। चींटी भी 'एक' है और हाथी भी 'एक' है, कण भी 'एक' है और पर्वत भी 'एक' है। ठोस की एकता के लिए भी 'एक' है और तरल की एकता के लिए भी 'एक' है; और वाष्प रूप की एकता के लिए तो उतना भी 'एक' उसके पास नहीं है। संख्यात्मकता के बीच 'कुछ' और 'बहुत' की जो अपरिभाषित मात्रा हुआ करती है उसके लिए अंक के पास क्या कोई अभिव्यक्ति है? वही स्थिति आयाम के बारे में है। इसीलिए अंक कभी भी समग्र को तथा उसकी समग्रता को अभिव्यक्त नहीं कर सकता।

वस्तुत: कविता एक सत्ता है, सनातन। वह कवि ही नहीं बल्कि भाषा के आविष्कार के पूर्व भी विद्यमान थी। वास्तव में तो वह जीवन क्या बल्कि सृष्टि-संरचना के पूर्व भी थी। भला ऐसी काव्य-सत्ता को अभी भी पूर्ण विकसित न हो सकने वाली भाषा कैसे अभिव्यक्त करे? सत्य और उसका अनुभव अनन्त आयामी होता है। सत्य निरपेक्ष सत्ता है, अनुभवकर्त्ता मन कई बार इन्द्रियातीत भी अनुभव करता है, भला इस विषम प्रक्रिया को क्या भाषा उसी रूप में अभिव्यक्त कर सकती है? यह जिज्ञासा, भाषा को लेकर हमारे मन में अनेक प्रश्न खड़े करती है।—शब्द और अर्थ में आधारभूत सत्ता किसकी है? शब्द और अर्थ में अन्योन्याश्रित सम्बन्ध होने पर भी अर्थ का वाहक कौन है—शब्द या प्रयोक्ता या सम्बोधित व्यक्ति? निश्चिति किसकी है—शब्द की या अर्थ की? सम्प्रेषित क्या होता है—शब्द या अर्थ? शब्द में यदि अर्थ है, तो कितना? और अर्थ में यदि शब्द है तो कितना? जन्म कौन-किसको देता है—शब्द, अर्थ को या अर्थ, शब्द को? क्या शब्द, अर्थ के बिना और अर्थ, शब्द के बिना सम्भव है? क्या कोई ऐसा शब्द अभी तक भाषा में बचा रह गया है (ध्वनि के स्तर पर) जिसका कोई अर्थ अभी निर्धारित ही न हो पाया हो? या क्या कोई अर्थ ऐसा है जिसके लिए उपयुक्त शब्द निर्मित हो न पाया हो? अर्थ सम्प्रेषित कर देने के बाद शब्द का क्या होता है? क्योंकि कोई ध्वनि-तरंग नष्ट नहीं होती। मानवीय मन की जिसे 'स्मृति' कहा जाता है वह शब्द-प्रसूत है या—अर्थ-निर्मित? अर्थ के सहीपन को इन्द्रियों द्वारा जाना जा सकता है, परन्तु शब्द के सहीपन की पहचान के लिए क्या कोई बाह्य उपकरण सम्भव है?—ऐसे अनेक प्रश्न हैं और हो सकते हैं

जिनकी गहरी पड़ताल आवश्यक है। चूँकि यहाँ विषयान्तर का भय है इससे हम और अधिक चर्चा इस बारे में नहीं करेंगे, पर इतना हम जानते हैं कि शब्दों के रूप जिस प्रकार स्थायी नहीं होते उसी प्रकार उनके अर्थ भी स्थायी नहीं होते या सर्वसामान्य नहीं होते। इसी प्रकार अर्थ का भी कोई एक स्थायी शब्द नहीं हुआ करता फिर भी भाषा का एक मानक-रूप होता ही है। व्यवहार-जगत में भाषा के इस व्यवहृत रूप में काफी-कुछ स्थायीत्व लम्बे समय तक बना रहता है, परन्तु रचनात्मकता के स्तर पर शब्द और अर्थ दोनों परिवर्तित होते रहते हैं। कवि के व्यक्तित्व, अनुभव-संसार और सृजनात्मकता तीनों का दबाव शब्द और अर्थ पर पड़ता है। जब हम सृजनात्मकता की प्रक्रिया पर विचार करते हैं तो हमारा ध्यान जाता है कि शब्द सीमित हैं और अर्थ अनन्त। शब्द 'हरा' तो केवल एक है जबकि हरापन तो एक से कहीं अधिक है। तब यह एक उस 'अन-एक' या 'बहु-एक' को कैसे व्यक्त करे? इस एक में किस प्रकार 'बहु-एक' का भिन्न हरापन व्यंजित किया जा सकता है? क्या एक शब्द में विभिन्न अर्थ सम्भव हैं? और हों भी, तो हमने किस हरेपन को व्यक्त किया इसको सामने वाला कैसे जानेगा? एक 'हरा' सम्पूर्ण हरेपन को किस प्रकार सब सन्दर्भों और स्थितियों में सटीक तरीके पर व्यक्त कर सकता है? अभिव्यक्ति की सम्पूर्णता, समग्रता और सहीपन, भाषा की भी सम्पूर्णता, समग्रता और सहीपन होना चाहिए। भाषाई सम्पूर्णता, समग्रता और सहीपन की यह समस्या सबसे मुखर कविता में ही है क्योंकि उसकी तलाश और सम्बोधन का दायरा समस्त सृष्टि है, समस्त देश और काल है। कविता में उस समय और भी समस्या आती है जब अनाम संज्ञाओं, सर्वनामों और विशेषणों के लिए सही शब्द खोजा जा रहा हो। जब शब्द, न केवल संज्ञा, न केवल सर्वनाम और न केवल क्रिया हो बल्कि बिम्ब, प्रतीक और मिथक बनकर सर्वथा भिन्न वस्तु, देश और काल को अभिव्यक्त और व्यंजित कर रहा हो तब समस्या और भी गहरी हो जाती है। काव्य के साथ सबसे बड़ी कठिनाई यह होती है कि उसमें गद्य की भाँति देश और काल नहीं होते। 'राम थे'—यह गद्य है, पर 'राम हैं'—यह कविता है। काव्य में 'राम' से तात्पर्य रामत्व से होता है और 'हैं' कालवाची न होकर क्रियावाची है। अत: काव्य में शब्द और अर्थ को देश और काल का उल्लंघन करते समय कई बार शब्द को अर्थ और अर्थ को शब्द की भाँति आचरण करते देखा जा सकता है। यही कारण है कि शब्द के स्तर पर काव्य-भाषा उस अर्थ में सरल नहीं होती जिस अर्थ में व्यवहार-जगत और गद्य में होती है। काव्य में सृजनात्मकता का अर्थ पर इतना संवेग होता है कि शब्द भी शब्द न रहकर अर्थ हो जाता है और तब समस्या उस अर्थ को समझने की होती है जो शब्द में नहीं था पर जिसे सृजनात्मकता ने सिरजा। सामान्यत: गद्य में अर्थ नहीं होता, बल्कि कई बार तो भाषा भी नहीं होती। विभिन्न पात्रों, चरित्रों, कथानक और घटनाओं को जोड़ने वाले वाक्य भर होते हैं। गद्य में शब्द, अर्थ, पात्र या घटनाएँ किसी का भी विपर्यय नहीं होता। काव्य को हम चाहें तो उस हिमनद की भाँति आचरित होते देख सकते हैं कि वह ठोस हिमनद जल बनकर पिघला, नद बना और समुद्र में विलीन होकर पुन: मेघ बना और वापस अपने शिखरवास पर पहुँचकर हिम बन गया। काव्य की यह अखण्डित सृजनात्मक चक्रीयता न तो आरम्भ होती है, न

समाप्त होती है। हाँ, उसे घटित (खण्ड रूप में ही) होते देखा जा सकता है। वह तो शाश्वत संज्ञा और शाश्वत क्रिया दोनों ही है इसलिए न कभी ऐसा देश सम्भव है और न कभी ऐसा काल, जब काव्य उपस्थित न हो या क्रियाशील न हो। जिसे हम आरम्भ और समाप्ति समझते हैं वह कविता की नहीं बल्कि हमारे अपने कवि, दृष्टा या अनुभवकर्त्ता की होती है।

काव्य के जिस रूप की हम चर्चा 'शब्द-यज्ञ' के सन्दर्भ में कर रहे हैं, वह वस्तुत: उसका 'चिद्' रूप है। समझने के लिए यह कहा जा सकता है कि काव्य का यह चिद् रूप, अध्यात्म के 'ब्रह्म' जैसा ही है। अभी हम पहले कह आये हैं कि वह अनित्य है इसलिए अब हम चाहें तो उसे अजन्मा भी कह सकते हैं। ऐसा अनित्य, अजन्मा काव्य-विभिन्न कवियों द्वारा अपनी सर्जनात्मक क्षमता और व्यक्तित्व की पात्रता के अनुरूप केवल अभिव्यक्त होता है। जिस प्रकार किसी आदिम-युग में जब मनुष्य तो था पर उसमें कवि नहीं था तब भी काव्य की उपस्थिति थी और आगामी किसी भविष्यत् में मनुष्य के न रहने पर (तब भला कोई कवि सम्भव है?) भी काव्य यथावत अप्रतिहत उपस्थित रहेगा। ऐसी अनाक्षरा, शाश्वत सत्ता, किसी अन्य सत्ता से जो कि देश-काल बद्ध है, क्या ग्रहण करे? वह तो समस्त क्रियाओं से अच्युत, बस 'है'। समस्त ब्रह्माण्ड में नित्य प्रकाश बिम्ब है पर पृथ्वी नामक पिण्ड के सम्पर्क में आकर ही वह धूप रूप में अभिव्यक्त होता है, उदित होता है, अस्त होता है—जबकि शेष प्रकाश तो कल्पनातीत विस्तार और कालातीत संज्ञा-भाव से असंज्ञ और अव्ययी बस 'है'। यही काव्य की स्थिति है, जिसे इसी प्रकार के महाबिम्ब के द्वारा स्पष्ट किया जा सकता है। इसलिए काव्य, उपस्थित तो सारे देश, सारे काल और समस्त सृजनात्मक अयनों में सर्वदा होता है, परन्तु वह अपने को अभिव्यक्त यदाकदा ही करता है। विभिन्न अवतार विभिन्न कला और अंशों को अभिव्यक्त करते हैं, उसी प्रकार विभिन्न कविता उस अनित्य काव्य को अभिव्यक्त करती है। पूर्ण, चाहे वह कोई हो, कभी पूर्णता से अभिव्यक्त नहीं हुआ करता। इस दृष्टि से रामायण और महाभारत भी पूर्णता को नहीं अभिव्यक्त करते। पृथ्वी जिस धूप को अभिव्यक्त करती है वह पूर्ण प्रकाश नहीं है। रामायण और महाभारत अपनी काव्यात्मकता की पूर्णताएँ हैं, शाश्वत काव्य की नहीं। मंगल या किसी अन्य ग्रह के सम्पर्क में आये प्रकाश के स्वरूप, गुण और प्रकृति में तथा हमारे ग्रह की धूप में निश्चित ही अन्तर होगा क्योंकि सबके अपने वायुमण्डल और भौगोलिकताएँ होते हैं। पर विभिन्न अभिव्यक्त प्रकाशों में अन्तर आ जाने पर भी अपनी तत्वता में प्रकाश, प्रकाश ही रहता है, उसी प्रकार काव्य-देश, काल और कवि के माध्यम से अभिव्यक्त होने के कारण विभिन्न हो जाता है, परन्तु अपनी तात्विकता में काव्य ही रहता है। अत: कहा जा सकता है कि काव्य, कवि में अवतरित या घटित होता है। इस घटना के समय कवि-व्यक्तित्व जितना ही काव्य के निकट होगा, कविता उतने ही वेग से उसके शिव को गंगाधर बनाएगी। कविता से काव्य-व्यक्तित्व का अक्षांश यदि दूर है तो कविता का केवल आभास होगा जैसा कि ध्रुव-प्रदेश में होता है और यदि वह अक्षांश विषुवत की ओर झुका हुआ है तो कविता—उस कवि व्यक्तित्व को, भाषा को, सबको भेदकर तन्मात्राओं, ध्वनियों में अभिव्यक्त होकर वन-कान्तार, नदी-झील, सौन्दर्यश्री बनकर व्यतीत हो जाएगी।

ऐसी तन्मात्राएँ, ध्वनियाँ शताब्दियों तक स्फुलिंगों में दैदीप्यमान रहती हैं जिनसे-मानवीय भूगोल बनता है। अत: जिस रचना में कवि व्यक्तित्व जितना ही अधिक असम्पृक्त होगा, काव्य उतना ही अधिक अभिव्यक्त होगा। इसीलिए मन्त्र, काव्य की पराकाष्ठा हैं। वे स्वयं काव्य नहीं हैं पर काव्य के कारण हैं। काव्य का यह निपात-शब्द, भाषा और कवि-व्यक्तित्व से असम्पृक्तता अर्थात् समाधि की अपेक्षा रखता है क्योंकि किसी की उपस्थिति में 'निपात' सम्भव नहीं हुआ करता, काव्य का भी। संज्ञा का उल्लंघन या अपने को अनुपस्थित करना ही क्रिया है और समाधि या असम्पृक्तता भी ऐसी ही मानसिकता का नाम है। ऐसी समाधि भी एक प्रकार का 'पात' ही है और इस 'पातस्थिति' में ही शक्ति-पात हुआ करता है। इस 'शक्ति-पात' की तांत्रिकता को काव्य के सन्दर्भ में भी लिया जा सकता है। इन सारे प्रकारों में मार्ग और भाषा का भेद है गन्तव्य का नहीं। अब हम चाहें तो कह सकते हैं कि जिसे 'ब्रह्म' या 'ईश्वर' आदि कहा जाता है, विज्ञान इसे जो भी नाम दे पर हम नि:संकोच उसे 'काव्य' से अभिहित कर सकते हैं। सारा अध्यात्म, सारा विज्ञान काव्यात्मकता ही है। हम यदि इस परिप्रेक्ष्य को नहीं अंगीकार करते हैं तो हानि केवल हमारे कवि-व्यक्तित्व की होगी, किसी और की नहीं। वैसे विज्ञान को अभी यह विचार करना होगा कि पदार्थ, स्थूल या जड़ प्रकृति है; जबकि सृष्टि की आधार शक्ति गति है, जो सन्दर्भ और समीकरण के कारण नाना नामरूपा हो जाती है। वह शक्ति, स्थूल में एक सीमा तक अभिव्यक्त अवश्य है पर निबद्ध नहीं क्योंकि अभिव्यक्ति का अर्थ ही है—अपना उल्लंघन। अध्यात्म जिसे 'पुकार' कहता है वह विज्ञान का 'गुरुत्वाकर्षण' है। यह 'पुकार' या यह 'गुरुत्वाकर्षण' किस प्रकार मन और देह दोनों पर संयुक्त और पृथक प्रभाव और निर्मिति करते हैं इस पर भी विचार किया जाना चाहिए।

जड़ीय एकरूपता नहीं बल्कि समरस विविधता ही प्रकृति का गुण, स्वरूप और धर्म है। पदार्थिक स्वरूप की यह भौगोलिकता मानवीय मानसिकता के सन्दर्भ में भी अभीष्ट है क्योंकि यही सृष्टीत्व है। सब अपने-अपने गुण, स्वरूप और धर्म को व्यक्त करते होते हैं। सबकी आस्था, महत्ता का एक ही स्वरूप और प्रकार सम्भव नहीं। कठिनाई तब उत्पन्न होती है जब हम इस भौगोलिकता या विराट मानसिकता को सीमित आस्थाओं वाली इतिहास-दृष्टि से देखना-परखना चाहते हैं, जबकि यह अप्राकृतिक है। हम यह भूल जाते हैं कि पर्वत अपनी महत्ता के लिए ऊर्ध्वगामी होते हैं, तो मरुथल अपनी सत्ता के लिए दिशागामी और समुद्र, आत्मगामी। महत्ता का एक ही प्रकार और आयाम नहीं हुआ करता। अभिव्यक्ति का अर्थ ही है अन-एक होना। कोई काल के वायुमण्डल में संचरण कर रहा है, तो कोई काल के पल में संतरित है, तो कोई काल की तपती बालू को पेट के बल रेंगकर पार कर रहा है। सच तो यह है कि प्रकृति में, सृष्टि में न वर्ण, न ध्वनि, न गति, न स्वरूप किसी में भी जड़ीय एकरूपता नहीं। हमें यह नहीं भूलना चाहिए कि प्रकृति के गुण, स्वरूप और धर्म की विविधता, आस्था की विविधता नहीं होती। एक ही है जो गुण, स्वरूप और धर्म के अक्षांश तथा देशान्तर के कारण विविध पदार्थ और चैतन्य में विभिन्न क्रिया-भाव से व्यक्त होता दिख रहा है। सृष्टि-

भाव के लिए यह आवश्यक भी है। प्रकृति की यह विविधता संरचना है, उत्पादन नहीं। उत्पादन जड़ का हुआ करता है और जिसे सामान्य रूप से जड़ समझा जाता है उस तक में सापेक्ष्य चैतन्य मिल जाएगा, दृष्टि चाहिए। तब ऐसी स्थिति में विचारों या आस्था की एकरूपता क्या सम्भव है, या अपेक्षित भी है? जिस प्रकार आस्था का विभाजन सम्भव नहीं उसी प्रकार कोई तत्त्व या सत्ता अपना धर्मान्तरण भी नहीं किया करती, बल्कि नहीं कर सकती, क्योंकि वह प्रकृति के या सृष्टि के प्रयोजन का उल्लंघन होगा और इसकी स्वतन्त्रता किसी को नहीं। स्वरूप का बदलना, गुणवत्ता का बदलना नहीं होता। जल, जल ही रहने को है चाहे वह भाप या बरफ के रूप में अपना रूपान्तरण भले ही कर ले, परन्तु वह अपने धर्म में निबद्ध है। जल, प्रकाश नहीं बन सकता और प्रकाश, जल नहीं बन सकता। सत्ता के धर्मान्तरण के लिए जब भी औपकरणिक चेष्टा की जाती है तब विस्फोट या व्यतिपात होता है। प्रकृति अपनी महाक्रिया का उल्लंघन किसी सत्ता को नहीं करने देती। प्रकृति या सृष्टि के तत्वों का यह धर्म, मनुष्य के सन्दर्भ में संरचनात्मक सामरस्यता है, इसीलिए काव्य का भी यही धर्म होगा। काव्य जब भी अपनी इस अपरिहार्य धर्मदृष्टि से च्युत हुआ है मनुष्य अपने इतिहास, सभ्यता और संस्कृति सबके साथ नष्ट हुआ है। इसलिए काव्य सबसे बड़ा दायित्व है कवि के लिए। ऐसी काव्यात्मकता का प्रतीक क्रास ही हो सकता है। कवि की काव्यात्मकता का यह क्रास स्वयं उठाना पड़ता है, वहन करना पड़ता है, सबकी उपस्थिति में उसे सार्वजनिक रूप से गाड़ना पड़ता है और तब अनासक्त भाव से उस पर टँग जाना पड़ता है ताकि उसके रिसते व्यक्तित्व से मंत्र, प्रार्थनाएँ और पद प्रस्रवित हों। कवि-व्यक्तित्व की वास्तविकता का यह अभिशाप ही सर्जित काव्यात्मकता की सनातन मांगलिक उत्सवता है। इसलिये प्रकृति में, सृष्टि में कवि ही एकमात्र उत्सव-पुरुष है।

कहा जाना चाहिए कि काव्य हमें सृजनात्मकता की तीसरी आँख प्रदान करता है और तभी हम विभिन्न सत्ताओं के गुण, स्वरूप और धर्म के उन अनभिव्यक्त आयामों को देख-समझ पाते हैं जिन्हें हमारे सामान्य दो नेत्र नहीं देख पाते। बिम्ब, प्रतीक और मिथक काव्य के वस्तुत: वे अस्त्र हैं जिनके माध्यम से वह पदार्थ, सत्ता और चैतन्य को विभिन्न प्रकार से व्यक्त करता है। सारी पदार्थता को वह बिम्ब रूप में प्रस्तुत करता है, ताकि वह उसमें से सत्ता को प्रतीक रूप में व्यक्त कर सके। ऐसा सत्ता-प्रतीक ही देश से उठाकर जब काल के फलक पर रचा जाता है तो वह मिथक बन जाता है। पंचवटी बिम्ब है, उसमें विलाप करता राजकुमार प्रतीक है और जब समस्त जड़, पशु-पक्षी उस राजकुमार के व्यक्तित्व के माध्यम से संलाप-विलाप और आचरण करने लगते हैं तब वह प्रतीक, मिथक बन जाता है। वह राजकुमार ही राम बन जाता है। प्रभाव उत्पन्न करने के लिए ही काव्य में कथा का प्रयोजन है। वनस्थली वही होती है पर जब उसे 'पंचवटी' कह दिया जाता है तो बिम्ब, प्रकृति न रहकर हमारा व्यक्तित्व बन जाता है। नदी वही होती है पर जब उसे 'कालिन्दी' नाम दे दिया जाता है तो हममें यह बिम्ब कैसी विरह-व्यथा जगा जाता है। अत: बिम्ब, प्रतीक और मिथक सभी का

प्रयोजन है कि हममें काव्यात्मकता जन्म ले और उस जन्म के बाद वे बिम्ब, प्रतीक और मिथक नि:शेष हो जाएँ। काव्य हमें राम नहीं देना चाहता बल्कि हममें रामत्व जगाना चाहता है। कोई भी बिम्ब, प्रतीक और मिथक रचना के बाहर नहीं आया करते। हम तक जो आता है वह है उनका प्रयोजन। प्रयोजन पर ही बिम्ब, प्रतीक और मिथक की शक्ति और सार्थकता निर्भर करती है। एक बात हमें यह भी याद रखनी चाहिए कि जिस व्यापक रूप और सन्दर्भ से हमने काव्य के बारे में चर्चा की उसमें साहित्य भी, काव्य की एक भूमि है, पर केवल साहित्य ही नहीं। सृष्टि में जो कुछ भी तथा जैसा कुछ भी अथवा जिस किसी रूप में है, वह काव्य है। विराट में जिस प्रकार पंक्ति-पावनता नहीं है, क्योंकि वह अपांक्तेय है इसलिए काव्य भी अपांक्तेय है और इसलिए कवि को भी अपांक्तेय होना होगा।

इति नमस्कारान्ते—

१ जनवरी, १९८५

९९-ए, लूकरगंज, इलाहाबाद

●

आखिर समुद्र से तात्पर्य!

मेरे गत काव्य-संग्रहों की कविताओं से इस संग्रह की कविताएँ अपने स्वर और आस्वाद दोनों में किंचित् भिन्न लगें। वैसे कहा नहीं जा सकता कि यह भिन्नता रुचिकर होगी या नहीं। पर हाँ, इतना अवश्य सत्य है कि न तब और न अब अपने को यथातथ्य रूप में प्रस्तुत करने में न कोई संकोच और न झिझक कुछ नहीं हुआ और क्यों होता?

पिछले कुछ काव्य-संग्रहों में अपनी काव्यगत सर्जनात्मक मानसिकता के बारे में स्पष्ट कहने की आवश्यकता लगी थी अत: उनमें लम्बी-लम्बी भूमिकाएँ दी गयीं। वैसे उनसे कितना-कुछ विज्ञ पाठकों तक सम्प्रेषित हो सका, कहना कठिन है, लेकिन यही सन्तोष रहा कि मैंने अपना दायित्व निभाने की चेष्टा की। जो हो, पर इस बार ऐसा लग रहा है कि किसी भूमिका की आवश्यकता नहीं है इसलिए कोई भूमिका नहीं दे रहा हूँ। अस्तु—

इति नमस्कारान्ते—

१५ फरवरी, १९८८

प्रेमचंद सृजनपीठ

विक्रम विश्वविद्यालय परिसर, उज्जैन

●